CARSTEN SEBASTIAN HENN

EIN SCHUSS WHISKEY

7/23 Hi RE

CARSTEN SEBASTIAN HENN

EIN SCHUSS WHISKEY

Kriminalroman

DUMONT

GEWIDMET ALL DEN GROSSARTIGEN
AUTORINNEN UND AUTOREN IRLANDS.

Es gibt dieses Irland:
Wer aber hinfährt und es nicht findet,
hat keine Ersatzansprüche
an den Autor.

PROLOG

In Irland ist man nicht, was man isst, sondern was man trinkt. Denn essen tun alle das Gleiche, aber beim Trinken zeigt sich der wahre Charakter eines Menschen.

Das galt auch für die Frau, die in diesem Moment den letzten Schluck ihres Lebens zu sich nahm. Da sie wusste, dass sie danach keine Gelegenheit mehr haben würde, sich einen ordentlichen Drink zu genehmigen, hatte sie ihn mit Bedacht gewählt. Ein fünfundzwanzig Jahre gereifter Irish Whiskey von der wettergegerbten Halbinsel Dingle an der Westküste, wo sie in einer eiskalten Januarnacht das Licht der Welt erblickt hatte und vor der sie später auf einem Schifferboot die Kindheit verbrachte oder das, was man damals dafür hielt. An manchen Tagen hatte ihr Spielzeug aus dem Beifang bestanden. Sie hatte mit ihren Fischen und dem Meeresgetier am liebsten die Ankunft Cessairs in Irland nachgespielt. Die Enkelin Noahs war zweitausendzweiundvierzig Jahre nach der Erschaffung der Welt auf der Grünen Insel angekommen. Zumindest wenn man dem Lebor Gabála Érenn Glauben schenkte.

In ihren Träumen war sie eine Nachfahrin von Cessair, und ein ganz klein wenig des Blutes von Noah floss durch ihre Adern. Wie bei ihrem Vater, dem Fischer, und dessen Vater zuvor und auch dessen Vater, den ganzen Weg zurück bis Cessair und zu Noah.

Sie hatte nie jemandem davon erzählt, und nun würde sie dieses Geheimnis mit ins Grab nehmen.

Denn sie hatte verloren.

Und es war ein Spiel gewesen, das man nur einmal verlor.

Denn der Einsatz war das eigene Leben.

Sie nahm einen Schluck des Whiskeys, der so alt war wie sie selbst. Nie hatte etwas so köstlich geschmeckt, und niemals etwas so traurig.

Ausschnitt aus dem Roman »Der Doppelmord von Dublin«

EINS

»Das beste Männerparfüm ist der Whiskey.«

Brendan Behan

»Ich bin Ire, was ist deine Superkraft?«

Finn – oder Phil, er hatte ziemlich genuschelt, als er sich neben Janus gesetzt und vorgestellt hatte – lachte laut auf und reckte das Glas mit seinem schwarzen Stout-Bier in die Höhe. Er lachte schon die ganze Zeit laut. Sogar wenn er keinen Witz erzählte. Falls ein Lautstärkeregler in ihm verbaut war, musste der kaputt sein. Janus kannte Finn (oder Jim) erst seit einer guten halben Stunde, war aber schon über seine gesamte Lebensgeschichte informiert.

Dabei war Janus eigentlich nur hier, um zu trinken. Vor ihm stand sein drittes Pint. 0,5683 Liter eines 4,5-prozentigen Biers, das malzig-bitter schmeckte. Wie flüssige Nahrung.

Noch spürte er viel zu wenig Wirkung.

Vielleicht lag das daran, dass sein Körper in jungen Jahren sehr viel Freude am Wachsen gehabt hatte. Vielleicht sogar zu viel Freude. Lange hatte es Janus geärgert, immer überall der Größte zu sein, aber dann hatte er es sportlich genommen und die zwei Meter angesteuert. Aber sein Körper hielt nichts von runden Zahlen und hörte bei exakt 1,99 Metern auf. Wie viele große Menschen ging Janus immer ein wenig gebeugt, damit seine Größe nicht allzu sehr auffiel. Mit seiner blassen Haut und seinen feuerroten Haaren passte er gut nach Irland und wurde oft von Touristen angesprochen, die ihn für einen Einheimischen hielten.

Wahrscheinlich aber lag die unbefriedigende Wirkung des Alkohols daran, dass er eben noch einen Potato Cake bei »Boxtys« gegessen hatte. Auf nüchternen Magen hätte der Alkohol schneller die Kontrolle übernommen. So bildeten die Kohlenhydrate und das Fett eine Barriere, durch die das Zeug erst noch durchmusste.

»Meine Superkraft ist, dass ich es schaffe, dir zuzuhören, obwohl du nur Blödsinn redest.«

Janus blickte in sein Bier, das schneller leer werden musste. Schließlich hatte er heute Nacht eine Mission.

Sie saßen am Tresen des »O'Neills« in der Suffolk Street, wo sie von den Wänden einige der größten Schriftsteller Irlands anschauten, die meisten davon mit kritischem Blick. Das lag sicher daran, dass sie anderen beim Trinken zuschauen mussten und selbst nichts mehr bekamen. Bekanntermaßen hatten Alkohol und Literatur in Irland ja eine enge Verbindung. Optisch machten die Herren Dichter ziemlich wenig her: Samuel Beckett sah aus wie ein protestantischer Priester, Jonathan Swift wie ein Komponist klassischer Musik, Bram Stoker wie ein Country-Sänger, Oscar Wilde wie Stephen Fry und George Bernard Shaw wie der Weihnachtsmann. Trotzdem hatte Letzterer Janus vor einer Weile dazu inspiriert, sein eigenes Gesicht mit Haaren zu füllen. Er hatte die Tage nicht gezählt, aber er musste ungefähr in der sechsten Woche sein.

Das Problem mit seinem werdenden Rotbart war, dass seine Haare ein sehr unterschiedlich ausgeprägtes Bedürfnis hatten, zu einem zu werden. Manche waren Sprinter und wuchsen wie der Teufel, andere sehr gemächlich, sodass der Gesamteindruck sehr zauselig war. Im richtigen Licht sah Janus aus wie ein zerstreuter Professor, im falschen wie ein Terrorist.

Er kippte das Pint herunter. Schließlich musste er Strecke machen.

»Du klingst nicht wie ein Ire, aber du trinkst wie einer. Respekt!«, kam es von seinem komplett in Grün-Weiß gekleideten, glatzköpfigen Tresenkumpanen.

»Ein Lob für die Trinkfestigkeit, was kann ein Mann sich mehr wünschen?« Janus musste grinsen.

»So, wie du dein Pint runterstürzt, hast du schon lange nichts mehr getrunken.«

»Ich habe seit meinem letzten Bier nichts mehr getrunken!« Janus lächelte schwach und nahm noch einen Schluck. »Das war vor mindestens fünf Minuten.«

»Trinkst du, um zu vergessen? Die meisten trinken, um zu vergessen.«

»Bei mir ist es das Gegenteil.«

»Du trinkst, damit du nicht vergisst?« Finn (oder Fingal) kräuselte die Stirn. »Ich sag dir eins, mein Junge. Das klappt nie und nimmer. Und das sagt dir einer, der echt Erfahrung mit dem Trinken hat.«

»Ich trinke, damit mir etwas einfällt!«

Finn (oder Flynn) blickte in Janus' Glas. »Was willst du denn da drin finden? Ziemlich dunkles Gewässer.«

»Das, was die großen Autoren Dublins in der Brühe gefunden haben. Eine gute Geschichte.«

»Oha.«

»Ja, genau, oha.« Janus blickte zum Barkeeper hinter den Zapfhähnen mit fünferlei Bier und zweierlei Cider. »Noch so eins – und ein doppelter Whiskey.« Er zahlte sofort mit seiner Kreditkarte. Kleingeldzählen verschwendete wichtige Zeit, die er für das Trinken brauchte. Und dafür, wegzuhören, denn der sicher über 60-jährige Solo-Gitarrist auf der kleinen Bühne des »O'Neills« bewies gerade, dass man das fluffige »Dancing Queen« von ABBA so röhren konnte, als wäre man ein Hirsch, der in der Brunft leer ausgegangen war.

»Du nimmst das richtig ernst, oder?«, fragte Janus' Gegenüber.

»Sonst kann ich es auch gleich sein lassen. Heute trinke ich Oscar Wilde, James Joyce und vielleicht auch noch George Bernard Shaw unter den Tresen!«

Das war zumindest der Plan, damit er seine Schreibblockade endlich überwand. Kopfüber in den hochprozentigen Rausch, der schon so viele Autoren inspiriert hatte.

Und genauso viele davongespült.

Vor über einem Jahr hatte Janus seinen Job in Köln gekündigt und war nach Dublin gezogen, weil er gehofft hatte, die Stadt allein würde ihn schon inspirieren. Doch seine Gedanken schienen noch anderen Treibstoff zu benötigen.

Nach dem Germanistikstudium, das er »summa cum laude« abschloss, hatte er zunächst die Laufbahn vieler hochbegabter Geisteswissenschaftler eingeschlagen: Er war Taxifahrer geworden. Nach einigen Jahren hatte er in ein Berufsfeld gewechselt, in dem die Staus weniger und die Trinkgelder besser waren, und war Kellner geworden. Wieder einige Jahre später zog es ihn dann in ein Callcenter. Nebenbei hatte er versucht, Romane zu schreiben, und es mittlerweile auf fünf großartig begonnene und jämmerlich verendete gebracht – sowie zu einem halbjährigen Stipendium, das er aktuell auf den Kopf haute. Manchmal überlegte er, diese famosen Anfänge, die ihm sogar einige Literaturpreise eingebracht hatten, an Kollegen oder Kolleginnen zu verticken. Verlage hatten leider kein Interesse an einer Sammlung famoser Anfänge. Sie wollten famose Enden mit ein paar Seiten davor.

Jetzt also Dublin und jetzt also ein Kriminalroman.

Janus wollte ihn nicht für Ruhm, Ehre oder irgendwelche Reichtümer schreiben. Sondern für seinen Vater, der einzige Elternteil, der ihm geblieben war. Seit damals, seit dem Unglück, seit seinem … Es gab kein passendes Wort dafür. ›Fehler‹ klang zu alltäglich, ›Missgeschick‹ geradezu zynisch. Er war sieben Jahre alt gewesen und hatte im Gartenhaus gespielt, in dem sich die Werkbank seines Vaters befand. Wie unzählige Male zuvor. Seine Eltern hatten es immer toll gefunden, dass er so gern bastelte. Was sollte auch passieren?

Es passierte das: Eine schlecht isolierte Stromleitung löste ein Feuer aus.

Er wusste immer noch nicht, wie das hatte passieren können. Was er aber noch ganz genau wusste: Als er damals panisch aus dem Gartenhaus fliehen wollte, weg von dem Brand, hatte er sich sein Bein in einem Holzstapel eingeklemmt. Sein Vater war bei der Arbeit, doch seine Mutter hörte die Schreie ihres Sohnes in der Küche und rannte zu ihm.

Sie schaffte es, ihn zu befreien.

Aber sie selbst schaffte es nicht mehr rechtzeitig aus den Flammen.

Seitdem mied Janus große Feuer. Sie lösten eine Angst in ihm aus, die in seinen Knochen brannte. Sie entzündeten seine Schuldgefühle und, noch schlimmer, die Sehnsucht nach seiner Mutter. Eine kleine Brandnarbe am Hals erinnerte ihn an das Geschehene.

Natürlich fühlte er sich schuldig. Warum hatte er den Brand nicht früh genug bemerkt und direkt gelöscht? Warum hatte er sich sein Bein einklemmen müssen? Warum war er überhaupt an diesem Tag an die Werkbank gegangen, statt mit seinen Freunden Fußball zu spielen, wie es eigentlich geplant gewesen war?

Auch Janus' Vater fühlte sich schuldig. Weil er Überstunden gemacht hatte, statt bei seiner Familie zu sein, für Papierkram, der gut hätte warten können. Weil er die Leitung vielleicht nicht gut genug isoliert hatte. Weil er seinen Jungen immer an seiner Werkbank hatte spielen lassen. Weil er es natürlich als seine Pflicht betrachtete, die eigene Familie zu beschützen, nicht nur, weil er Polizist war. Die Schuld blieb bei ihm haften wie ein Schatten. Sie hatte nicht nur ihn selbst verfinstert, sondern auch die Beziehung zu Janus. Denn in dessen Gesicht, das dem der Mutter so ähnelte, sah sein Vater immer wieder seine eigene Schuld, sah er einen Vorwurf, den Janus ihm nicht machte. Und er entfernte sich immer mehr von dem Jungen, der ihn so gebraucht hätte.

Damals waren, ohne dass Janus es hätte begreifen können, Schuld und Sühne in ihn geritzt worden.

In der Schule war Janus ein Außenseiter gewesen. Da es für ihn weder zu einem herausragenden Sportler noch zur Mitgliedschaft in der Schulband gereicht hatte, gab es nur ein Mittel, das andere Geschlecht zu beeindrucken: Lyrik. Das hatte zwar auch nur mittelgut funktioniert, aber immerhin. Später wandelte die Lyrik sich in Prosa, aber er fand sein Thema nicht.

Bis er eine Geschichte über den Tod seiner Mutter schrieb. Nur für sich. Er würde sie nie veröffentlichen. Vom Thema Tod war er schriftstellerisch zum Thema Mord übergegangen. Wenn er mit seinem Vater schon nicht über seine Mutter sprechen konnte, dann vielleicht über die Dramen, die in der Welt des Verbrechens lauerten, die Dramen, mit denen sein Vater tagein, tagaus zu tun hatte. Nun sollte es endlich ein richtiger Kriminalroman werden. Es ging Janus nicht darum, seinen Vater stolz zu machen, es ging ihm darum, ihn wieder zurückzugewinnen. Ihm zu zeigen, dass er ihn verstand.

Aber nun fehlten ihm die Worte für den Anfang.

Sein Vater kommunizierte mit ihm eigentlich nur noch über SMS und Postkarten. Zu Geburtstagen, zu den großen kirchlichen Festen, zum Todestag von Janus' Mutter. Die Nachrichten sahen zum Beispiel so aus:

frhe.osten.hab.
dir.eine.kaRte.geschikkt.
Dein.vAter.aus.koeLN.

Trotz mehrmaliger Erklärung bekam sein alter Herr das mit den Leerzeichen immer noch nicht hin. Und Groß- und Kleinschreibung war seiner Meinung nach nur etwas für echte Computerspezialisten aus dem Silicon Valley.

Als der Kellner den nächsten Whiskey vor Janus stellte, kippte er ihn sofort herunter. Geschmack war nebensächlich. Geschmack störte beim ernsthaften Trinken sogar. Denn konzentrierte man sich auf den Genuss, kam man gar nicht mehr richtig zum Trinken.

»Und, funktioniert's?«, fragte Finn (oder Kim).

»Sag ich dir, nachdem sie mich aus der Liffey gefischt haben.«

Obwohl er neunundzwanzig Jahre alt war, hatte Janus kaum Erfahrung mit dem Trinken. Also mit echtem Trinken. Er hatte immer aufgehört, bevor sein Hirn in Gefahr geriet, vom Alkohol stillgelegt zu werden. Was er heute tat, war pure Notwehr. Es war schrecklich, nicht schreiben zu können, als triebe er mit einem Floß auf offener See und sähe kein Land mehr.

»Wie heißt du eigentlich?«, fragte Finn (oder Gill).

»Janus.«

»Wie die walisische Punkband?«

»Nein, wie der römische Gott des Anfangs und des Endes, nach dem auch der Monat Januar benannt ist.«

Finn (oder Bill) zog die Augenbrauen empor. »Meine Herren!«

»Meine Mutter war vernarrt ins alte Rom. Kommt in Köln häufiger vor.« Janus erhob sich von dem wackeligen Barhocker. »Ich muss weiter.«

»Wieso? Hier gibt's doch mehr als genug Bier!«

»Ja, aber nicht genug Inspiration. Ich trinke mich heute durch Dublins literarischste Pubs. Je mehr Inspiration, umso besser. Verstehst du?«

»Und die Leute behaupten immer, wir Iren wären verrückt …«

»Du bist noch nie in Köln gewesen, oder?«

»Nein.«

»Wird sich für dich wie zu Hause anfühlen. Ist quasi die deutschsprachige Version von Dublin: Die Leute sind trinkfreudig, gesellig und redselig. Und wenn du an Karneval kommst, wirst du jede Menge Lieder wiedererkennen, zumindest von der Melodie her. Unsere Bands haben so gut wie jedes berühmte irische Volkslied in einen Karnevalsklopper umgetextet. Selbst wenn es sich im Original um eine traurige Ballade handelt. Da sind wir nicht wählerisch. Mach's gut, Kumpel!«

Aber Finn (oder Flynn) folgte ihm grölend aus dem O'Neills, sprang auf das Podest mit der Molly-Malone-Statue und packte ihr von hinten an die von vielen Händen blank gescheuerten Brüste. Es sollte Glück bringen, das wusste Janus, der grinsend den Kopf schüttelte.

Dublin war wirklich wie Karneval in der Kölner Altstadt.

Janus hatte sich für diesen Abend eigentlich eine feste Strecke überlegt, die alle literarischen Pubs Dublins, und davon gab es so einige, sinnvoll verband. Aber bald schon lief er kreuz und quer und wusste nicht mehr so genau, wann er in welchem Pub gewesen war. Er trank im »Brazen Head«, dem ältesten Pub Irlands, wo Jonathan Swift einst ein und aus ging, auch im »Toner's Pub«, wo Joyce, Bram Stoker und Kavanagh gerne einen gehoben hatten. Im »Neary's« (einem der wenigen Pubs in Dublin, das weder Musik noch Fernseher aufwies) hatte früher Flann O'Brien seine Promille hochgeschraubt. Das »Davy Byrne's« wurde in Joyce' »Ulysses« erwähnt, und am Bloomsday, wenn Dublin den großen Dichter feierte, tranken die Menschen hier ein Glas Burgunder und aßen dazu ein Gorgonzola-Sandwich, genau wie Joyce' Held Leopold Bloom im Roman. Es war fein und stilvoll eingerichtet, sogar mit Tischdecken, und galt einst als Moral Pub, denn der Wirt trank keinen Alkohol.

Auch in der »Palace Bar« in der Fleet Street waren viele Dichter zu Gast gewesen, unter anderem Brendan Behan, der das Trinken zur Kunst erhoben hatte. Seit 1823 hatte sich scheinbar nicht viel am Innenleben des Pubs verändert.

Janus sparte auf seinem Weg durch Dublin die dunklen unbeleuchteten Gassen nicht aus, die kein Warnschild brauchten, damit man wusste, auf was man sich hier einließ. Jede Stadt, die diesen Namen verdiente, war mehrere Städte ineinandergerollt und hatte ihre Viertel, Straßen und Parks, in denen bestimmte gesellschaftliche Kreise verkehrten. Gefährlich wurde es dort, wo sie sich vermischten. So wie es schlammig wurde und Strudel entstanden, wenn salziges Meerwasser und süßes Flusswasser ineinander rauschten.

Genau dort fand man Geschichten.

Es war früh am Morgen, als Janus aus einem Pub nahe der Liffey stolperte und sich gegen eine freundliche Straßenlaterne lehnte, wo er erst mal tief durchatmete.

Er sah auf den Fluss. Dublin hatte das arme Gewässer, das nahe Sally Gap in den Wicklow Mountains entsprang, in eine gerade

Linie gespannt und rechts wie links mit hohen Mauern an jedem neckischen Schlenker gehindert. Eine Verschönerungsmaßnahme der letzten Jahre bestand darin, dass die Stadt an der Innenseite der Kaimauer hölzerne Pfade angelegt hatte. Dieser hilflose Versuch, das Ufer attraktiver zu gestalten, verdeutlichte das Elend aber nur noch mehr.

Wäre ich die Liffey, dachte sich Janus, hätte ich die Bohlen längst heruntergerissen und zermalmt. Aber die Liffey floss so träge, als würde sie der Weg durch ihr enges Bett viel Kraft kosten und als wollte sie nun endlich mal ein langes Schläfchen machen. Wach schienen nur die Möwen zu sein, die über dem Wasser kreisten und kratzig schrien.

Janus ließ die freundliche Straßenlaterne los, um eine Zigarette zu rauchen. Er schaffte es gerade so, den Tabak zum Glühen zu bringen, und beschloss, über die Straße zur Betonbrüstung zu gehen, um ein wenig die Füße über der Liffey baumeln zu lassen.

Und wenn er versehentlich hineinaschte, wäre ihr Wasser dann Feuerwasser?

Dem noch nicht komplett unter Alkohol versunkenen Teil seines Großhirns war klar, wie unterirdisch dieser Witz war, der andere Teil fand ihn genau deswegen irre komisch.

Janus kamen die Tränen vor Lachen, und seine Sicht war für einen Moment so, als blickte er durch ein von Regen beschlagenes Fenster.

Nachdem er sich die Tränen aus den Augen gewischt hatte, sah er gegenüber auf dem hölzernen Weg eine Gruppe Menschen.

Alle waren in Schwarz gekleidet und trugen Motorradmasken.

Bis auf eine junge Frau im weißen Kleid mit langen dunklen Locken. Die vor den anderen kniete und hinunter in die Liffey schaute.

Trotz der Dunkelheit der Nacht konnte er erkennen, dass sie einen roten Schal trug, der im Wind leicht flatterte. Sie hatte die Hände wie zum Gebet gefaltet und sah aus wie eine wunderschöne Madonna.

»›Halte dich an das Hier und Jetzt, durch das alle Zukunft in die Vergangenheit stürzt‹«, rief sie so laut in die Nacht, dass einige der Möwen aufstoben, die sich auf der nahe gelegenen Ha'penny Bridge niedergelassen hatten.

Janus blätterte in der literarischen Abteilung seines Gedächtnisses und wurde fündig. Ein Zitat aus James Joyce' »Ulysses«.

»›Bei der Wahl seiner Feinde kann man nicht vorsichtig genug sein!‹«, kam es nun von der Frau. Diesmal brauchte Janus nicht zu blättern, die Zeile kannte er gut, stammte sie doch aus dem von ihm sehr geschätzten Roman »Das Bildnis des Dorian Gray« von Oscar Wilde.

War das hier eine Performance? Janus blickte sich um, das Publikum suchend. Aber es gab keins. Die Uferpromenade war leer, und die wenigen Autos fuhren desinteressiert vorbei. Die Gestalten auf den Holzplanken dort drüben schienen auch keinen Kameramann dabeizuhaben. Was dort passierte, war also nicht für Zuschauer bestimmt.

»›Wir werden alle verrückt geboren. Einige bleiben es‹«, rief die Frau nun mit glockenklarer Stimme. Samuel Beckett, »Warten auf Godot«.

Janus' Welt schwankte immer noch schwer. Er versuchte seinen Blick fest auf die Frau zu richten, allerdings war es, als probierte er einen glitschigen Fisch festzuhalten. Aber ... da glänzte doch etwas an ihrem Kopf! Irgendwas reflektierte das Mondlicht, blitzte auf.

Es kostete Janus einiges an Anstrengung, seinen Blick darauf zu fokussieren, immer wieder drohten seine Pupillen, die Arbeit zu verweigern.

Aber schließlich schaffte er es.

Und erkannte die Pistole, deren Lauf von einem breitschultrigen Mann an die Schläfe der Frau gedrückt wurde.

»›Es gibt zwei Tragödien im Leben‹«, sagte die Frau nun mit zitternder Stimme. »Eine davon ist, unseren Herzenswunsch zu verlieren. Die andere ist, ihn zu gewinnen.«

Eines der berühmtesten und schönsten Zitate von George Bernard Shaw, wie Janus fand.

Er hatte es nie zuvor mit so viel Verzweiflung vorgetragen gehört.

Dann fiel ein Schuss, kurz und hart wie ein Peitschenknall. Das Echo sprang zwischen den Betonwänden der Liffey hin und her.

Und die Frau sackte leblos in sich zusammen.

»Mörder!«, schrie Janus über die Liffey hinweg. »Warum habt ihr das getan?«

Zumindest hatte er das brüllen wollen. Aber seine Sprachmuskulatur war bereits zu Bett gegangen, und ohne sie brachte sein Mund nur etwas zustande, das wie die Laute eines zahnlosen Schotten klang. Ein Schotte, der eine Unterart des Gälischen sprach, die nur er selbst und ein paar uralte Hochlandrinder verstanden.

Trotzdem blickte die Gruppe auf.

Dann kamen die Busse.

Dublin besaß viele Taxis, aber noch mehr Busse. Sie führten regelmäßig ein merkwürdiges, grobschlächtiges Ballett in den Straßen der Stadt auf und liebten es, sich in großen Gruppen zu treffen. Diesmal hatten sich fünf Busse verabredet, von denen drei in östliche und zwei in westliche Richtung unterwegs waren.

Als Janus wieder freien Blick hatte, waren alle Personen auf dem Holzpfad verschwunden. Auch die erschossene Frau. Hektisch suchte Janus die dunklen Wasser ab, doch konnte er keinen darauf treibenden Körper erkennen.

Janus stolperte zur Ha'penny Bridge über die Liffey und zu dem Ort, wo sich eben alles abgespielt hatte.

Aber wo genau war das gewesen? Den Kopf gesenkt, schritt Janus die Holzplanken ab, aber da war nichts.

Er blickte sich um, ob noch jemand den Mord beobachtet hatte, aber niemand sah zu ihm oder kam herbei.

Hatte die ganze Tat vielleicht nur aus Whiskey und Bier bestanden? War die bildhübsche Frau nur Einbildung gewesen? Hatte er tatsächlich so viel getrunken? Mitgezählt hatte er die Pints und

Whiskeys nicht, das war Teil des Plans gewesen. Immer weitertrinken, bis die Mauern der Realität zusammenbrachen und die Fantasie völlig freien Lauf hatte.

Janus starrte in die Liffey, aber sie blieb ihm jegliche Antwort schuldig und konzentrierte sich stattdessen darauf, die Stadt zu verlassen und das nahe Meer zu erreichen.

Schnell fummelte Janus das Handy aus seiner Jeansjacke. Noch zehn Prozent Akku. Reichte. Mit zitternden Fingern wählte er die Nummer der Garda, wie die Polizei in Irland genannt wurde. Nach dreimaligem Tuten wurde abgehoben.

Janus redete direkt los, denn der tückische Restalkohol hatte ihm eingeflüstert, dass vorher darüber nachzudenken, was genau er sagen wollte, völlig überflüssig sei.

»Ich will einen Mord melden!«

»Wie ist denn Ihr Name?«, fragte eine Frau, die erschreckend nüchtern klang.

Aus einem spontanen Impuls heraus beschloss Janus, nicht seinen richtigen Namen zu nennen. Stattdessen ließ er sich von dem Bandposter inspirieren, das in seinem Zimmer in der WG über dem Schreibtisch hing.

»George … Mc … Lennon.«

Stille am anderen Ende der Leitung. »George McLennon?«

»Ja.«

»Wollen Sie mich verarschen?«

»Nein.«

»Heißen Sie zufällig Ringo mit zweitem Vornamen?«

»Nein!«

Wieder eine Pause. »Ich höre.«

»Heute Nacht, da habe ich einen Mord beobachtet.«

»Wann genau?«

»Weiß ich nicht. Jetzt gerade erst. Wie viel Uhr ist es denn? Nehmen Sie einfach die Zeit!«

»Soso. Und wo?«

»An der Liffey, zwischen Millennium und Ha'penny Bridge. Auf diesem hölzernen Steg.«

»Dem Liffey Boardwalk. Vor welchem Haus, ungefähr?«

»Weiß ich nicht.«

»Aha.«

So langsam bekam Janus das Gefühl, die Frau nehme ihn nicht für voll. »Das stimmt wirklich!«

»Beschreiben Sie bitte die Tat.«

»Eine Frau wurde erschossen, hingerichtet. Die kniete und hat berühmte Dubliner Schriftsteller zitiert.«

»Ach so.«

»Ich erzähle hier keinen Scheiß!«

»Ja, klar. Wie sah sie denn aus, Mr McLennon? Na los, überraschen Sie mich.«

»Hören Sie ...«

»Beschreiben Sie die Frau!«

Janus holte tief Luft, war sicher gut für sein Hirn. »Langes weißes Kleid, roter Schal. Eine sehr schöne Frau.« Er hatte mal gelesen, dass die irischen Frauen vor der großen Hungersnot als die schönsten Europas galten. Der Grund waren die beiden Hauptnahrungsmittel: Kartoffeln und Buttermilch, die als Rest beim Buttermachen blieb. Die Frauen verwendeten die Buttermilch auch zur Gesichtspflege. Sie waren also gesund und schön. Janus verspürte den Impuls, diese Information an die Frau am anderen Ende weiterzugeben, riss sich aber dann doch am Riemen.

»Und wie sah der Täter aus? Oder die Täterin?«

»Ein Mann, ziemlich breitschultrig. Mehr konnte ich nicht erkennen. War ja dunkel. Sie müssen hierherkommen und das untersuchen!«

»Ich fasse mal zusammen: Irgendwann heute Nacht wurde irgendwo zwischen Millennium und Ha'penny Bridge eine Frau im weißen Kleid mit rotem Schal von einem breitschultrigen Mann unbestimmten Alters erschossen.«

»Wenn Sie es so sagen ...«

»So sagen *Sie* das! Ihnen ist schon klar, dass Sie eine Leitung belegen, die andere Menschen genau jetzt ernsthaft benötigen könnten?«

»Also, ich …«

»Wenn Sie sich das nächste Mal mit so absurden Fantasiegeschichten melden, lasse ich den Anruf zurückverfolgen!«

Janus legte schnell auf.

Irgendwie schaffte Janus es, zurück in seine WG zu torkeln, die sich im obersten Stock eines schmucklosen Mehrfamilienhauses aus den Sechzigern befand. Der Schlaf kam über ihn wie eine hart geschwungene Keule. Als er aufwachte, brauchte er einige Zeit, um zu begreifen, wo er war und dass der kleine Digitalwecker auf seinem Nachttisch tatsächlich kurz nach zwölf zeigte. Sein Körper verlangte nach einem Kaffee. Nein, zwei. Oder besser eine ganze Kanne.

In der WG-Küche traf er auf Tessa, die wie so oft ihr Notebook auf dem Esstisch platziert hatte und in einer irren Geschwindigkeit tippte. Sie war zwei Jahre jünger als Janus, und sie hatten sich bei seinem Einzug auf Anhieb verstanden, vielleicht weil auch sie in ihrer Schulzeit zu den Außenseitern gehört hatte. Wenn auch aus völlig anderen Gründen. Tessa war schlau, sogar verdammt schlau. Ein bisschen glich sie in ihrem Fleiß und ihrer Besserwisserei Hermine aus den Harry-Potter-Romanen, allerdings nicht vom Aussehen her. Schon früh hatte sie eine Farbe für sich entdeckt, die gar keine war: Schwarz. Sie kleidete sich komplett darin. Bis auf die Fingernägel und ihre langen Haare, die sie stets zu einem Pferdeschwanz trug. Sowohl Nägel als auch Haare waren neongelb.

Tessas Eltern waren Lehrer. Ihr Vater unterrichtete Physik und Sport, ihre Mutter Mathematik und Chemie. Es war Tessas Art der Auflehnung gewesen, ihr Herz den Geisteswissenschaften zu schenken, vor allem der Literatur. Ihre Eltern hatten lange gehofft, das sei eine kurzzeitige Verirrung, aber mittlerweile unterrichtete sie Germanistik an der University of Dublin. Gerade hatte sie allerdings ein Forschungssemester, in dem sie zum Irlandbild deutscher Autorinnen und Autoren recherchierte, vor allem darüber, wie Heinrich Bölls »Irisches Tagebuch« es beeinflusst hatte. Zumindest wenn Janus es richtig verstanden hatte. Manchmal reiste sie dafür durch Irland, aber die meiste Zeit verbrachte sie in ihrem Uni-Büro, in den Bibliotheken Dublins und am Küchentisch der WG.

»Na, Rheinländer, auch endlich wach? Willst du nicht lieber noch ein bisschen länger pennen?«

»Du mich auch«, antwortete Janus. »Siehst du nicht, wann ein Mann Zuspruch statt Häme benötigt? Oder gibt es Zuspruch für Männer in Westfalen nicht?«

Tessa stammte aus Bielefeld, eine Erbsünde, an die Janus sie gerne erinnerte.

»Westfälische Männer haben so was nicht nötig.«

Er ließ sich neben sie auf die Küchenbank fallen. »Themenwechsel: Was würdest du tun, wenn du eventuell einen Mord beobachtet hättest?«

»Wie kann man denn *eventuell* einen Mord beobachten?«

»Beantworte einfach die Frage. Und hier kommt eine zweite: Kann ich mir was von deinem Kaffee nehmen?« Er goss sich eine Tasse voll.

»Machst du doch längst schon.«

»War eine rhetorische Frage. Die andere aber nicht.«

Tessa klappte ihr Notebook zu. »Na, zur Garda gehen.«

Janus trank einen Schluck. »Leckomio, der ist stark.«

»Ist westfälischer Kaffee. Nichts für rheinische Warmduscher.«

»Ich würde eher sagen, der ist was für Leute ohne Geschmacksinn.«

»Erklärst du mir jetzt, was es mit diesem *eventuellen* Mord auf sich hat?«

Janus schüttete so viel Milch in den Kaffee, dass der Kaffee nicht mehr der Hauptbestandteil des Heißgetränks in der Tasse war. »Sagen wir, du hättest dich schon bei der Garda gemeldet, aber sie hätte dir nicht geglaubt …«

Tessas Miene erhellte sich. »Hast du etwa endlich eine Idee für deinen Roman?« Sie lehnte sich zu Janus und umarmte ihn.

»Nein«, antwortete er. »Aber lieb, dass du das für möglich hältst.«

Tessa schnaubte enttäuscht und goss sich noch etwas Kaffee ein. »Dann weiß ich nicht, was das Gerede soll.« Ihr Gesicht beim Trinken bewies, dass der Kaffee ihr auch zu stark war. Aber das würde sie natürlich nie zugeben.

»Bekomme ich trotzdem eine Antwort?«

Tessa setzte die Tasse ab. »Na ja, ich würde unwiderrufliche Beweise dafür suchen, dass es den Mord gegeben hat. Es müsste ja jemand vermisst gemeldet worden sein. Vielleicht gibt es auch Spuren am Tatort.«

»Was, wenn da keine existieren?«

Sie verschränkte die Arme vor der Brust. »Ich beantworte keine deiner Fragen mehr, wenn du mir nicht endlich sagst, was los ist!«

Janus fuhr sich durch die von der Nacht verstrubbelten Haare. »Die ganze Geschichte klingt, als hätte ich sie nicht mehr alle.«

»Bei mir hast du nichts mehr zu verlieren. Also nur raus damit.«

Janus blickte zur Tür, um zu prüfen, ob der dritte Bewohner der WG zufällig in der Nähe war. Obwohl die Wahrscheinlichkeit dafür der der Sichtung eines Einhorns gleichkam. Denn Gordon W. Hickley glich Schrödingers Katze, die in zwei Zuständen gleichzeitig existierte. Allerdings hieß das in Gordons Fall nicht, dass er sowohl tot als auch lebendig war, sondern sowohl anwesend als auch fort. Vermutlich – aber die Wissenschaft hatte dies noch nicht beweisen können – befand er sich in seinem stets abgeschlossenen Zimmer. Manchmal hörte man Geräusche, aber die meiste Zeit herrschte Stille. Wirklich gesehen, also längere Zeit von Angesicht zu Angesicht, hatten Janus und Tessa ihren Mitbewohner nur beim Bewerbungsgespräch, als er mit ihnen am Küchentisch saß und munter parlierte. Er machte irgendetwas mit Computern in einer der Firmen in den Docklands, die Dublin, und damit ganz Irland, Anfang der Zweitausenderjahre zum wirtschaftlichen Aufschwung verholfen hatten, bevor es wieder bergab ging. Er war ihnen wie ein sehr geselliger Mensch erschienen, mit dem sie sich lange WG-Abende vorstellen konnten.

Mit dem Moment des Einzugs hatte er sich verändert und war zum Geist der Wohnung mutiert, dessen Anwesenheit man noch nicht mal im Badezimmer spürte, da er all seine Badartikel stets wieder mitnahm und sogar eigenes Toilettenpapier verwendete. Auch in der Küche hielt er sich nie auf, da er einen kleinen Kühlschrank und eine kleine Herdplatte beim Einzug in sein Zimmer mitgebracht hatte. Aber Gordon, der Geist, zahlte pünktlich. Und sein Wellensittich, den man im Gegensatz zu ihm manchmal hörte, hielt die Nachtruhe bemerkenswert konsequent ein.

Gordon stand erwartungsgemäß nicht im Türrahmen, deshalb vertraute Janus Tessa alles an.

»Mysteriös«, sagte sie danach.

»Oder?«

Sie ging mit ihrer Kaffeetasse zum Fenster und schaute hinaus. »Es könnte doch noch jemand außer dir etwas mitbekommen haben. So, wie ich jetzt sehe, was auf der Straße vor sich geht, aber keiner mich sieht. Vielleicht konnte jemand nicht schlafen und stand im Dunkeln am Fenster.«

»Aber hätte er …«

»… oder sie …«

»… den Mord dann nicht ebenfalls der Garda gemeldet? Und hätte die Garda dann nicht anders auf meinen Anruf reagiert?«

»Vielleicht ging es der Person genau wie dir, und sie hat ihren Augen nicht getraut, weil sie auf die Schnapsidee gekommen war, durch Komasaufen die Kreativität anzukurbeln.« Sie lachte. »Schnapsidee passt echt super. Was machst du?«

»Ich geh los und hör mich an der Ormond Quay Lower um. Das lässt mir sonst keine Ruhe. Außerdem gibt es da ordentlichen Kaffee.«

»Arsch.«

Janus grinste breit. »Anti-Barista.«

Auf dem Weg zum Tatort verschwand der Restalkohol langsam aus Janus' Kopf und hinterließ eine schmerzende Leere. Wieso konnte Alkohol nicht genauso charmant sein, wenn er einen verließ, wie wenn er einen begrüßte? Wäre das nicht logisch? Janus beschloss, beizeiten ein ernstes Gespräch mit einer jungfräulichen Flasche Whiskey zu führen, die noch alles vor sich hatte und es besser machen konnte als ihre unzähligen Vorgänger.

Auf der Ormond Quay Lower zwischen Millennium und Ha'penny Bridge war wenig los. Die übliche Mischung aus Touristen, die auf der O'Connell Street shoppten, und Einheimischen, die in der Mittagspause etwas schnell Essbares zu einem vernünftigen Preis finden wollten. Und natürlich Busse und Möwen, wie überall in der Stadt. Von beiden musste es viele Nester geben.

Janus ging zu der Stelle, an der die Frau im weißen Kleid letzte Nacht erschossen worden war. Er kniete sich hin und suchte das Holz ab, vielleicht hatte sich ja ein weißer Fetzen Stoff hier verfangen? Schließlich waren in die Bretter überall Nägel eingeschlagen.

Aber nicht einmal ein Faden war zu finden.

Kein Blutstropfen, keine Patronenhülse.

Nichts, was darauf hindeutete, dass hier vor nur wenigen Stunden das Leben einer Frau geendet hatte, deren Bild sich auf Janus' Netzhaut eingebrannt hatte. Er fühlte eine Verbundenheit zu ihr, für die es keinerlei Grundlage gab. Natürlich war ihm völlig bewusst, dass es eine emotionale Sackgasse war, sich in eine Tote zu verlieben.

Eine Möwe setzte sich neben Janus auf die Planken und legte den Kopf interessiert auf die Seite.

»Hast du heute Nacht etwas beobachtet?«, fragte Janus. »Falls ja, ist eine ganze Tüte Pommes für dich drin.« Er kramte in seinen Hosentaschen, fand einen Keksbrösel und warf ihn ihr zu.

Die Möwe legte den Kopf auf die andere Seite, watschelte zwei Schritte heran, schnappte sich den Brösel und flog davon.

»Betrachte es als Anzahlung«, rief Janus ihr nach, erhob sich wieder und nahm die Häuserzeile auf der anderen Seite der Straße in

Augenschein. Ein irisches Restaurant namens »The Woollen Mills«, ein japanisches, das den Namen »Yamamori« trug, und ein in Grün gestrichener Buchladen, der sich »The Winding Stair« nannte.

Janus' Blick blieb daran haften, denn so hieß auch ein Gedicht von W. B. Yeats.

Purer Zufall, dass eine Buchhandlung sich in der Nähe des Schauplatzes eines Mords befand, der mit Literatur zu tun hatte? Auf jeden Fall hätte man aus dem ersten Stockwerk eine hervorragende Sicht auf das Geschehen in der Nacht gehabt.

Janus ging zur Ampel, überquerte die Ormond Quay Lower und trat in den kleinen Buchladen. An den Wänden waren alte Holzregale angebracht, dazu kamen unter Bücherstapeln ächzende Tische, vorne am Fenster stand einladend ein Ohrensessel. Und hinter einem Schreibtisch, auf dem sich eine altertümliche Kasse befand, saß zusammengesunken etwas, das wirkte, als hätte es eine Katze aus dem Garten hereingetragen – ein Etwas um die vierzig, mit grauen verwuschelten Haaren, einem goldenen Ohrring und einem grünen Hawaiihemd mit gelben Ananassen darauf. Falls das der korrekte Plural war.

Eigentlich wollte Janus direkt zu ihm treten, aber er schaffte es nie, einfach so an Büchern vorbeizugehen, er musste sie in die Hand nehmen, aufschlagen, reinlesen.

Für die knapp fünf Meter brauchte er deshalb eine Viertelstunde.

»Hi«, sagte er zu dem Zerknautschten. »Sag mal, wohnst du zufällig hier? In dem Haus?«

Er erntete ein belustigtes Schnaufen. »Ob ich hier wohne? Sehe ich so aus, als könnte ich mir leisten, in dieser Nachbarschaft zu leben?«

»Ich wollte nur …«

»Hier drüber ist ein Restaurant, da wohnt keiner. Es sei denn, einer aus dem Küchenteam ist zu Hause rausgeflogen und weiß nicht, wohin. Aber das hast du nicht von mir gehört. Ach, was soll's, ist mir auch egal. Das kannst du ruhig von mir wissen. Also, willst du was kaufen oder bloß blöde Fragen stellen? Falls Letzteres der

Fall ist: Wende dich bitte vertrauensvoll an eine andere Buchhandlung. Mit anderen Worten: Auf Wiedersehen.«

»Ich bin Janus.«

»Interessiert mich einen Scheiß. Ich sitze hier, um Bücher zu verticken, nicht, um Freundschaften zu schließen.« Er schob ein Buch Richtung Janus. »Hier, das ist super, kauf das. Du bekommst es auch ohne Geschenkpapier. Zum selben Preis.«

Janus sah es sich an. »Da geht es um einen pupsenden Drachen.«

»Super Buch, alle Kunden sind zufrieden damit. Pupsen ist ein Thema, das jeden betrifft.«

»Es ist für Kinder ab sechs Jahren …«

»Hast du etwa kein inneres Kind?«

Sackgasse, dachte Janus und schob ihm das Buch zurück. »Es ist beim Gespräch mit deinem inneren Kind gerade verstorben.«

Der Zerknautschte tat so, als wischte er sich mit dem Handrücken Tränen weg. »Falls du es von den Toten wiedererwecken willst, findest du da unsere Bilderbücher.« Er wies mit dem Kinn zum zweiten, kleineren Raum der Buchhandlung. »Nein, warte. Mir ist was Besseres eingefallen: Verschwinde!« Aus Reflex sah Janus in die vom Zerknautschten gezeigte Richtung und erblickte einen weiteren Ohrensessel – über dessen Lehne ein roter Schal hing.

Genau in der intensiven Farbe wie der, den die Frau in der Nacht getragen hatte.

»Hast du ein Gespenst gesehen?«, fragte der Verkäufer und blickte sich suchend um. »Eigentlich hatten wir bisher keins.«

»Ist das dein …« Nein, die Frage war saublöd, dachte Janus, er musste eine andere stellen. »Eine Freundin von mir hat gestern Nacht genau so einen Schal verloren. Hier in der Nähe. Hast du den zufällig gefunden?«

Der Mann im Hawaiihemd sah ihn lange an, dann schüttelte er den Kopf. »Der hängt schon ewig hier. Ist Deko. Gibt dem Laden einen weiblichen Touch. Das mögen die Kundinnen. Warum erkläre ich dir das alles? Du bist ein Nicht-Käufer ohne inneres Kind! Deshalb haust du jetzt auch besser ab.«

Janus ging zu dem Schal und nahm ihn in die Hand.

Zwei Dinge fielen ihm sofort auf.

Er war leicht feucht.

Und in seinem Gewebe fand sich ein Holzspan, dessen Farbe dem der Bohlen des Boardwalks an der Liffey glich.

Eine Hand packte ihn am Kragen und bugsierte ihn vor die Tür. »Hausverbot! Für immer und ewig! Schöne Schals bekommst du auf der Grafton Street!«

Die Tür wurde nicht nur geschlossen, sondern auch verriegelt und das Schild, das eben noch »Open« verkündet hatte, auf »Closed« gedreht.

Trotzdem lächelte Janus.

Er hatte sich das alles doch nicht im Alkoholrausch eingebildet.

Dann verschwand sein Lächeln.

Ein Mord hatte stattgefunden, aber niemand würde ihm glauben.

***

Ich hatte mich immer schon gefragt, wie es klingt, wenn eine Patrone den Schädelknochen durchschlägt. Ein lautes Bersten? Ein Knacken? Oder rast die Munition so schnell hindurch und in die feuchte Gehirnmasse, dass eher ein feuchter, schmatzender Laut entsteht?

Als die Patrone an der linken Schläfenseite in Ciaras Kopf eintrat und an der rechten wieder herausschoss, hörte ich keines dieser Geräusche, denn der Knall der Pistole war so laut, dass er jeden anderen Ton in der Umgebung vernichtete, wie ein hungriges Raubtier, das alles in seiner Nähe verschlang.

Danach hörte ich das matte Geräusch von Ciaras leblosem Körper, der auf die Holzplanken des Boardwalks kippte. Nicht einmal Ciaras letzten Atemzug vernahm ich, kein letztes zitternd-verzweifeltes Einatmen, kein kraftloses, nur noch rein mechanisches Ausatmen, dem nichts mehr folgt.

Es war akustisch höchst enttäuschend.

Ciara kannte die Regeln, sie hatte sich aus freien Stücken darauf eingelassen.

Wie wir alle.

Dass sie dann plötzlich so ein Theater machte, um ihr Leben bettelte, war nicht nur unangenehm, sondern beleidigte unseren Bund. Erst als ich drohte, ihre Eltern zu erschießen, wenn sie ihren Teil der Vereinbarung nicht erfüllte, kam sie wieder zu Verstand.

Über ihre Auswahl der Dichter haben wir alle uns sehr gewundert. Joyce, Wilde, Beckett und Shaw? Wirklich? So enttäuschend naheliegend. Wenn ich meine letzten Worte wählen muss, wird mir sicher etwas Individuelleres einfallen. Seamus Heaney wäre zum Beispiel eine gute Wahl.

Aber das Zitat, das Ciara von Shaw ausgewählt hat, fand ich zumindest thematisch passend. Von wegen Tragödie im Leben und Herzenswunsch. In diesem Moment dachte ich mir: Was Besseres kommt von ihr bestimmt nicht mehr, also beenden wir es an der Stelle. Ehrlich gesagt war mir der Arm da auch schon ein bisschen schwer geworden. So eine Pistole wiegt ja doch ganz schön etwas.

Als ich die Waffe sinken ließ, spürte ich die Leere in ihr. An der Stelle, wo vorher die Patrone gesteckt und wie ein Rennpferd vor dem Start ungeduldig den entscheidenden Moment erwartet hatte. Sie glich der Leere in mir, die aber ungleich größer war, denn diese hatte exakt die Größe von Ciara, die ich geliebt hatte wie keine Frau zuvor.

Ihre langen tintenschwarzen Locken, die hochsommerblauen Augen, die Lippen von der Farbe unreifer Erdbeeren und dieses mysteriöse Lächeln, das sie damit formen konnte. Selbst die Mona Lisa wäre darauf neidisch gewesen. All die Momente mit ihr schossen mir nun wie Patronen durch den Kopf, als würde die Waffe in meiner kraftlosen Hand sie durch mein Hirn feuern.

Es folgte ein Moment des Innehaltens, in dem die Welt für einen kurzen Moment die Luft anzuhalten schien. Ein wundervoller Moment.

Und dann brüllt irgend so ein Vollidiot von der anderen Seite der Liffey etwas zu uns herüber. Keine klaren Worte, mehr ein Grölen. Vielleicht nur ein Betrunkener, der am nächsten Tag alles schon vergessen haben wird.
Vielleicht aber auch nicht.
Vielleicht einer, der schnell sein Handy gezückt und Fotos geschossen hat.
Dann half uns das Schicksal, weil es ein Herz für die Irren und Verrückten hat, die immer wieder meinen, es herausfordern zu müssen. Mehrere Busse versperrten wie auf ein geheimes Zeichen hin die Sicht.
Wir warfen Ciara über das Geländer und stoben in alle Richtungen davon, wurden zu Schatten in Hauseingängen, zu Schemen in der Nacht.
Der brüllende Affe, der meinen besonderen Moment zerstört hat, lässt mir seitdem keine Ruhe.
Ich durchforste das Internet danach, ob er irgendwo etwas zu Ciaras Hinrichtung gepostet hat.
Bisher nichts.
Aber wenn er glaubt, was er gesehen hat, wird er nicht stillhalten können.
Dann wird er sich zeigen.
Und das wird ein großer Fehler sein.

Ausschnitt aus dem Roman »Der Doppelmord von Dublin«

***

Janus war es gewohnt, lange zu stehen. Vor Bushaltestellen, Konzertsälen und früher vor der furchterregenden Tür der Schuldirektorin. Aber Stehen und Beobachten war eine ganz andere Sache.

Man fühlte sich dabei nämlich selbst beobachtet.

Er hatte sich einen Platz gegenüber dem »The Winding Stair« gesucht und lehnte an der Betonmauer zur Liffey. Die meiste Zeit blickte er auf sein Handy, aber immer wieder hoch, falls der Typ – er hatte ihn wegen des Namens der Buchhandlung Yeats getauft – den Laden verließ.

Janus checkte zum dutzendsten Mal die Homepage der Dublin Garda. Immer noch keine Tote. Und niemand war als vermisst gemeldet.

Er prüfte auch regelmäßig die Homepage von RTÉ, der nationalen Radio- und Fernsehsendergruppe Irlands.

Ebenfalls kein Treffer.

Jetzt klickte er sich durch etliche Dublin-Fotos auf Instagram, die zu der fraglichen Zeit aufgenommen worden waren. Meistens zeigten sie Feiernde in verschiedenen Phasen der Trunkenheit. Es hatte eine gewisse Faszination, was manche Menschen für würdig hielten, fotografiert und veröffentlicht zu werden.

Als Janus diesmal hochschaute, trat Yeats heraus. Er blieb neben dem Eingang stehen und fingerte eine krumme Kippe aus der Brusttasche seines Hawaiihemds – es zeigte heute Surfer auf beeindruckenden Wellen. So gut es ging, begradigte er die Zigarette und zündete sie sich routiniert an. Es schien, als würde ihm jeder Zug Schmerzen bereiten, denn sein aufgequollenes Gesicht verzog sich jedes Mal. Trotzdem rauchte er bis zum allerletzten Stummel auf, bevor er diesen auf den Boden warf, heftig zertrat, wütend wegkickte und dabei fluchte.

Da hatte wohl jemand ein Problem mit dem Rauchen. Und mit sich selbst.

Nachdem Yeats wieder ins »The Winding Stair« gegangen war, fand Janus eine Facebook-Gruppe namens »Dublin Confidential«, die sich lokalen Kriminalfällen widmete. Mit Vorliebe ungelösten oder solchen, bei denen vermutet wurde, dass die öffentlichen Stellen etwas verheimlichten. Ohne lange darüber nachzudenken, schrieb er einen Post:

> Hat jemand letzte Nacht etwas an der Ormond Quay Lower zwischen Millennium und Ha'penny Bridge beobachtet? Stichworte: Schöne Frau, weißes Kleid?

Der erste Kommentar ploppte binnen Sekunden auf: »Ey, Mann, das ist hier kein Dating-Portal!!!«

Schon erschien der nächste: »Weiße Frau? Sag mal, siehst du Geister? Ist sie über das Wasser geschwebt? Spinner!«

Zack, kam der nächste: »Warum muss es eigentlich immer eine schöne Frau im Kleid sein? Kann es nicht zur Abwechslung mal ein Kerl im Kleid sein? So ein verranzter Holzfällertyp mit Rauschebart? Das wär doch mal was!«

Es dauerte keine zehn Sekunden, bis Janus realisierte, dass sein Post eine saublöde Idee gewesen war.

Als er ihn löschte, erblickte er für einen kurzen Moment einen weiteren Kommentar, bevor dieser ins digitale Nirwana überging. Er stammte von einem gewissen Whizzkey, ein Wortspiel aus Whizz, was so viel wie Genie bedeutete, und Whiskey.

Du warst das also ...

Verdammt!

Als er versuchte, auf der Whizzkey-Seite Informationen zu finden, musste er feststellen, dass nur Freunde die Beiträge sehen konnten. Und er war natürlich keiner.

Also schickte er eine Freundschaftsanfrage.

Dann war der Akku seines klobigen Handys leer, das beim Kauf vor drei Jahren schon als hoffnungslos veraltet gegolten hatte.

Ohne Handy wurde das Warten zur Qual. Und Janus hatte nun nichts mehr in der Hand, was erklärte, warum er hier stand, weshalb er das Gefühl bekam, ständig irritierte Blicke zu ernten.

Erst kurz nach Ladenschluss, um 18.10 Uhr, verließ Yeats den Buchladen.

Er trug den roten Schal um den Hals wie eine Trophäe.

Schlurfend bog er Richtung Middle Abbey Street ab. Janus folgte ihm mit pochendem Herzen in ungefähr zwanzig Metern Abstand, hielt sich gebeugt und versteckte sich, wenn möglich, hinter anderen Fußgängern.

Yeats' Weg führte fort von den belebten Straßen Dublins in immer kleinere, verlassenere, bis er schließlich ein Pub betrat, in dessen rotem Neonschild mehrere Buchstaben unkontrolliert flackerten, was Janus an die letzten Zuckungen eines Sterbenden denken ließ. Er hatte nie von diesem Laden gehört. Er hieß »The Dead Poets Society« und war das, was man gemeinhin als Drecksloch bezeichnete. Allerdings war das in diesem Fall eine Beleidigung für jedes anständige Drecksloch.

Der Pub schaffte es sogar, dass der Gehweg nach miesem Whiskey stank, als würde er aus den Poren seines Mauerwerks dringen.

Der Griff der Eingangstür war klebrig, und sie zu öffnen war, wie einen alten Kaugummi von der Schuhsohle zu ziehen. Diese Tür wollte eigentlich nicht geöffnet, sondern in Ruhe gelassen werden.

Die meisten Pubs waren dunkel, dieses war regelrecht duster – was sicherlich im Interesse aller Gäste war. So konnte man sich vormachen, das hier wäre nicht die ranzigste Zusammenrottung verlorener Seelen, die diese Stadt zu bieten hatte. Und Dublin hatte weiß Gott keinen kleinen Vorrat daran. Janus schien es oft, als hätte die Stadt eine ziemliche Sammelleidenschaft entwickelt, was gescheiterte Existenzen betraf. So wie Köln Kirchen sammelte oder London Restaurants, so sammelte Dublin die größten Pechvögel Irlands und manchmal auch ein paar exotische Exemplare aus anderen Ländern.

Aktuell befanden sich gut dreißig im »Dead Poets Society«, das aus lauter Nischen mit windschiefen Tischen und Tropfkerzen bestand. An der Theke wurden gerade einmal drei verschiedene Biere ausgeschenkt, für Dublin eine geradezu lächerliche Zahl. Janus bestellte sich ein Half Pint von einem leichten Cider, weil ihm der Kopf immer noch von der letzten Nacht pochte, und gönnte seinen Augen Zeit, um sich an die Licht- oder besser Dunkelheitsverhältnisse zu gewöhnen.

Die Barkeeperin unbestimmbaren Alters – das lange, fettige Haar hing komplett übers Gesicht – reichte Janus sein Half Pint.

Als er von seinem ersten Schluck aufblickte, entdeckte er Yeats in einer der Nischen über ein Glas gebeugt, dessen Inhalt nach Whiskey aussah. Nach einem doppelten. Mit ihm saßen drei, nein, vier weitere Gestalten am Tisch, deren Gläser ebenfalls mit Hochprozentigem gefüllt zu sein schienen. Janus versuchte, ihre Gesichter auszumachen, aber er konnte kaum etwas erkennen. Vielleicht lag es an der Dunkelheit des Pubs, dass Janus so ungehemmt hinüberstarrte. Aber gerade in den dunkelsten Pubs achteten die Menschen auf das Wenige, was sie beobachten konnten.

Jemand tippte ihm auf die Schulter. Eine Stimme wie die eines Papageis erklang, der sein Leben auf den Schultern des übelsten Piraten aller Weltmeere verbracht hatte. »Hey, was machst du da, warum glotzt du die so an?«

Janus drehte sich um. Das Gesicht passte leider zur Stimme. »Ich glotz überhaupt nicht, ich schau eigentlich nirgendwohin. Will nur in Ruhe trinken.«

»Du hast die dahinten angeguckt, hab ich genau gesehen! Willst du eine von den Bräuten klarmachen? Kannste gleich vergessen, hab ich auch schon erfolglos versucht. Und ich versteh was von Frauen!« Er ließ die Augenbrauen tanzen.

»Wer sind die denn?«

»Also interessierste dich doch! Hab ich gleich gewusst!«

»Ne, eigentlich interessiere ich mich nicht. Versuche nur, ein bisschen Konversation zu betreiben.«

»Klar.«

Janus nahm einen weiteren Schluck seines Ciders. »Dann eben nicht.«

»Musst doch nicht gleich eingeschnappt sein, mein Freund. Das da ist die ›Drunken Poets Society‹.«

»Soll das ein Witz sein?«

»Keine Ahnung. So heißen die halt.«

»Und die sind hier zum Trinken?«

»Wofür bist du denn hier? Zur Pediküre?«

»Nein.«

»Das ist gut, denn egal, wer hier versuchen würde, dir die Zehennägel zu schneiden, du hättest danach keine Zehen mehr.« Er lachte glucksend. »Und nur wenn du verdammt viel Glück hast, noch Füße!«

Janus bemühte sich um einen beiläufigen Ton: »Ich meinte, ob die *nur* zum Trinken hier sind.«

»Das ist 'n literarischer Zirkel. Die wollen unter sich bleiben. Und trinken dabei Whiskey.« Der Mann beugte sich vor. »Die können es gar nicht leiden, wenn einer sie bespitzelt. Das mag hier keiner. Entweder du gibst mir jetzt einen aus, oder ich erzähl denen, dass du sie beobachtet hast.«

»Du bist ja ein richtig mieses Wiesel.«

»Ich würde mich als richtig durstigen Mann beschreiben!« Er lachte wieder glucksend.

Janus gab ihm einen aus und setzte sich in eine frei gewordene Ecke, von der aus er einen besseren Blick auf die Truppe hatte. Es waren insgesamt drei Männer und zwei Frauen. Leider war kein Wort ihres Gesprächs zu verstehen. Aber je später der Abend, desto erhitzter wirkte die Diskussion, desto ausladender wurden die Gesten. Yeats glich irgendwann einer Windmühle, allerdings einer mit hochrotem Kopf. Die Barkeeperin nötigte Janus stetig, weitere Pints zu bestellen, und irgendwann schlief er zwischen zwei Schlucken ein, dabei hatte er eigentlich nur ganz kurz die Augen schließen wollen. Als er wieder aufwachte, war er der letzte Gast im Pub, und die Barkeeperin stand mit einem leeren Glas vor ihm, dessen Inhalt sie, wenn er das Tropfen seines Barts richtig deutete, gerade in Janus' Gesicht geschüttet hatte.

Janus sah sie an. »Zahlen, bitte.«

Auf dem Rückweg kam er am Ormond Quay vorbei, wo sich eine große Menschenmenge am Ufer der Liffey versammelt hatte. Alle schienen ein Handy in der Hand zu halten und etwas im Fluss zu fotografieren oder zu filmen.

Es war nicht einfach, sich hindurchzudrängen und selbst einen Blick zu erhaschen.

Janus sah etwas Weißes aufblitzen.
Etwas Rotes.
Dann erkannte er eine tote Frau im dunklen Wasser der Liffey.
Weißes Kleid, roter Schal.
Sie war wunderschön, ihre Haare wie Plankton um ihren Kopf.
Aber es war nicht die Frau von letzter Nacht.

ZWEI

»Ich will leben, bis ich hundertfünfzig Jahre alt bin.
Und wenn ich sterbe, möchte ich eine Zigarette in der einen
und ein Glas Whiskey in der anderen Hand halten.«

Ava Gardner

Nächte waren eigentlich zum Schlafen da. Janus hatte sich allerdings dafür entschieden, in der Küche zu warten, bis Tessa wach wurde. Wobei »entschieden« das falsche Wort war, denn sobald er versucht hatte zu schlafen, liefen die Bilder der letzten beiden Nächte wie der Video-Clip einer Doom-Metal-Band vor seinem inneren Auge ab.

Er hätte Tessa wecken können, aber dann hätte es in dieser Nacht eine weitere Leiche gegeben. Sie war unerträglich, wenn sie nicht genug Schlaf bekam. Ansprechbar war sie erst nach dem ersten Kaffee. Das heißt, ansprechbar war sie schon vorher, nur erhielt man dann keine verständlichen Worte als Antwort. Nur eine Art Knurren.

Also hatte er sich die Zeit vertrieben. Zuerst hatte Janus sich durch diverse Homepages geklickt, um Infos über die Tote dieser Nacht zu finden, aber da war diese Unruhe in ihm, die ihn zwang, sich zu bewegen.

Also hatte er die Küche gefegt.

Obwohl er diese Woche gar nicht damit dran war.

Und er hatte sie auch noch ordentlich, ja, geradezu penibel, gewischt. Wohl wissend, dass dies ein Riesenfehler war. Nun würde er nie wieder behaupten können, das mit dem Wischen nicht zu beherrschen.

Als Tessa endlich im schwarzen Morgenmantel in der Küche erschien, hatte er sogar das Flusensieb der Waschmaschine entleert. Er goss ihr direkt eine schöne Tasse Thermoskannenkaffee ein. Unruhig wartete er, bis sie diese an die Küchenzeile gelehnt ausgetrunken hatte, dann schoss er die Sätze heraus, die er Tessa im Kopf schon mindestens ein Dutzend Mal gesagt hatte. Dass die Leiche, die sie jetzt aus der Liffey gefischt hatten, blonde statt dunkle Haare hatte. Und was er sich deshalb von ihr wünschte.

»Ich soll *was?*«, fragte sie danach und legte ihren Kopf schief, als hätte sie sich gerade verhört.

»Soll ich es noch mal erklären?«

»Nein, das war rhetorisch gemeint. Ich kann einfach nicht fassen. was du da von mir verlangst! Ich soll meine *weiblichen Reize* spielen lassen? Ernsthaft? Du weißt schon, dass wir uns im einundzwanzigsten Jahrhundert befinden und nicht im zwölften?«

»Tessa, also …«

Sie schüttelte den Kopf und steckte eine Scheibe Weißbrot in den Toaster. »Mal ganz davon abgesehen war mir gar nicht bewusst, dass dir meine *weiblichen Reize* aufgefallen sind.«

»Jede Frau hat doch irgendwelche …«

Sie hob die Hand. »Danke, reicht! Du weißt wirklich ganz genau, wie man mit Frauen redet.«

»So war das ü-ber-haupt nicht gemeint!«

»Um die Diskussion hier zu beenden: Ich, Tessa Droste, bei voller geistiger Gesundheit – im Gegensatz zu dir –, erkläre hiermit eidesstattlich, dass ich nicht irgendwelche Polizisten bezirzen werde – deine Wortwahl –, um Informationen über die Tote in der Liffey zu erhalten.«

Janus stand auf und trat zu ihr. »Soll ich dir deinen Toast schmieren? Mit extra viel Honig drauf?«

Tessa lachte trocken. »Das ist dein Versuch, mich umzustimmen? Ehrlich? Einen Toast zu schmieren? Wuhu!«

»Ich könnte dir auch Rührei machen?«

Das Brot schoss aus dem Toaster, als würde es nicht ertragen, sich gemütlich bräunen zu lassen, während ein einzelner Mann so viel Blödsinn erzählte.

»Du könntest mir hier ein Drei-Gänge-Menü kochen und ich würde mich nicht für dich prostituieren.«

»Darum geht es doch gar nicht! Du sollst nur mit einem von der Garda reden!«

Tessa strich gesalzene Butter auf ihren Toast, die sofort darauf zerfloss. »Willst du auch einen? Dein Hirn könnte feste Nahrung sicher gut gebrauchen.«

Janus ließ sich wieder auf die Küchenbank fallen. »Ja, gern.«

»Du weißt schon, dass das eine weitere deiner Schnapsideen ist? Die häufen sich in letzter Zeit dramatisch.«

Er ließ seinen Kopf auf die Tischplatte sinken. »Als ich sie heute Nacht hatte, klang sie in meinem Kopf absolut genial.«

Tessa reichte ihm eine gebutterte Toastscheibe. »Merkste jetzt selbst, dass dein Plan ziemlich hirnrissig ist, oder?«

»Ja, tut mir leid. Saublöde Idee, dich da mit reinzuziehen.«

Sie biss einmal ab, der Toast knusperte köstlich. »Warum ist dir die Sache eigentlich so wichtig? Du kanntest die Frau doch gar nicht. Also keine der beiden Frauen, oder?«

Janus versenkte die Zähne in seinem Toast, der wirklich guttat. »Vielleicht weil sie so unfassbar schön war. Richtig atemberaubend, weißt du.«

»Ach so.« Tessa klang mit einem Mal distanzierter.

»Und ich bin der Einzige, der weiß, was in der vorletzten Nacht abgelaufen ist. Auch wenn es überhaupt keinen Sinn macht, dass es die Leiche einer anderen, aber gleich gekleideten Frau ist, die eine Nacht später auftaucht. Aber ohne mein Wissen fehlt ein entscheidendes Puzzlestück, um den Mordfall zu lösen. Entweder ich hänge mich rein, oder dieses Verbrechen wird nicht aufgeklärt.«

»Warte es doch erst mal ab.«

Janus biss wieder zu, diesmal härter, als hätte er noch eine Rechnung offen mit dem Toast. »Dann verschwinden Beweise und Indizien, Zeugen vergessen Details. Es ist wie mit Spuren im Sand, über die eine Welle nach der anderen hinwegspült. Ich muss da jetzt alle Energie reinstecken!«

»Lass mich raten: Mit deinem Roman geht es gerade nicht gut voran?«

»Das hier ist wichtiger, das ist echt!«

Tessa nahm mit belustigtem Blick noch einen Schluck Kaffee. »Du bist Schriftsteller. Was befähigt dich dazu, einen Mord aufzuklären?«

»Meine Neugierde. Und dass ich gerade Zeit habe. Auch meine Unverfrorenheit. Ich trau mich zum Beispiel, meine Mitbewohnerin zu instrumentalisieren.«

»Das nenne ich mal rheinischen Frohsinn.« Tessa winkte ab. »Völlig entkoppelt von der Realität.«

Janus stand auf. Die Bank erschien ihm nach den Stunden, die er darauf wartend gesessen hatte, wie ein hölzernes Folterinstrument. »Ich bin mit der Sache noch lange nicht fertig. Deshalb geh ich heute wieder zu der Buchhandlung und folge dem Typen noch mal.«

»In diesen schäbigen, düsteren Pub in einem der miesesten Viertel Dublins.«

»Ganz genau.«

»Gut, wollte nur sichergehen.« Sie zeigte auf den Küchenschrank in der Ecke. »Dahinten ist Verbandszeug drin, Kühlpacks findest du in der Gefriertruhe.«

»Ich werde schon nicht verprügelt.«

»Natürlich nicht. Menschen mögen es sehr, verfolgt zu werden, weil jemand sie eines Mordes verdächtigt.«

Janus griff sich seine Jacke. »Dafür muss der Typ mich erst mal erwischen. Außerdem habe ich als Jugendlicher Sport getrieben.«

»Du warst im Kegelverein!«

»Eben!« Janus grinste breit. »Bei Gefahr kegele ich den Gegner einfach um!«

Tessa musste lachen. »Du hast echt einen an der Klatsche!«

»Eine meiner besten Eigenschaften.«

»Janus?«

»Ja?«

Tessa strich sich eine Strähne aus dem Gesicht. »Ich hör mich für dich um.«

»*Echt?*«

»Ja, echt.«

»Du bist ein Goldstück!«

»Sowieso. Und, Janus?«

»Ja?«

»Dafür übernimmst du einen Monat den Abwasch.«

Der Weg zum »The Winding Stair« dauerte heute viel länger, was daran lag, dass Janus ungefähr alle hundert Meter einen neuen Coffee to go kaufte und ihn herunterstürzte, als gälte es, sein Blut in kürzester Zeit gegen die koffeinhaltige Flüssigkeit auszutauschen. Wacher wurde er dadurch allerdings nicht, nur nervöser.

Als er schließlich vor der Buchhandlung ankam, sah er sofort, dass sich etwas verändert hatte.

Zum einen lagen dort, wo gestern die Leiche aus der Liffey gefischt worden war, Blumen. Die Tote hatte aufgrund ihres weißen Kleids als »Todesbraut« schnell Karriere in den Medien gemacht. Seine nächtliche Recherche hatte außerdem ergeben, dass die Garda der Presse gegenüber offenbar keine Angaben zu ihrem Namen oder der konkreten Todesursache gemacht hatte. Allerdings kursierten im Internet Fotos, die eine Einschusswunde an der linken Schläfe zeigten. Falls die Frau nicht zuerst ertränkt und dann erschossen worden war, was einem ziemlichen Aufwand, und noch dazu einem völlig unnötigen, gleichgekommen wäre, war zumindest Letzteres geklärt.

Die linke Schläfe, also genau wie bei der Frau, deren Hinrichtung Janus beobachtet hatte.

Waren vielleicht schon weitere Frauen zuvor auf diese Art ermordet, aber Richtung Meer abgetrieben und deshalb niemals gefunden worden?

Und würden weitere folgen?

Die zweite Veränderung war, dass ein Zettel an der Eingangstür der Buchhandlung hing. Eine Stellenausschreibung. Allerdings betraf sie das Restaurant über der Buchhandlung.

Janus nahm den Zettel ab und öffnete die Restauranttür links neben dem winzigen Schaufenster des »The Winding Stair«. Er betrat eine enge Treppe, die zweimal um die Ecke emporführte. Wer hier hochkommen wollte, musste sich schon Mühe geben.

Im Restaurant fand sich eine kleine Theke, dazu einige Bücherregale an den Wänden. Ein älterer Mann mit Pomade in den Haaren und um die Hüfte gebundener, weiß-dunkelblau längs gestreifter Schürze deckte gerade die Holztische ein.

»Jetzt aber alles sofort ins Lager!«, forderte er Janus auf. »Und dafür, dass du zu spät kommst, gibt es Abzug, nur dass das klar ist!«

Janus hielt den Zettel mit der Stellenausschreibung empor. »Ist der Job vielleicht noch zu haben?«

Der Pomadekopf betrachtete Janus, wie man ein Pferd anschaute, das man eventuell für die Arbeit auf dem Acker kaufen wollte. »Schon mal in einem Restaurant gearbeitet?«

Janus zögerte.

»Also nicht«, sagte der Mann. »Ich weiß nicht, warum ich frage, es ist sowieso völlig egal. Das ist der vierte Zettel, den ich rausgehängt habe, und du bist der Erste, der sich meldet. Kannst anfangen. Heute zur Probe und ohne Bezahlung. Wenn das gut läuft, ab morgen mit Kohle.«

»Heute schon?«

»Ja, also ab sofort. Du räumst heute Mittag ab. Das ist der einfachste Job, den wir hier haben. Oder passt dir das etwa nicht?«

»Doch, passt genau. Gehört die Buchhandlung unten eigentlich auch zum Restaurant?«

»Da sitzen keine Gäste, da musst du nicht abräumen.«

»Ich meinte ja nur …«

»Hol dir hinten eine Schürze.«

Die Frage, ob irgendwer irgendetwas in den letzten beiden Nächten beobachtet hatte, musste wohl noch etwas warten.

Aber er war drin!

Und dann war er schon dran. Ein Pakistani drückte ihm in der Küche eine Schürze in die Hand, in kürzester Zeit waren alle Tische besetzt und es wurde fröhlich gespeist. Janus trug ununterbrochen Geschirr durch den kleinen Gastraum. Er hatte kaum Augen für andere Menschen, doch irgendwann fiel sie ihm auf.

Eine Serviererin.

Nicht weil sie besonders schön war – obwohl sie ihn mit ihren Tattoos, die Handrücken, Unterarme, Hals und Schläfen bedeckten, faszinierte –, sondern weil er sie im Pub mit Yeats zusammen als Teil der »Drunken Poets Society« gesehen hatte. Ab diesem Moment schaute er sich bei jedem Gang in den Gastraum nach ihr um.

Als Janus mit zwei Armen voll Geschirr wieder in die Küche trat, erblickte er die tätowierte Frau in einer Küchenecke, wo sie mit besorgter Miene etwas in ihr Handy tippte.

Er trat zu ihr. Auf ihrem Namensschild stand Alice. »Alles gut?«

»Ja, wieso?«

»Du hast gerade so geguckt beim Tippen.«

»Wie hab ich denn geguckt?« Sie senkte das Handy.

»Dein ganzes Gesicht hat sich zusammengeknautscht, wie ein durchgesessenes Sofa, in das sich ein Nilpferd fallen lässt.«

Sie blickte ihn fragend an.

»Also so, als hättest du gerade Zahnschmerzen und würdest gleichzeitig überlegen, wie du die Monatsmiete auftreibst.« Er räusperte sich. »Es sah aus, als würdest du dir Sorgen machen.«

Sie zeigte auf ihr Handy. »Ach, *das!*« Sie lachte. »Nein, mir ist nur aufgefallen, dass meine Idee für den Mord an Archie nicht aufgeht. Das hat mich gefrustet und ich hab mir ein paar Notizen gemacht.«

»Der Mord an …?«

»Archie. Mit dem Messer. Also, dem Kellnermesser. Aber die Klinge an so einem Messer ist so kurz, die bekommt man nicht tief genug in ein Herz gerammt.« Sie schlug mehrmals mit der Faust auf Janus' Brust, um es zu demonstrieren. »Da ist ja der Brustkorb, also Knochen, das muss alles bedacht werden!«

Janus sah sie mit offenem Mund an. »Du bist Schriftstellerin!«

»Ich dachte, du sagst etwas anderes.« Sie lachte. »Ja, ich schreibe Krimis. Beziehungsweise: Ich schreibe gerade meinen ersten.«

»Ich auch.«

»Du verarschst mich!«

»Nein, wirklich. Allerdings läuft es zurzeit nicht gut, eigentlich läuft es gar nicht.«

Vom Herd wurde gerufen. »Reden könnt ihr nach der Schicht, jetzt ist Arbeiten angesagt, verdammt noch mal!«

»Steven, warum so aggressiv heute?«

»Ist doch wahr!«

»Du Alphamännchen.«

Janus sah ihr in die Augen. »Ich wäre echt dankbar für ein paar Tipps, was das Schreiben betrifft.«

»Soso.«

»Darf ich dich nach der Schicht zu einem Bier einladen?«

Alice steckte das Handy in die Hosentasche ihrer engen Jeans. »Nur zu Whiskey! Und nicht heute, sondern morgen Abend. Außerdem müsstest du einer ganzen Runde von Autorinnen und Autoren Drinks für ihre Tipps ausgeben. Ginge das klar für dich?«

»Muss ich euch erst mit einem nassen Küchentuch verdreschen?«, brüllte Steven.

»Nur in deinen Träumen!«, antwortete Alice und ging Richtung Gastraum.

»Wir haben einen Deal«, rief Janus ihr hinterher.

Sie drehte sich um. »Du wirst es sicher bereuen.«

Zusammen mit dem letzten abgeräumten Teller reichte Janus seine Kündigung ein.

AUDIOTAGEBUCH

O-kay, Headset sitzt und ist eingesteckt ... Aber ist das Ding auch an? Jetzt leuchtet da was rot ... okay ... läuft ... und immer dran denken: In dem Schreibratgeber stand, ich soll alles beschreiben, was ich denke und tue … tja, dann … Also, ich hab gerade ein Ananasbonbon erwischt, die kann ich gar nicht leiden. Aber es stecken halt immer welche drin in der Dose, Sorte »Gemischte irische Früchte«. Weil Ananas ja so eine berühmte irische Frucht ist! Ha! (lacht trocken) Was für eine Scheiße, oder? Selbst bei Süßigkeiten wird man verarscht. Dabei kaufen doch vor allem unschuldige Kinder den Kram, Herrgott noch mal!

Ich spucke das Ding auf den Bordstein und zertrete es mit dem Absatz meines Lederschuhs.

Dann … Sekunde … nehme ich mir ein neues Bonbon. Es ist … Zitrone. Irische Zitrone. Also vermutlich nach Irland importierte Zitrone. (schmatzt)

Ich blicke noch mal auf die Adresse im Display meines Handys, dann zu dem Haus vor mir.

Hier wohnt Janus Rosner also. Wenn er weiter so unvorsichtig vorgeht wie bei seiner Suche nach Zeugen im Internet, wird es ein Kinderspiel für mich. Oder sollte ich besser sagen: für Whizzkey?

Es ist ein großes Mietshaus, die Wohnungen günstig, die Lage dafür recht zentral.

Sehr viele Bewohner. Das ist immer ein Problem.

Mehr als die Adresse habe ich nicht herausfinden können. Und dafür habe ich schon einige Gefallen einfordern müssen. Was stand noch in dem Ratgeber? Details sind wichtig … und immer bei meiner Perspektive bleiben … Okay … Was denke ich gerade? Was spüre ich?

Ich spüre das kalte Metall der Pistole in meinem Schulterhalfter gegen den Brustkorb drücken. Den Schalldämpfer habe ich noch nicht draufgeschraubt, das mache ich immer erst kurz vorher. Ist so eine Masche.

Egal wie viele Patronen ich brauche, um dieses Desaster zu beenden, ich werde sie aus dem Lauf meiner halbautomatischen Luger jagen.

Und immer eine zur Sicherheit hinterher.
Ich liebe meinen Job, wirklich. Und ich hatte schon so einige, ich kann vergleichen. Ich hatte Söldnereinsätze auf der ganzen Welt, ich war Bodyguard für verwöhnte Promis, später mal Chauffeur, ja, sogar eine Zeit lang beim Sicherheitsdienst, wo ich das Book of Kells im Trinity College bewachen durfte. Aber das jetzt ist der beste Job bisher. Weniger Tote als bei den Söldneraufträgen, mehr Geld als bei allen anderen, und vor allem bin ich mein eigener Herr.
Ich suche die Fenster langsam nach einem Hinweis darauf ab, wo Janus Rosner wohnt. Ohne genau zu wissen, wie der Hinweis aussehen könnte.
Ich spucke das Dreckszitronenbonbon jetzt aus … Ehrlich gesagt kann ich auch Zitrone nicht leiden. Diese ganzen Scheißbonbons lutsche ich nur, um von der Schokolade runterzukommen. Weil meine Freundin findet, ich hätte mehr als nur ein paar Pfund zu viel auf den Rippen. Beim nächsten Urlaub an der Costa Brava will sie sich nicht fühlen, als wäre neben ihr ein weißer Wal gestrandet. Genau das waren ihre Worte! Jedem anderen hätte ich nach so einer Bemerkung die Kniescheiben zerschmettert. (lacht) Aber eben nicht der … Liebe meines Lebens. Ja, das ist gut, das wird sie freuen.
Diese verdammten Fruchtbonbons sind mein Methadon. Aber sie helfen leider null. Ich habe dadurch nur noch mehr Lust auf Schokotafeln, Schokoriegel, Schokodrops, ja, sogar auf die billigen Schokolutscher meiner Kindheit.
Ganz beiläufig gehe ich zum Eingang des Hauses und fotografiere die Namen auf den Briefkästen ab. Die werde ich alle checken lassen.
Es wird etwas länger dauern, aber ich werde zum Ziel kommen. Das tue ich immer.
An diesem Auftrag hängt schließlich viel dran.
Viel Kohle.

Vielleicht auch mein Leben.
Die Sache ist gefährlicher für meine Gesundheit als Schokolade.
Hm …
So habe ich das noch gar nicht gesehen.
Ich werde mir jetzt sofort einen Double-Chocolate-Explosion-Muffin mit flüssigem Schoko-Kern und Schokostreuseln besorgen und mir den reinpfeifen!
Dieser Gedanke bessert meine Laune so sehr, dass ich die Bonbondose in hohem Bogen in ein Gebüsch werfe.
Ich verabschiede mich von dem Mietshaus, indem ich auf die Fußmatte spucke.
Schon sehr bald werde ich zurückkehren.

Als Janus hörte, wie die Wohnungstür der WG aufgeschlossen wurde, rief er aus der Küche: »Du glaubst nicht, wo ich morgen Abend hingehen werde! Da können deine blöden Bullen niemals mithalten. Die stochern sicher noch im Nichts!«

Janus erwartete beim Eintreten ein Lächeln in Tessas Gesicht zu sehen, stattdessen verdrehte sie die Augen und schüttelte gleichzeitig den Kopf. Für eine Westfälin, eine Ostwestfälin noch dazu, eine Eskalation an Emotionen.

Nach ihr trat ein durchtrainierter Mann ein, schwarze Motorradlederjacke, modische Kurzhaarfrisur und ein süffisantes Grinsen. Hätte er in einer TV-Serie den Polizisten gespielt, alle Kolleginnen hätten mit ihm ins Bett gewollt.

»Janus, darf ich vorstellen, das ist …«

»… ein Bulle? Ne, oder?«

»Für Sie Detective Jenkins.« Der Mann wandte sich zu Tessa. »Für dich weiterhin Jack.«

Jack Jenkins, das klang ja wie der Name einer Marke für amerikanisches Trockenfleisch. Janus konnte ihn auf Anhieb nicht leiden. Dass er sich breitbeinig auf die Küchenbank fläzte, als würde er hier wohnen, machte es nicht besser.

Tessa setzte Wasser für Tee auf. »Jack ist bei der Abteilung für organisiertes Verbrechen und Drogenhandel. Also nicht unmittelbar mit unserem Fall betraut.«

»*Eurem* Fall?«, fragte Jenkins und lachte trocken.

»Ja, aber wir lassen euch von der Garda auch noch ein bisschen mitspielen.« Tessa wurde ernst. »Wir wissen natürlich, dass es kein Spiel ist. Das hast du mir eben im Pub ja sehr klargemacht.«

Jenkins nickte zufrieden, blickte dann zu Janus.

»Janus, darf ich dich Janus nennen?« Er wartete keine Antwort ab. »Tessa kann sehr überzeugend sein, deshalb bin ich hier, um mir deine Geschichte aus erster Hand anzuhören. Wenn ich sie dir glaube, überzeuge ich meine Kollegen, dir zu glauben.«

»Und falls nicht?«

Jenkins zuckte mit den Schultern. »Dann bist du einfach nur irgendein Spinner mit Bombenlegerbart.«

Janus fuhr sich über seine Gesichtsbehaarung. »Damit kann ich leben. Finde ich gut, dass du zumindest in Betracht ziehst, dass es die Wahrheit sein könnte.«

»Mir würden auch ein paar Gründe einfallen, warum man sich so eine haarsträubende Geschichte ausdenkt«, entgegnete Jenkins. »Um die Garda zu verarschen, sich selbst wichtig zu machen, in die Medien zu kommen …«

»Aber …«, unterbrach ihn Janus.

Jenkins hob die Hand. »Ich war noch nicht fertig! Das alles könnte man annehmen. Aber Tessa hier hat mir glaubwürdig vermitteln können, dass es in deinem speziellen Fall anders ist. Also bin ich ganz Ohr.«

»Ist das jetzt eine offizielle polizeiliche Befragung?«

»Aktuell ist es nur ein nettes Gespräch am Küchentisch. Oder wäre dir eine offizielle Befragung lieber?«

»Küchentisch klingt super für mich. Bin ein Fan von Küchentischgesprächen. Schon immer. Quasi seit der Küchentisch erfunden wurde.«

»Dann lass hören.«

Janus erzählte alles, was er gesehen hatte. Auch das mit dem Schal in der Buchhandlung. Nur was danach passierte, ließ er aus, weil es den Detective womöglich zu Alice geführt hätte, und er wollte ihr Vertrauen nicht missbrauchen. Jenkins unterbrach ihn immer wieder, stellte Nachfragen, wollte Präzisierungen.

»Macht keinen Sinn«, sagte der Detective danach.

»Finde ich auch«, erwiderte Janus. »Das fasziniert mich ja so daran.«

»Die tote Frau, die wir aus der Liffey gefischt haben, wurde definitiv erst letzte Nacht ermordet.«

»Könnte sie vielleicht nach dem eigentlichen Mord eingefroren und erst letzte Nacht wieder aufgetaut worden sein? Um die Garda zu verwirren? Das würde allerdings nicht erklären, warum sie jetzt blonde Haare hat.«

Jenkins blickte zu Tessa. »Du hast nicht übertrieben, als du gesagt hast, er habe eine blühende Fantasie.«

»Könnte doch sein!«, beharrte Janus.

»Ist aber nicht so. Die Gerichtsmedizin hätte sicher Spuren gefunden, die darauf hindeuten würden.«

Janus schob die Theorie beiseite. »Okay, dann nicht. Es ist ja höchstwahrscheinlich auch eine andere Frau. Aber man soll ja jeder Theorie nachgehen.«

»Nein«, sagte Jenkins. »Soll man nicht. Nur den Erfolg versprechenden.«

»Ist denn schon klar, um wen es sich bei der Toten handelt?«, klinkte sich Tessa wieder ein und stellte Kekse auf den Tisch.

Jenkins lehnte sich zurück. »Das wisst ihr nicht von mir!«

»Von wem?«, fragte Tessa mit einem Augenzwinkern.

»Genau. Sie heißt Idina Alexandra Talbot und stammt aus Stirling. War erst seit gestern in Dublin, zu einem Mädelsausflug. Ist im ›The Clarence‹ abgestiegen«, Jenkins sog die Luft scharf ein. »Das ist noch nicht alles. Leider, muss ich sagen. Talbot gehört dem englischen Königshaus an. Nummer siebenundvierzig in der Thronfolge. Das ist zwar ziemlich weit hinten, aber noch so weit vorne, dass bald die Zeitungen voll von der Sache sein werden. Was bedeutet: Wenn ihr irgendetwas herausfindet, lasst ihr es mich sofort wissen. Offiziell ist mein Rat aber ein anderer: Mischt euch da nicht ein! Ist definitiv sicherer für euch. Habt ihr das verstanden?«

Janus hob die Hand wie zum Schwur. »Ich mische mich selbstverständlich nicht ein, Detective.«

»Guter Mann.«

* * *

Xylol ist giftig, es entfaltet seine toxische Wirkung vor allem, wenn man es einatmet, dann beeinträchtigt es das zentrale Nervensystem. Trägt man es, zum Beispiel in Form einer Farbe, auf die Haut auf, entfettet und reizt es diese.

Diese Reizungen konnten James, wie der vor mir kniende, dicke, nackte Mann hieß, dem ich in diesem Augenblick den Lauf meiner Pistole an die Stirn presste, allerdings egal sein, denn er würde die Nacht nicht überleben. Das wusste er, aber mit jedem Wort, das er auf seinen nackten Körper auftrug, gewann er ein paar Sekunden Lebenszeit.

»Noch mal!«, befahl ich ihm.

Langsam hob er den Kopf, wie ein Hund, der Angst hatte, geschlagen zu werden. Er blickte mich fragend an, weil kaum noch eine Stelle auf seinem Körper unbeschriftet war. Auf seiner Brust, seinem Bauch, seinen Armen, seinen Händen, quer über sein Geschlecht, seinen Ober- und Unterschenkeln, ja, sogar auf seinen Fußsohlen standen die sieben Worte, die er selbst für sich gewählt hatte. In roter Tinte.

»Wohin?«, fragte er, während sein Körper vor Kälte zitterte.

Ich überlegte kurz, ihm ein Messer zu reichen, damit er sich die Worte in die Haut ritzte. Aber die Gefahr war zu groß, dass er die Waffe gegen mich richtete oder auf sich selbst, um dem Ganzen ein schnelles Ende zu bereiten und die letzten Minuten seines Lebens einzutauschen gegen einen selbst gewählten Tod.

»Schulter«, befahl ich. »Und wehe, du verschreibst dich. Eine Kugel in deinen Körper für jeden Fehler.«
Ich schoss auf den Boden knapp vor James' Knien, der Beton platzte auf und splitterte.
Niemand konnte die Schüsse hören. Außer den um mich Stehenden, die wie ich Motorradmasken trugen, denn wir waren nur Werkzeuge, keine Individuen.
Wir befanden uns in Dublins Docklands, wo es immer noch das ein oder andere schäbige Lagerhaus gab, um das sich keiner kümmerte und in das man problemlos hineingelangte.
Heute würde uns niemand dabei beobachten, wie wir unser Schicksal erfüllen.
Keine Augen jenseits der Liffey.
Zitternd schrieb James die ersten Buchstaben auf seine linke Schulter.
Es waren die letzten Worte des – im Gegensatz zu dem knienden Mann – unsterblichen Oscar Fingal O'Flahertie Wills Wilde. Offiziell starb er am 30. November schwer erkrankt im Pariser Hotel d'Alsace, aber er lebt durch sein Werk ewig.
»Mach Wilde bloß keine Schande!«, brüllte ich.
Wilde war selbst in seinen letzten klaren Momenten noch souverän und voller klugem Witz gewesen.
Er würde zu schätzen wissen, was ich hier tat.
Ich goss mir noch ein Glas ›Jameson Black Barrel‹ ein, der in doppelt ausgebrannten Bourbonfässern gelagert wird, was für einen extrem intensiv würzigen Geschmack sorgt. Genau der richtige Drink, um damit Richtung Himmel zu prosten, wo Gott den Dichter sicher mit offenen Armen empfangen hatte, weil die Ewigkeit mit einem wie Oscar Wilde auf der Nachbarwolke deutlich erträglicher war.
»Auch einen Schluck?«, fragte ich James. »Einen … Henkersschluck?«
Er setzte den Stift ab. Ich hörte sein Schultergelenk knacken. James sah mich an und atmete schwer. »Bring es endlich zu Ende. Ich ertrage den Scheiß nicht mehr.«
»Oscar Wilde? Scheiß?«

Er warf den Stift mit voller Wucht von sich.

»Entweder du schießt jetzt, oder ich …«

Ich krümmte meinen Indexfinger, und nahezu im selben Moment verließ die Patrone schon den Lauf der Pistole und durchschlug seinen Schädel.

Aber ich konnte nicht zulassen, dass der Schriftzug auf seiner Schulter unvollendet blieb.

Deshalb wuchtete ich James auf den Bauch und brachte es zu Ende. Jedes Wort schrieb ich größer als das davor, nutzte den ganzen Rücken aus.

Ich nahm mein Handy und schoss ein Foto von Wildes letzten Worten.

Sie brachten mich auch jetzt zum Schmunzeln.

»Entweder geht diese scheußliche Tapete oder ich.«

Ausschnitt aus dem Roman »Der Doppelmord von Dublin«

* * *

DREI

»Man muss dem Leben immer
um mindestens einen Whiskey voraus sein.«

Humphrey Bogart

Der Wind von der Dublin Bay jagte wie ein übermütiger Heringsschwarm durch die Stadt und ließ sich Janus, der auf dem Weg zur »Drunken Poets Society« war, immer wieder über sein Kinn fahren.

Das unbedeckte Kinn.

Befreit von jeglicher schützender Gesichtsbehaarung.

Denn Janus hatte sich wegen des Treffens davon getrennt. Vor seinem geistigen Auge sah er immer noch die leblosen Haare im Waschbecken vor sich liegen. Es war ihm vorgekommen, als hätte er ein liebgewonnenes, wenn auch sehr kratziges Haustier den Abfluss heruntergespült.

Jetzt kam es ihm vor, als würden alle auf diesen unbedeckten Teil seines Körpers blicken anstatt auf den übergroßen roten Kapuzenpulli, den er sich gekauft hatte, oder die sonnengelbe Jeans, für die er etliche Läden auf der Grafton Street durchstöbert hatte.

All das war nötig gewesen.

Nun würde Yeats ihn nicht wiedererkennen.

Treffpunkt der Society war der Merrion Square. Ein rechteckiger Park südlich der Liffey, an drei Seiten begrenzt von prachtvollen georgianischen Häusern und an der vierten von den Gärten des Leinster House sowie zweier Museen. Als Janus die Merrion Street überquerte, konnte er die Mitglieder der Society bereits sehen. Sie standen so eng beieinander am Denkmal Oscar Wildes, dass man hätte vermuten können, es handelte sich um das konspirative Treffen einer Bande von Drogendealern.

Yeats war allerdings keiner von ihnen.

Als Janus durch das metallene Parktor trat, holte er tief Luft und setzte ein freundliches Lächeln für die letzten Schritte zum Denkmal des großen Dichters auf.

Aber der Einzige, der ihm entgegensah, war Oscar Wilde, der sich auf einem beeindruckenden Felsen fläzte. Wobei er eigentlich zu dem nicht weit entfernten nackten Torso blickte, der an den Gott Dionysos erinnern sollte – aber es war grob dieselbe Richtung. Janus mochte Wildes Denkmal. Von allen Dichterdenkmalen Dublins, und da gab es einige, war es ihm das liebste. Es war auch das farbenfroheste: der Kopf aus weißem Jadeit, der Torso aus grüner Nephritejade und rosa Thulit, die Beine aus blauem Pearlgranit, die Schuhe aus schwarzem Charnockit. Wer genau hinsah, erkannte, dass Wilde drei Ringe trug: einen Ehering sowie zwei in Form von Skarabäen, einer symbolisierte das Glück, einer das Pech. Beides lag nah beieinander, nicht nur bei dem viel zu früh verstorbenen Schriftsteller.

Janus hatte schon etliche Bezeichnungen für das Kunstwerk gehört, die alle Bezug auf Wildes Homosexualität nahmen: »The Fag on the Crag«, »The Queer with the Leer« und »The Quare in the Square«. Die Anspielungen waren plump, die Reime dafür einigermaßen gekonnt, was Wilde wohl über Ersteres hätte hinwegsehen lassen.

»Hi Alice«, sagte Janus in Richtung der tätowierten Krimiautorin.

Sie drehte sich um und hob die Augenbrauen bis zum Anschlag.

Dann wandte sich ihm ein hagerer, fast zwei Meter großer Typ zu. Seinem faltigen Gesicht sowie seinem langen grauen Bart und seinen zotteligen Augenbrauen zufolge mochte er Anfang siebzig sein. Er war die Art Mann, die man im Western als Totengräber besetzen konnte. Nur eine Schaufel fehlte und er hätte direkt loslegen können. Am auffallendsten waren seine krummen Zähne, also die wenigen, die er noch hatte. Er konnte sicherlich pfeifen, ohne den Mund zu spitzen.

»Das soll der Autor aus Deutschland sein? Was für einen Kanarienvogel hast du uns da denn angeschleppt?«

Alice zog belustigt an Janus' Kapuzenpulli. »Wie siehst du denn aus? Bist du dir sicher, dass du nicht zu einem Rap Battle willst?« Sie blickte auf sein Kinn. »Ohne Bart hab ich dich zuerst gar nicht erkannt.«

Eine junge Frau, vielleicht Mitte zwanzig, die mit ihrem ausladenden Batikkleid und den in ihr Haar geflochtenen Blumen aussah wie einem Hippie-Film entsprungen, trat mit ausgestreckter Hand auf ihn zu. »Hi, ich bin Bee. Schön, dich kennenzulernen!«

Janus schüttelte ihre Hand. »Dich auch.«

»Bevor ich deine Hand schüttele, will ich den Whiskey sehen«, sagte der Totengräber. »Du hast ihm doch gesagt, dass er etwas Gutes mitbringen soll, oder?«

»Klar«, erwiderte Alice. »Flüssige Eintrittskarte.« Sie blickte zu Janus. »Her damit.«

Janus zog die Flasche aus seinem pinkfarbenen Rucksack und reichte sie ihr.

»Ein zwölfjähriger Laphroaig?« Alice blähte die Wangen auf.

»Der Verkäufer bei Celtic Whiskey auf der Dawson Street meinte, der sei richtig gut. Etwas, das Whiskey-Connaisseurs zu schätzen wüssten.«

»Es ist ein vermaledeiter Scotch!«, sagte der Totengräber. »Der kommt aus Schottland! Nicht aus Irland. Nicht von hier. Ich kann dich nicht leiden. Du bist ein elender Stümper.«

»Was …, aber wieso?«

»Allein diese Frage!«, erwiderte der Alte. »Whiskey ist für uns Iren nicht bloß ein Getränk, er ist Selbstbehauptung und sein Genuss Selbstvergewisserung. Wir leben auf der Insel hinter der Insel, wir sind arme Bauern, die Engländer haben uns ausgebeutet und in der großen Hungersnot von 1845 bis 1849 …«

Jetzt erst mischte sich der Letzte in der Truppe ins Gespräch ein. »Ich nenne es nicht Hungersnot.« Der Mann um die vierzig besaß Muskeln, die ihrerseits Muskeln hatten. Selbst seine Ohrläppchen sahen aus, als würden sie Krafttraining absolvieren. Gekleidet war er allerdings nicht in Muscleshirt und Shorts, sondern in einen perfekt sitzenden schwarzen Smoking mit akkurater Fliege und fliederfarbenem Seidentuch, das in der genau richtigen Länge aus der Brusttasche lugte. Seine glänzenden Lederschuhe sahen handgenäht aus und sein Haarschnitt wie mit der Pinzette präzisiert. Janus kam ein Gedanke.

Ein Gedanke, der ihn zusammenzucken ließ.

Der Mann, der die Frau im weißen Kleid erschossen hatte, besaß genau solch eine Figur. Und es war keine Figur, die es irgendwo billig zu kaufen gab. Sie war äußerst exklusiv.

»Denn es war keine Hungersnot«, fuhr er fort. »Während all dieser Jahre wurden Lebensmittel nach England exportiert! Wir Iren hätten nicht hungern müssen, das war nicht gottgegeben. Die Engländer haben uns verrecken lassen wie die Fliegen!«

»Genau was Boomer sagt!«, nahm der Alte den Faden auf. »Elendig krepieren haben sie uns lassen. Millionen von uns mussten damals auswandern, Irland ist wegen der Engländer heute noch gespalten, und die Lorbeeren dafür, dass wir den Whiskey erfunden haben, die haben uns die Schotten geraubt.«

Nun meldete sich wieder der Muskelberg zu Wort. »Aber das lassen wir uns nicht länger nehmen! Whiskey, Stout Beer und Literatur, das können wir besser als alle anderen! Also hau ab, du Scotch-Trinker!«

Bee schob sich zwischen Janus und die beiden Männer. »Jetzt ist gut, Boomer. Und Rufus, das gilt auch für dich. Ihr habt euer Revier prachtvoll markiert. Aber diese Flasche von Janus zeigt nur, dass er noch viel zu lernen hat. Und wir können ihm einiges beibringen.«

Aber Boomer schüttelte entschieden den Kopf und baute sich vor Janus auf. »Ich jobbe bei Teeling. Irischer Whiskey. Der macht echte Kenner glücklich. Irische Kenner.« Er griff sich die Flasche von Alice, öffnete sie und schüttete sie vor aller Augen auf den Boden aus. »Was sagst du? Na?«

Janus brauchte keine Sekunde zu überlegen. »Wenn ihr sagt, es ist nicht schade um das schottische Zeug, dann glaub ich euch das. Nur lasst uns endlich etwas Ordentliches trinken und richtig Craic haben. Ich lade euch ein!«

Craic hatte nichts mit der ähnlich lautenden Droge zu tun. Es stand im Irischen für Freude, Lachen, ausgelassenen Spaß. Craic war so irisch wie schwarzes Bier.

Die Stille war greifbar.

»Ich mag ihn«, sagte Rufus.

»Ich sowieso«, kam es von Bee.

»Mit Bart mochte ich ihn mehr, aber ohne immer noch genug.« Sie schlug ihm auf den Rücken. »Mal schauen, was wir aus dir machen können!«

Sie gingen zusammen ins nahe gelegene »Kennedy's«, in dessen Räumlichkeiten Oscar Wilde als Kind gejobbt hatte. Damals war hier allerdings noch ein Geschäft beheimatet, in dem er Regale auffüllte. Heute saß er lässig – wieder mal als Statue – auf einer Bank vor dem Eingang.

Janus versuchte Boomer die ganze Zeit unauffällig im Auge zu behalten, so als könnten die Blicke oder Bewegungen des Muskelbergs ihn der Tat überführen. Natürlich würde es nicht so einfach sein, trotzdem konnte Janus nicht anders. Es stellte sich heraus, dass Boomer der Lyriker der Gruppe war. Janus hätte eher darauf getippt, dass er Fitness-Ratgeber verfasste. Was nur zeigte, dass Boomer sein Inneres geschickt zu verbergen wusste.

»Ist das eigentlich eure ganze Truppe, oder fehlt heute jemand?«, fragte Janus, als er die dritte Runde Stout für alle an den Tisch brachte.

Die Mitglieder der »Drunken Poets Society« wurden ganz still.

»Wieso fragst du?«, wollte Bee mit einem Lächeln wissen, das ein wenig zu breit für den Anlass war.

»Nur so. Aus Neugierde.«

»Wir sind komplett«, sagte Rufus bestimmt. »Niemand fehlt.«

»Okay«, sagte Janus. »Dann ist ja gut.« Er sah sich alle genau an. Vier Menschen, die ihn gerade kollektiv angelogen hatten.

Er hatte eine Spur.

Aber ihm gefiel nicht, dass sie zu diesen Gesichtern führte.

In der Nacht hatte Janus eine dieser Nachrichten erhalten, die sich gerne die Nacht aussuchten. Weil die Finsternis zu ihrem Inhalt passte.

Sie stammte von seinem Vater.

bin.im.krnkenhazs.nichts.
schliMMes.nurdamitdu.beschEid.weißt.
das.knie.gelemk.delN.vaTer.

Janus' Vater würde nicht wollen, dass er wegen eines Kniegelenks nach Deutschland reiste. Er war durchdrungen vom protestantischen Arbeitsethos, bei dem selbst ein abgetrennter Arm nicht als Entschuldigung durchging, den Garten nicht umzugraben. Nie wollte er Aufhebens machen, nie Umstände. Es wäre ihm schrecklich unangenehm, wenn Janus plötzlich an seinem Krankenhausbett stünde.

Er würde wollen, dass sein Sohn weiter seinen Aufgaben nachging.

Janus schickte ihm ein »Gute Besserung!« und schrieb, dass er sich melden solle, sobald es etwas zu vermelden gebe.

Er blickte auf seine Worte im Display, die so kühl wirkten, so unpersönlich. Hier in Dublin wurden Menschen ermordet, die sicher gerne noch Worte mit anderen gewechselt hätten, und er schickte seinem Vater Worte, die auch von dessen Arbeitgeber hätten stammen können.

Janus beobachtete seine Finger, wie sie »Hab dich lieb!« schrieben und »Dein irischer Sohn«.

Er drückte auf Senden.

Eine Viertelstunde später kam eine Antwort, Rekordzeit für seinen Vater.

Du.sollst.dr.kEinesorgen.um.Mich.machen!!!!

Falls es ihm auch nur einen Hauch schlechter ginge, würde er den nächsten Flug vom Dublin Airport nach Köln nehmen, egal, was der alte Sturkopf davon hielt.

Nach diesem »Gespräch« bekam Janus kein Auge mehr zu und setzte sich an sein Notebook, um aufzuschreiben, was er in den letzten Tagen erlebt hatte. Es sollte etwas wie Tagebucheinträge werden, aber es wurde der Anfang eines Romans.

Er ließ den Cursor zum Beginn wandern und tippte drei Worte.

Für meinen Vater.

Dann löschte er sie und schrieb:

Für.meinen.vAter.

Danach verfasste er weiter Satz um Satz wie im Fieber.

Bis zwei Uhr nachmittags, denn dann musste er los.

Zuerst schaute er im »Winding Stair« nach, ob Yeats wieder aufgetaucht war. Aber hinter der Kasse saß wieder niemand im Hawaiihemd. Darum würde er sich später kümmern müssen. Erst mal machte er sich auf den Weg zu Teeling, wo Boomer jetzt seine Schicht antrat, wie er gestern in der Runde erzählt hatte – natürlich nicht an Janus gewandt, mit dem er die ganze Zeit über kein einziges Wort gewechselt hatte. Das machte es wahrlich nicht unproblematischer, hinter ihm herzuspionieren. Aber bei Ermittlungen, das wusste er von seinem Vater, waren die ersten Stunden und Tage nach dem Verbrechen essenziell. Und er wollte den Mord an der Frau seiner Träume nicht ungesühnt lassen.

Die Distillery lag am Newmarket, einem länglichen, kaum befahrenen Platz in einer unattraktiven Ecke Dublins, einer Art Hinterhof der herausgeputzten Touristen-Hotspots. Janus hatte recherchiert und herausgefunden, dass dieser Flecken, Liberties genannt, mitten im Golden Triangle lag, wo sich im 18. und 19. Jahrhundert Dutzende Distillerys befunden hatten, die für sage und schreibe sechzig Prozent der weltweiten Whiskey-Produktion verantwortlich gewesen waren. Dann kamen der Irische Bürgerkrieg, die Prohibition in den USA und zwei Weltkriege. Die irische Whiskey-Industrie schaffte es nur um ein Haar, in dieser Zeit nicht völlig zu verschwinden.

Nun aber blühte sie wieder auf, und Teeling war ein wichtiger Teil dieser Geschichte. 2015 erbaut, war es die erste neu eröffnete Distillery in Dublin seit sagenhaften hundertfünfundzwanzig Jahren. Darin untergebracht waren auch ein Café und eine große Besucherhalle, in der zudem eine Art Museum angesiedelt war, das auf Infotafeln über die Geschichte irischen Whiskeys aufklärte.

Als Janus vor der Distillery stand, trug er keine bunte Kleidung. Für den Besuch der Distillery hatte Janus die unauffälligsten Stücke aus seinem Kleiderschrank gefischt. Verwaschene Bluejeans, schwarzes T-Shirt, dazu eine Baseballcap. Boomer würde ihn – zumindest von Weitem – nicht erkennen. Vermutlich schmerzten dessen Netzhäute immer noch von den grellbunten Farben, die Janus gestern getragen hatte. Die eigenwillige Outfitwahl war allerdings kaum der Grund gewesen, dass Boomer den ganzen Abend über auf Abstand gegangen war, selbst Blickkontakt hatte er vermieden. Janus wollte unbedingt mehr über diesen Mann erfahren, alles konnte wichtig sein. Falls es tatsächlich eine Art Ritualmord gewesen war, schien Boomer das Oberhaupt der Sekte zu sein. Janus würde ihm nach der Schicht nach Hause folgen, ja, er würde ihn überhaupt nicht mehr aus den Augen lassen.

Mit einer Gruppe Italiener trat Janus ins Gebäude ein und blickte sich um. Etliche Teeling-Mitarbeiter trieben sich herum, aber keiner davon war Boomer. Und Boomer war ein Mann, der immer zu sehen war, sobald er sich in einem Raum befand.

Betont langsam schlenderte Janus in den Café-Bereich, der einer kleinen Uni-Mensa mit Selbstbedienung glich – auch hier keine

Spur von Boomer. Deshalb ging Janus zum Empfangstresen und kaufte sich ein Ticket für die nächste Tour, wobei er sich dafür entschied, die exklusivste Probe mitzubuchen, um sich beim nächsten Treffen der Society so wenig wie möglich zu blamieren.

In der Wartezeit bis zum Beginn der Tour las er die Infotafeln durch. Meine Güte, da wurde ganz schön gegen die Schotten gekeilt! Dabei teilte man doch ein kulturelles Erbe, oder nicht? Aber bei der Frage, wer den Whiskey (oder Whisky) erfunden hatte, wer in der Historie der Spirituose das wichtigere Land war, gingen die Meinungen sehr weit auseinander.

»Seit zwanzig Jahren ist irischer Whiskey das Destillat mit der weltweit am schnellsten wachsenden Nachfrage«, war plötzlich die Stimme einer jungen Frau im anthrazitfarbenen Hosenanzug zu vernehmen, die Stellung in der Mitte des großen Raums bezogen hatte, wo sich nun etliche weitere Tourteilnehmer einfanden, und die Arme weit ausbreitete. »Willkommen in der Teeling Distillery, die ein wichtiger Teil dieser unglaublichen Geschichte ist!«

Janus sah sich suchend um. War Boomer ebenfalls aufgetaucht? Was sollte er eigentlich zu ihm sagen, wenn sie aufeinandertrafen und er ihn doch erkannte? Ach, guck mal, du auch hier? Ich bin nur zufällig vorbeigekommen? Wahrscheinlich würde Boomer genau wie gestern Abend ohnehin nicht mit ihm sprechen.

»Sind Sie betrunken?« Die Tourleiterin stand vor Janus und schnippte mit den Fingern. »Falls Sie betrunken sind, muss ich Sie leider bitten zu gehen.«

Janus griff sich nervös in den Bart – der nicht mehr da war. »Ich war nur in Gedanken.«

Die Tourleiterin schaute ihn zweifelnd an. Die Tourteilnehmer auch.

»Sie sind leicht geschwankt und haben verwirrt in der Gegend herumgeschaut. Aber jetzt wirken Sie ganz klar.«

»Hab schon an die Whiskey-Probe im Anschluss gedacht!« Janus versuchte ein Lächeln.

Die Frau blickte ihm skeptisch in die Augen, aber dann nickte sie. »Glaubhaftes Argument. Vorher erfahren Sie aber noch die Geheimnisse von Teeling.« Sie wandte sich wieder an die Gruppe. »Folgen Sie mir bitte in die Produktion!«

Nach einigen Treppenstufen standen sie in einer großen weiß gestrichenen Halle, in der sich etliche Tankungetüme befanden. All das hätte auch eine Anlage irgendwo in der chemischen Industrie sein können, allerdings brachten die Leute dort in der Regel keine kleinen Infotäfelchen an, die erklärten, was wo exakt vorging.

Janus schlenderte zu zwei großen hölzernen Maischebottichen, deren Deckel teils geöffnet waren und einen Blick in den Gärungsprozess zuließen.

»Ganz vereinfacht gesagt, ist Whiskey nichts anderes als destilliertes Bier, das danach in Eichenfässern gelagert wird. Aber das Bier heißt bei uns Wash und hat acht Prozent Alkohol.«

Während die Tourleiterin den Destillationsprozess im Detail erklärte, ging Janus auf dem vergitterten Boden weiter zu den Schönheiten des Saals: drei großen kupfernen Pot Stills mit eleganten Schwanenhälsen. Sie standen eine Etage tiefer und reichten bis unters Dach. Janus trat an die gläserne Balustrade, um sie in ihrer vollen Pracht bewundern zu können, und entdeckte zu den Füßen der größten einen Mann im Laborkittel, der etwas auf ein Klemmbrett schrieb.

»Wie Sie sicher alle wissen, werden irische Whiskeys traditionellerweise dreimal gebrannt – im Gegensatz zu schottischen, bei denen das nur zweimal passiert.« Erstaunlich, wie sehr man ein ›nur‹ betonen konnte, dachte Janus. »Irische Pot Stills sind in der Regel größer als schottische. Unsere drei kupfernen Pot Stills sind nach Jack Teelings Töchtern benannt, Alison fasst fünfzehntausend Liter, Natalie zehntausend und Rebecca achttausend. Erbaut worden sind sie in Siena, Italien. Die Form entspricht der alter Dubliner Brennblasen: Sie beginnt unten schmal, wird dann ganz breit und läuft in einen langen Schwanenhals aus. Am Ende der dritten Destillation weist der Whiskey dann achtzig bis fünfundachtzig Prozent Alkohol auf.«

»Also so viel wie ich samstagabends!«, grölte ein Hänfling, der aussah, als wäre er gerade erst volljährig geworden oder würde davon träumen, es bald zu werden.

Die Tourleiterin lächelte leicht genervt und fuhr dann unbeirrt fort. »Irischer Whiskey muss drei Jahre in Irland in Holzfässern gelagert werden, dabei verliert er ungefähr zwölf Prozent seines Volumens. Und gleich noch eine Zahl: Sechzig bis achtzig Prozent der Aromen stammen vom Holz. Folgen Sie mir, damit ich Ihnen im nächsten Raum mehr dazu erzählen kann.«

Janus erwartete ein großes Warehouse mit Hunderten Fässern, stattdessen trat er mit der Gruppe in einen kleinen Schauraum. Hier befanden sich nur Dekofässer und Tafeln, die darüber informierten, wie verschiedene Holzarten Whiskey geschmacklich prägten. Außerdem wurde sehr anschaulich gezeigt, wie viel Whiskey während der Reife verloren ging. Erschütternd, wie Janus fand. Die Warehouses, informierte die Tourleiterin unterdessen, befänden sich weit außerhalb Dublins.

Von Boomer weiterhin keine Spur.

Arbeitete er überhaupt hier, oder war das eine Lüge gewesen?

Die Tour endete mit der versprochenen Whiskeyprobe. Gefüllte Gläser warteten auf einem ringförmigen Tisch auf die Gruppe. Der Distillery-Manager, ein Glatzkopf im Karo-Flanellhemd mit sehr gepflegtem rotem Bart, der auch als Holzfäller durchgegangen wäre, übernahm ab hier. Er stellte sich als Lee Byrne vor und erklärte, sein Nachname bedeute »Nachfahre des Raben«. Und der Rabe, ergänzte er grinsend, habe jetzt Durst.

»Aber zuvor eine wichtige Information. Single Pot Still Whiskeys sind quasi die Krone der Whiskey-Schöpfung.« Byrne schaffte es tatsächlich, noch mehr Stolz in seine Worte zu legen als die Tourleiterin zuvor. »Sie werden aus ungemälzter wie gemälzter Gerste hergestellt, das macht sie fruchtiger und würziger. Der Grund für diese Besonderheit ist, dass der Staat ab 1725 gemälzte Gerste besteuerte. Wir Iren machten aus der Not eine Tugend und schufen einen neuen Whiskey-Typ! Sláinte!« Er hob sein Glas und prostete allen zu – wie Janus fand, etwas zu selbstgefällig. Während die Gruppe trank, blickte er sich in dem großen offenen Raum um, als würde er etwas suchen.

Janus nahm einen Schluck. Weich, ölig, rein und leicht süßlich schmeckte der Whiskey, ein echter Gaumenschmeichler.

»Der nächste Whiskey ist auch ein ganz edler Tropfen: Sie können ihn nur hier im Shop erwerben. Abgefüllt wurde dieser Single Pot Still in Fassstärke mit 61,9 Prozent Alkohol, gereift ist er komplett in Rotweinfässern, und zwar hier in Dublin, eine echte Seltenheit.« Beim Loblied auf dieses Destillat war seine Stimme immer noch voller und lauter geworden.

Der Whiskey traf Janus wie eine Faust, die mit Samt ummantelt war. Ein ganzer Früchtekorb roter Beeren war zu schmecken, dazu gesellten sich Malz, Gerste und etwas Holz. Am Gaumen war er sehr cremig, mit Anklängen von weißem Pfeffer. Janus hatte den Eindruck, als würde in seinem Mund eine kleine Party gefeiert.

Das war der Moment, als er Boomer erblickte.

Zu dieser Etage der Distillery gehörten noch die Bang Bang Bar und ein Shop. Aus Letzterem sah Janus den Muskelmann jetzt treten, er ging am langen Bartresen entlang und durch die Tür, die zur Produktionshalle führte. Dabei schaute er nervös auf seine Uhr und drehte sich mehrmals um, als würde er prüfen, ob ihm jemand folgte.

Janus trank schnell aus und genoss die warme Welle in seinem Hals. Dann folgte er Boomer unauffällig durch die Tür in die Produktionshalle.

Aktuell befand sich keine Gruppe dort.

Und Boomer schien sich in Luft aufgelöst zu haben.

Aber er war doch gerade erst hineingegangen? Er hätte es in der kurzen Zeit unmöglich bis zum Ausgang auf der anderen Seite schaffen können.

Janus vernahm ein Geräusch. Es war sehr leise, und man hörte ihm an, dass es sehr leise sein sollte.

Es kam aus Richtung der gigantischen Brennblasen.

Vorsichtig setzte Janus Fuß um Fuß auf die Metallgitter des Bodens, der gläsernen Balustrade langsam näher kommend. Mit einem Mal war Boomers Kopf zu sehen, leicht gesenkt, ja, der ganze Körper war fast geduckt. Janus schlich weiter und konnte schließlich erkennen, dass Boomer ein Klemmbrett in Händen hielt. Es ähnelte dem, auf dem eben noch der Mann im Laborkittel Notizen gemacht hatte. Boomer fotografierte hektisch eine Seite nach der anderen mit seinem Handy. Als er damit fertig war, ging er schnell hinauf zu den hölzernen Maischebottichen, wo sich ein weiteres Klemmbrett befand.

Janus schaffte es erst im letzten Moment, hinter einigen der schwarz und grün angestrichenen Fässer in Deckung zu gehen, die hier zur Deko standen.

Boomer senkte den Kopf tief über den Maischebottich und hantierte so hastig mit seinem Handy, dass er eine der beiden Haltestreben, die den Deckel oben hielten, mit dem Ärmel aus der Halterung löste.

Ohne es zu merken.

Er fotografierte weiter, nun noch hektischer, drehte sich immer wieder um und stieß dabei jedes Mal gegen die zweite und letzte Haltestrebe.

Er traf sie einmal zu viel.

Janus sah den schweren Deckel wie in Zeitlupe fallen und brüllte: »Achtung!«

Boomer richtete sich auf. Gerade rechtzeitig, dass der schwere Holzdeckel ihn nicht erfasste, sondern laut auf den Rand des Bottichs donnerte.

Boomer blickte entgeistert in Richtung Janus, trat dann schnellen Schrittes näher.

Er musste zweimal hinschauen, bis er begriff, wer da hinter den Dekofässern aufgestanden war.

»Fuck, was machst du denn hier?«

Seine Tarnung hatte also nicht viel gebracht.

»Dich retten, hast du doch gesehen.«

Schnell legte Boomer das Klemmbrett wieder an seinen alten Platz, steckte das Handy ein und stürmte dann sichtlich wütend auf Janus zu.

»Hast du Spinner mir etwa nachspioniert?« Boomer packte Janus an den Schultern. Seine Hände fühlten sich nicht an wie Schraubzwingen, Schraubzwingen wären Janus lieber gewesen. Sie besaßen keine fünf stahlharten Finger.

»War nur Zufall.«

»Ja, klar.« Er drückte fester zu. »Los, rede!«

Janus suchte verzweifelt nach einer glaubwürdigen Ausrede, aber der Schmerz in den Schultern machte das Denken verdammt schwer. Also würde er es mit der Wahrheit versuchen müssen.

»Ich weiß, dass eigentlich noch einer zu eurer Society gehört«, brachte Janus stockend hervor. »Ein Typ, der im ›The Winding Stair‹ arbeitet. Was ist mit ihm? Warum verleugnet ihr ihn?«

»Ich weiß überhaupt nicht, wen du meinst.« Boomer hatte vor seiner Antwort kurz gezögert.

»Warum lügst du mich an? Ich habe ihn mit euch im ›The Dead Poets Society‹-Pub gesehen.«

»Vielleicht hat da wer einen Kumpel mitgebracht.«

Janus versuchte sich freizuwinden, aber hatte keine Chance. »Du lügst miserabel, weißt du das?«

»Misch dich nicht ein!« Boomer kam mit seinem Gesicht näher. Sogar seine Kiefermuskulatur war gewaltig. »Und lass dich nie wieder hier oder bei der Society blicken!«

»Was sonst? Bringst du mich dann auch um? Wie die Frau an der Liffey?«

Boomer ließ ihn augenblicklich los. »Was redest du da für einen Scheiß?«

Es war ganz gewiss eine miserable Idee, sich Boomer zum Feind zu machen. Aber Boomer hatte ihn in die Enge getrieben, und die Sätze waren Janus einfach so rausgerutscht.

Es gab kein Zurück mehr.

Janus wusste, was die beste Verteidigung war. Nie die Butter vom Brot nehmen lassen, das hatte ihm sein Vater schon früh eingeschärft.

Jetzt war er es, der mit seinem Gesicht ganz nah an Boomers kam. »Falls du mich bei den anderen von der Society anschwärzt, sag ich deinem Chef hier, dass du heimlich Fotos von wichtigen Unterlagen machst.«

»Das würdest du nicht wagen …«

Janus senkte die Stimme. »Doch, das würde ich. Und ich mache sogar noch mehr: Ich werde diese Tatsache heute noch jemand anderem anvertrauen. Und sollte mir irgendetwas passieren, hörst du, irgendetwas, wird diese Person es an Teeling weitergeben. Hast du das verstanden?«

»Was bist du bloß für ein Arschloch?« Boomer ballte die Fäuste, bis die Knöchel weiß hervorstachen.

»Arschloch reicht für dich noch lange nicht«, antwortete Janus und sah Boomer fest in die Augen. Die Augen des Muskelbergs zuckten, er wollte ihn verprügeln, und nicht nur ein bisschen, nein, er wollte seinen Fäusten so richtig was zu tun geben.

»Ich werde meiner Vertrauensperson auch alles andere, was ich über dich weiß, mitteilen.«

Boomers Kiefer malmten. Vermutlich war von seinen Zähnen bald nicht mehr viel übrig.

Eine aufgeregt schnatternde Besuchergruppe strömte in die Halle.

Boomer trat von Janus zurück und ordnete seine Kleidung. »Wir müssen reden«, sagte er scharf. »Aber nicht hier. Heute Abend bei mir. Ich schreib dir die Adresse auf.«

»Nein«, antwortete Janus. »An einem öffentlichen Ort, wo viele Menschen sind.«

Boomer schüttelte den Kopf. »Komm zu mir, oder du erfährst nichts.« Er reichte ihm einen alten Kassenbon, auf den er mit blauem Kuli seine Adresse und eine Uhrzeit geschrieben hatte. »Oder hast du Schiss, dass ich dir etwas antue? Ist doch sowieso nicht drin, wenn du deine Drohungen wahr machst, oder?«

Janus steckte den Zettel ein und verließ wortlos die Distillery.

Als er sich draußen umdrehte, sah er, dass Boomer ihm nicht gefolgt war.

Er stand hinter der gläsernen Haupteingangstür der Distillery und blickte ihm nach, wie ein Wachhund, den man nicht aus seinem Zwinger lässt.

HOMEPAGE DER »DRUNKEN POETS SOCIETY«

DIE HISTORIE DES UNNACHAHMLICHEN IRISH WHISKEY

4. JAHRHUNDERT A. D.
Missionierende Mönche bringen das Wissen um die Destillation aus dem Mittleren Osten nach Irland. Die Brennblasen bestanden damals noch aus Ton und wurden genutzt, um Öle aus Kräutern und anderen Pflanzen zu extrahieren und damit Medizin herzustellen. Irgendwann stellten die Mönche fest, dass man auf diesem Wege auch eine andere, ganz besonders wirkungsvolle Medizin produzieren kann …

6.–9. JAHRHUNDERT
Irland gilt als die Insel der Heiligen und Gelehrten.

1297
Robert Savage of Bushmills kredenzt seinen Truppen »a mighty draught of uisce beatha«, um die Kampfmoral zu heben. Die erste schriftliche Erwähnung von Whiskey – in Irland!

1494

Die erste schriftliche Erwähnung von Whisky in Schottland: Friar Jon Coro of Lindores Abbey bestätigt, dass er »eight bolls of malt« erhalten hat, um daraus Aqua Vitae herzustellen. Die Menge müsste für rund eintausendfünfhundert Flaschen gereicht haben.

1608

Die Bushmills Distillery erhält die erste Brennlizenz von King James I. Okay, eigentlich war sie für einen Mann namens Sir Thomas Phillips. Ihm gehörte ein Gebiet im Norden Irlands, das den Ort Bushmills mit seiner Distillery umfasste. Das galt zwar auch für mehrere andere Distillerys, aber wir – und erst recht die heutige (erst 1784 gegründete) Old Bushmills Distillery – sehen das nicht so eng.

1661

Die Regierung ist so dreist, per Gesetz Steuern auf Irish Whiskey zu erheben – wodurch Irland aus purer Notwehr zu einer Nation der Schwarzbrenner wird. Zu dieser Zeit entsteht der »Poitín«, der schwarz gebrannte Alkohol. In den Städten Irlands entwickelt sich eine andere Herstellungsweise, bei der Whiskey mit Wurzeln und Kräutern gewürzt und destilliert wird. Erst 1823 werden die Gesetze modifiziert, sodass es – zumindest für kapitalkräftige Brenner – sinnvoll wird, eine Lizenz zu erwerben.

1682

Zar Peter der Große sagt: »Von allen Weinen ist der irische der beste.« Auch Königin Elisabeth I. schätzt das irische Wasser des Lebens. Zu Recht!

1770ER

Es existieren rund eintausendzweihundert Distillerys in Irland –

die meisten davon sind illegal, weshalb sie keine Steuern an die Engländer entrichten müssen. Gut so! In Dublin befinden sich die fünf größten Distillerys des Vereinigten Königreichs.

1785

Die Engländer besteuern gemälzte Gerste. Die Iren nutzen deshalb nun auch ungemälzte. »Malt Whiskey« kann ihr Erzeugnis nun allerdings nicht mehr genannt werden, aber da sie weiterhin in Pot Stills destillieren, nennen die Iren ihr Destillat einfach Pot Still Whiskey.

Abb. 1: Torf

ENDE DES 18. JAHRHUNDERTS

Statt Torf wird immer mehr importierte Kohle für das Mälzen der Gerste verwendet. Und um schneller produzieren zu können, wird nicht mehr Rauch durch das Getreide geleitet, sondern erhitzte Luft – die entstehenden Whiskeys geraten dadurch weniger rauchig. Ein Geschmacksbild, das weltweit schnell viele Anhänger findet.

1830

Aeneas Coffey, ein Ire(!), erfindet in England(!) die nach ihm benannte Destillationsanlage, welche kontinuierliches Brennen ermöglicht. Dadurch geht die Whiskey-Produktion schneller und billiger vonstatten. Die Iren sind skeptisch, die Schotten weniger.

1838

Theobald Mathew, ein irisch-katholischer Priester, gründet eine Abstinenzlerbewegung und findet viele Anhängerinnen und Anhänger. Innerhalb von nur fünf Jahren trinkt die Hälfte der irischen Bevölkerung keinen Alkohol mehr. Düstere Zeiten!

1854

Abb. 2: Einfache irische Kartoffel

Die große Kartoffelpest führt zu einer – von den Engländern verschuldeten! – Hungersnot und zu einer Typhus- und Cholera-Epidemie. Über eine Million Iren sterben, über eine Million verlassen das Land. Der Binnenumsatz von Irish Whiskey bricht ein.

1875

Ein Feuer in einem Whiskey-Lagerhaus führt zur größten Brandkatastrophe Dublins. Mit Pferdemist errichtet man auf den Straßen eine Art Damm, der die weitere Ausbreitung verhindert. Ein weiterer Beweis für den Einfallsreichtum von uns Iren!

1909

Durch eine Gesetzesänderung darf sich schottischer Whiskey nun ganz offiziell Whisky nennen. Die Iren verwenden nun immer häufiger die Schreibweise »Whiskey«, um sich von dem schottischen Zeug abzugrenzen.

1916–1930 DIE DUNKLE ZEIT FÜR IRISH WHISKEY

Schottische Whiskys, die mittels Coffey Stills günstig hergestellt werden, überschwemmen den Markt – und die Verkaufspreise purzeln. Die Iren bleiben dem aufwendigen Pot-Still-Verfahren treu, verlieren kontinuierlich Marktanteile, und eine kleine Distillery nach der anderen muss schließen. Der irische Unabhängigkeitskrieg führt nicht nur zu Problemen bei der Whiskey-Produktion, sondern auch dazu, dass mit dem Osteraufstand 1916 der Export nach England zusammenbricht. Mit der Unabhängigkeit 1921 brechen dann auch wichtige Absatzmärkte des Commonwealth, wie etwa Kanada, durch hohe Importzölle weg. Einzig Bushmills, als nordirische Brennerei, hat diese Probleme nicht. 1920 kommt es dann auch noch zur Prohibition in den USA – dem wichtigsten Markt für Irish Whiskey, auch aufgrund der vielen irischen Migranten dort.

1933

Die Prohibition endet, aber die Iren können die aufkommende Nachfrage nicht decken – die Schotten schon.

1960

Zwei Zahlen zum Niedergang: Im 19. Jahrhundert hatte Irish Whiskey einen Anteil von 60 % am Weltmarkt – 1960 sind es nur noch 2 %. Arme Welt!

1966

Die letzten drei irischen Distillerys – Cork Distilleries Company, John Jameson & Son, John Power & Son – schließen sich zu »Irish Distillers Limited« (IDL) zusammen und produzieren in Midleton.

1970

Die letzte unabhängige Brennerei, Bushmills in Nordirland, schließt sich der IDL an.

1975
IDL eröffnet eine neue, moderne Distillery in Midleton, wo die Produktion konzentriert wird.

1980
Der »Irish Whiskey Act« tritt in Kraft. Er legt fest, dass sich ein Whiskey nur dann Irish Whiskey nennen darf, wenn er in Irland destilliert wurde, das Destillat in einem Lagerhaus Irlands oder Nordirlands für mindestens drei Jahre gereift ist und mit mindestens 40 % Alkohol abgefüllt wurde. Wichtig: Bei den Schotten sind Eichenholzfässer vorgeschrieben. Wir Iren dürfen jedes Holz nehmen!
Aber zugegeben, wir verwenden auch fast immer Eiche, vor allem ehemalige Bourbon-Fässer aus grobporiger amerikanischer Eiche, die unter anderem für köstliche Vanille-Aromen sorgen.

1987
John Teeling erwirbt eine staatliche Fabrik für Industriealkohol und baut sie um zur Cooley Distillery – die erste unabhängige Distillery des Landes seit langer Zeit, die erste Neugründung seit mehr als einhundert Jahren und das Ende der Monopolstellung von IDL. 2011 verkauft Teeling die Distillery an Beam Inc. und gründet 2015 die Teeling Distillery in Dublins Liberties.

1990
Die Renaissance des Irish Whiskey beginnt. Er wird zur am stärksten wachsenden Spirituose weltweit – zugegeben, von einer sehr geringen Grundmenge startend. Aber die Welt erkennt endlich, welchen Genuss sie sich hat viel zu lange entgehen lassen. Und es zeigt sich wieder einmal: Wir Iren sind wie ein Boxer, der schon angezählt wurde, aber sich wieder aufrappelt und den Sieg holt!

Erst nachdem Janus die nächsten zwei Straßenecken hinter sich gebracht hatte, fiel ihm auf, wie sehr sein Puls raste. Er lehnte sich gegen eine Hauswand, atmete durch und zählte bis zehn.

Dann bis fünfzig.

Als er bei hundert ankam, war sein Herzschlag wieder halbwegs normal. In der schweißnassen rechten Hand hielt er noch immer einen zerknautschten Prospekt von Teeling.

Er würde heute Abend auf keinen Fall zu Boomer gehen.

Dies war eine Ermittlung und kein Himmelfahrtskommando!

Janus musste ein wenig lächeln.

Guter Satz, den sollte er sich für seinen Roman merken. Dann musste er gleich noch mal lächeln, weil er nicht nur endlich ins Schreiben gekommen war, sondern nebenbei wie selbstverständlich ermittelte. Als hätten die jahrelang unterdrückten Gene seines Vaters die Oberhand übernommen.

Schnell diktierte er seine Gedanken ins Handy. Und dann floss alles andere aus ihm heraus, was heute passiert war. Wobei die Hauptperson seiner Geschichte nicht mehr Janus Rosner war, sondern ein wettergegerbter Dubliner Cop namens Rex Stilton, der gerade von der großen Liebe seines Lebens verlassen worden war. Ein Mann, der gerne einen Whiskey über den Durst trank und ein Problem mit Pferdewetten hatte. Stilton trug immer einen alten Trenchcoat und …

Vielleicht sollte er die Sache mit dem Outfit noch mal überdenken.

Auf jeden Fall würde Rex Stilton nun ins »The Clarence« gehen, um dort Ermittlungen in Sachen Idina Alexandra Talbot anzustellen.

Das Hotel lag am Wellington Quay und blickte auf die Liffey. Nur wenige Hundert Meter von dem Ort entfernt, an dem die Frau im weißen Kleid mit einem Kopfschuss hingerichtet worden war.

Janus kannte das Hotel, jeder in Dublin kannte es, und vermutlich galt es auch im Rest der Welt als berühmtestes Hotel der Stadt. Nicht weil es das schönste, größte, älteste oder teuerste war. Kein einziger Superlativ traf auf das »Clarence« zu. Der einzige Grund für seine Prominenz war der Besitzer des Gebäudes: Paul David Hewson, besser bekannt als Bono, Sänger der Rockband U2.

Drinnen ließ nur ein rot erleuchteter Neonschriftzug – »Let Love In« – erahnen, dass es mit diesem Hotel etwas Besonderes auf sich hatte. Zur Linken des Eingangs lag ein Barbereich, rechts die kleine Rezeption, zwei Hotelangestellte dahinter: eine junge Frau, die gerade hektisch eine Haarsträhne hinter ihr Ohr nestelte und sich gleichzeitig auf die Unterlippe biss, sowie ein hochgewachsener Mann mit akkurater Kurzhaarfrisur, der Janus seit dessen Eintreten fixierte, augenscheinlich unschlüssig, ob sich seine steinerne Miene in ein devotes Nicken oder eine hochnäsige Fratze verwandeln sollte.

Janus steuerte auf die junge Frau zu. Als sie aufblickte, schenkte er ihr ein warmherziges Lächeln, das sie ein wenig schüchtern erwiderte.

»Wie kann ich Ihnen helfen?«, kam es allerdings von dem Mann, bevor Janus die Chance hatte, sie anzusprechen.

Janus wies auf die Frau.

»Wie kann ich Ihnen helfen?«, wiederholte der Mann, wohl der Concierge, diesmal einen Hauch schneidender. Aber immer noch nicht so schneidend, dass er später nicht die Kurve zu einem freundlichen Tonfall hinbekommen könnte.

»Ich möchte zu Idina Alexandra Talbot.«

Die rechte Augenbraue des Concierge kroch empor wie eine träge Raupe. Eine schlecht gelaunte Raupe.

»Einen Gast mit diesem Namen haben wir nicht.«

»Sie haben ja gar nicht nachgeschaut.«

»Ich bin mir ganz sicher.«

»Haben Sie alle Reservierungen im Kopf?«

Die zweite Raupe kroch nun empor, schneller und erboster. »Wollen Sie etwa andeuten, ich würde Sie anlügen?«

»Hören Sie, ich …«

»Ich höre unseren Gästen stets zu. Sind Sie einer unserer Gäste?«

»Ich? Nein, aber Idina ist eine alte Freundin, und wir waren bei ›Burdock's‹ zu Fish & Chips verabredet. Das machen wir immer, ist so unser Ding.« Janus kam eine Idee, er zückte sein Handy. »Warten Sie, ich zeige Ihnen Fotos von uns, wie wir zusammen im Sandkasten …« Er legte das zerknitterte Teeling-Prospekt auf dem Empfangstresen ab und wischte auf dem Display des Handys, bis er ein Kinderfoto von sich und Elke Kaschuppke gefunden hatte, die im Haus nebenan gewohnt hatte und der Toten heutzutage vermutlich so ähnlich sah wie Angela Merkel Heidi Klum. Er zeigte es dem Concierge, als wäre es ein unwiderlegbarer Beweis. »Aber Idina ist nicht aufgetaucht und hat auch nicht auf meine Anrufe reagiert. Deshalb bin ich vorbeigekommen.«

»Ich kann Ihnen leider nicht helfen, Herr …?« Er schaffte es tatsächlich, die beiden Raupen noch höher kriechen zu lassen.

»Stilton, Rex Stilton.«

»Rex Stilton?« Sein Blick schien zu sagen, dass Janus kein bisschen wie ein Rex Stilton aussah. Falls überhaupt ein Mensch auf dieser Welt ohne Photoshop-Tricks wie ein Rex Stilton aussah.

Vielleicht hätte er es doch wieder mit George McLennon versuchen sollen.

Oder mal mit Keith Jagger.

Der Concierge schrieb etwas auf einen Block, der nahe bei seiner Kollegin lag. Es sah nicht aus wie »Rex Stilton«, sondern eher wie »Rufen Sie die Polizei!«

»Hätten Sie eine Telefonnummer für mich?«, fragte er Janus mit nun sehr freundlicher Stimme. »Unter der ich Sie erreichen kann, falls die fragliche Dame eincheckt?« Er warf seiner Kollegin einen vielsagenden Blick zu, die daraufhin den Telefonhörer abhob und drei Nummern in die Tastatur tippte.

Janus griff sich seinen Teeling-Prospekt und ging rückwärts. »Ich muss dringend zu einem Termin.«

»Warten Sie!« Der Concierge zückte ein Handy und richtete die Linse auf Janus.

Schnell wendete Janus den Kopf ab und verschwand durch die

Eingangstür, ging den Wellington Quay nach links und rasch um die Ecke zur Parliament Street, wo ihm jemand etwas hinterherrief. Er drehte sich um, den Concierge des »Clarence« erwartend, aber es war ein asiatisch aussehender Teenager, der auf einen Zettel wies, der auf dem Bürgersteig lag.

»Sie haben da was verloren. Aus Ihrem Prospekt.«

»Der ist nicht von ...«, sagte Janus, aber dann erkannte er das Logo des »Clarence« auf dem Zettel. Schnell hob er ihn auf. »Danke!«, sagte er zu dem Teenager, der längst weitergegangen war und wegen seiner In-Ear-Kopfhörer die Außenwelt ohnehin nur untermalt von einem fetten Beat wahrnahm, so als wäre sie ein einziger Videoclip.

Janus konnte den Worten auf dem Zettel ansehen, dass sie in Eile geschrieben worden waren. Viele Buchstaben drängten sich ängstlich aneinander, andere duckten sich oder versuchten aus ihrer Zeile zu fliehen.

Ihre Freundin wurde tot aus der Liffey gefischt. In einem weißen Kleid. Aber als sie vor ihrem Tod das Hotel verlassen hat, trug sie eine beige Chino und eine rosa Bluse! Die Garda hält den Deckel drauf. Da stimmt etwas ganz s

Dann brach der Satz ab.

Janus las das Schreiben noch einmal und gleich noch mal.

Aus den Augenwinkeln nahm er dabei die Liffey wahr, wo alles seinen Anfang genommen hatte.

Was war dort nur geschehen?

Und in was war er da nur hineingeraten?

Da das »Winding Stair« nur wenige Meter entfernt auf der anderen Seite der Liffey lag, machte Janus einen Abstecher.

Yeats saß wieder nicht an dem kleinen Kassentischchen. Als Janus nach dem Mann im Hawaiihemd fragte, bekam er zur Antwort, dass dieser heute nicht da sei und man ohnehin nicht wisse, wann er wiederkomme. Janus fragte nach einem Dienstplan, aber erntete nur ein trockenes Lachen, verbunden mit der Aussage, dass es so etwas nicht gebe, die Dienste würden eher auf Zuruf durch die Besitzerin verteilt. Dieses System würde seit Jahren gut funktionieren.

Janus kaufte den neuen Roman von Matt Haig. Er schaffte es fast nie, eine Buchhandlung zu verlassen, ohne etwas zu erwerben. Es fühlte sich sonst falsch an, wie ein literarischer Phantomschmerz.

Aber selbst das Buch half nicht gegen das mulmige Gefühl in seinem Bauch, was Yeats betraf. Sein Verschwinden konnte kaum ein Zufall sein. Vor allem, da die Society es zu vertuschen versuchte. Die Lüge war zu groß, um nichts zu verdecken.

Zu Hause angekommen, hörte er Tessa in der Küche auf ihrem Notebook tippen und ging direkt zu ihr. Vor seiner WG-Mitbewohnerin stand eine dampfende Tasse Tee auf dem Tisch, dem Duft nach Ingwer-Zitrone. Sie trank zwar jeden Morgen Kaffee zum Wachwerden, aber den Rest des Tages über immer irgendetwas Gesundes, obwohl sie gar nicht krank war. Wenn Tee, dann musste er für oder gegen irgendetwas gut sein. Und mit missionarischem Eifer versuchte sie ihn ständig zu überreden, auch etwas davon zu sich zu nehmen.

»Da bist du ja endlich!«, sagte sie und blickte auf. »Wo warst du?«

»Ich …«

Aber sie ließ ihn gar nicht antworten. »Ich habe zu unserer Toten recherchiert. Setz dich zu mir.« Sie klopfte einladend auf den freien Bankplatz neben sich.

Also war es jetzt schon »unsere« Tote? Janus schmunzelte. Er hatte keinerlei Probleme damit, diese Leiche zu teilen. Im Gegenteil.

»Magst du einen Schluck Tee? Der stärkt deine Abwehrkräfte.«

Janus konnte Ingwer nicht leiden, aber er wusste, Tessa würde es freuen, wenn er etwas Tee trank. »Gerne. Ein Schluck wird nicht schaden.«

Sie goss ihm eine Tasse bis zum Rand voll.

»Also …«, Tessa fuhr mit dem Mauszeiger über den Bildschirm. »Das ist sie!«

Ein großes Foto erschien. Idina Alexandra Talbot war eine ansehnliche, wenn auch keine wirklich schöne Frau mit dunklen Locken. Auf dem Foto übergab sie gerade einen dieser riesengroßen Fake-Schecks an ein Mädchen in Schuluniform.

»Idina hat sich in vielen wohltätigen Organisationen engagiert. Gelebt hat sie in Inverness und war da quasi der Außenposten des Königshauses.« Tessa stockte. »Müsste es nicht korrekterweise Königinnen- und Königshauses heißen?«

Janus zuckte mit den Schultern und trank einen Schluck Tee. Er schmeckte so gesund, wie er roch. »Was hat sie denn eigentlich beruflich gemacht?«

»Studiert hat sie Chemie, aber mit einer ziemlich schlechten Note abgeschlossen.«

»Das hast du rausfinden können?«

»Du glaubst ja nicht, was man alles über die Mitglieder des Königshauses in den einschlägigen Internet-Gruppen entdeckt. Da sind etliche Big Brothers und Sisters, die watchen.« Sie tippte etwas auf der Tastatur. »Das ist ihre Abschlussarbeit. Irgendwas über Phenylethylamine. Aber wie du sehen kannst, gab es viel zu bemängeln. Sie hat dann als PR-Managerin Whiskey-Distillerys in den Highlands beraten. Zumindest offiziell. Aber wenn man nachbohrt, findet sich so gut wie nichts, was sie da geleistet hat.«

»Und das bedeutet?«

»Zusammenfassend?«

»Ausgesprochen gern.«

»Eine Adelige, die nicht viel in der Birne hat, wartet auf einen Adeligen, den sie heiraten kann. Bis dahin tut sie so, als würde sie arbeiten, und hält für die gute Sache ihr Gesicht in Kameras.« Tessa klickte durch Fotos, die das belegten.

»Was wollte sie in Dublin?«

»Du musst mehr von dem Tee trinken, sonst bringt der nichts!«

»Oh, ja, vergessen …« Er nahm wieder einen Schluck. Schmeckte immer noch scheußlich.

»Hier siehst du den Grund für ihren Kurztrip nach Dublin. Geplant waren nur zwei Übernachtungen.«

Janus lehnte sich vor und zeigte auf ein Wort auf dem Bildschirm. »Was soll das bitte heißen?«

»An phríomhttheanga oifigúil steht für die irische Sprache.«

»Die offiziell die Hälfte der Iren sprechen, aber de facto beherrschen sie dann nur zwei, drei Alibisätze?«

Tessa nickte. »Idina, obwohl Schottin, wollte das ändern. Ihr wichtigstes wohltätiges Amt war die Förderung gälischer Literatur. Sie war sogar erste Vorsitzende, hat Guinness als Sponsor für ihre Organisation gewinnen können, Teeling ebenso, Roe & Co und sogar Van Morrison.«

»Literatur …«, sagte Janus nachdenklich.

»Genau! Ich hab wegen der Society auch aufgehorcht.«

»Aber wo könnte da die Verbindung bestehen?«

Tessa lehnte sich zurück und fuhr mit beiden Händen durch ihre neongelben Haare. »Das herauszufinden, ist deine Aufgabe, du Privatschnüffler.« Sie zwinkerte ihm zu und nippte an ihrem Tee. »Der tut richtig gut, oder? Man spürt total, wie gut er einem tut. Was ist? Warum bist du plötzlich so still?«

Janus blickte auf seine Armbanduhr und zählte im Kopf die Stunden bis zum Treffen mit Boomer. »Ich fürchte, ich steh kurz davor, eine Riesendummheit zu begehen.«

Tessa setzte die Tasse ab. »Na, dann lass es doch einfach. Simple as that!«

»Dann werde ich keine Antwort auf die Frage bekommen, die ich dir eben gestellt habe.«

»Okay, das ist der Punkt, an dem du mit kryptischen Andeutungen aufhörst und mir alles der Reihe nach erklärst.«

Also erzählte Janus von seinem Besuch bei Teeling.

»Da gehst du natürlich auf keinen Fall hin!«, sagte Tessa, als er fertig war.

»Doch«, antwortete Janus. »Ich muss das jetzt durchziehen.«

»Und dich selbst in Gefahr bringen? Bist du wahnsinnig? Das ist es nicht wert. Ich ruf Jenkins an und erzähl ihm alles. Vielleicht fühlt dann einer der Society auf den Zahn, der im Gegensatz zu dir weiß, was er tut.«

»Die Garda scheint ganz eigene Interessen zu verfolgen. Vor allem die Krone zu schützen – dabei ist King Charles III. nicht mal Irlands Staatsoberhaupt.« Janus reichte Tessa den Zettel mit dem Logo des Clarence. »Diese Nachricht habe ich von einer Rezeptionistin des Hotels erhalten.« Als Tessa, mit den Lippen leise die Worte formend, den Zettel las, wurde Janus vollends bewusst, wie schnell er in den Strudel einer Ermittlung geraten war, wie tief er sich darin befand und wie wenig es in seiner Macht stand, sich daraus zu befreien. Er würde nicht damit leben können, keine Antworten zu erhalten. Dabei wusste er längst nicht mehr, wofür genau er das alles tat. Für die wunderschöne mysteriöse Tote mit den Zeilen großer Dichter auf den Lippen? Für seinen Vater? Für seinen Roman? Für die Gerechtigkeit? Für alles davon?

Tessa gab ihm den Zettel zurück. »Janus, ganz im Ernst. Das ist eine Nummer zu groß. Eher zwei, nein tausend!« Sie klappte den Rechner zu. »Ich bin raus, und du bist es auch. Schluss, aus, Ende.« Sie spuckte in die Hand und streckte sie ihm entgegen. »Gib mir die Hand darauf!«

AUDIOTAGEBUCH

Die Mitbewohnerin, Tessa Droste, verlässt jetzt das Haus. So, wie sie die Tür hinter sich ins Schloss wirft, ist sie echt sauer. Frauen sind immer so emotional. Manchmal nervt mich das tierisch, aber manchmal mag ich das auch. Kommt halt auf den Moment an.

...

Es passiert erst mal nix weiter.

...

Lange. Ist das Ding noch an? Muss Akku sparen …
So, jetzt geht's weiter. Also: Janus Rosner ist eine gute halbe Stunde nach Tessa Droste aus dem Haus getreten und hat es in die entgegengesetzte Richtung verlassen. In der Wartezeit hab ich sechs Salmiaks gelutscht – mein neues Methadon. Der Blutdruck ist also entsprechend hoch. Deswegen bin ich echt froh, dass ich jetzt eins meiner heutigen To-dos abarbeiten und in die Wohnung einbrechen kann.
Meiner Quelle zufolge gibt es zwar noch einen dritten Mieter, Gordon W. Hickley, aber dessen Krankenakte belegt, dass er unter Agoraphobie leidet. Hat nix mit diesem flauschigen Stoff zu tun, der heißt Angora und stammt von langhaarigen Kaninchen, sondern mit Angst vor großen Plätzen, freien Flächen oder Menschenmassen, zum Beispiel in öffentlichen Verkehrsmitteln. Wer will ihm das verdenken? Mich kotzt es auch an, wie sich andere da an einen ranpressen.
Weil dieser Hickley nur rausgeht, wenn es sich gar nicht vermeiden lässt, und selbst dann nur unter starker Medikation, kann ich unmöglich abwarten, bis das geschieht. Außerdem: Selbst wenn er mich hört, wird er sich mit dieser Angststörung wohl kaum aus seinem Zimmer trauen.
Deshalb zieh ich die Einmalhandschuhe an und geh rein.
Das Schloss der Haustür ist keine Hürde, mehr eine Einladung.
Auch das von der Wohnung unter dem Dach.
Und ich bin drin.
Natürlich könnte ich jetzt schnell machen, aber wo bliebe da der Spaß? Zuerst mal werde ich den Kühlschrank durchsuchen, das ist immer aufschlussreich!
Und was sehe ich da?
Golden eingepackt?
Schokolade! Das ist ein Zeichen, oder? Die hat das Schicksal doch extra für mich da platziert!

Aus diesem Grund nehme ich mir die jetzt auch. Ist eh besser für den Besitzer, wenn ich die esse. Macht nur dick.
Meine Herren, die ist echt gut. (schmatzt)
Jetzt schieße ich Fotos von der Küche. Die können noch nützlich werden.
Dann platziere ich die erste Videokamera. Fällt null auf, weil eine ganze Wand mit Plakaten von alten Filmen aus den Achtzigern vollgehängt ist: »Ferris macht blau«, »Goonies«, »Jäger des verlorenen Schatzes«. Wahrscheinlich gab's die im Dutzend billiger.
Bin jetzt im Badezimmer und suche nach Medikamenten. So einen Scheiß, wie mir die Zahnbürste durch die Kimme ziehen oder irgendwo reinspucken, mache ich nicht. Das ist Kinderkram. Auch hier heißt es für mich: Fotos schießen und Kamera installieren.
Das Zimmer von Tessa Droste ist völlig anders, als ich es erwartet hätte, das passt gar nicht zu ihren schwarzen Klamotten und den neongelben Haaren: superordentlich und im britischen Landhausstil eingerichtet. Alles ist in erdigen, natürlichen Farben gehalten, ein schwerer dunkler Schreibtisch, sieht irgendwie historisch aus, darauf ein Notebook, daneben ein Chesterfield-Sofa und an den Wänden Ölgemälde mit Jagdszenen.
King Charles III. würde hier bestimmt gern seinen Afternoon Tea schlürfen! Ich schaue mal in den Mülleimer, der natürlich gusseisern ist.
Da drin ist ein Ausdruck eines Artikels über Idina Alexandra Talbot.
Scheiße, Schätzchen.
Warum hat der Vollidiot dich da nur mit reingezogen? Jetzt stehst du auch auf meiner Liste.
Mir ist klar, dass die Sache dadurch echt kompliziert wird. Ein Deutscher, der in Dublin tot aufgefunden wird, mit mehr Drogen in seinem Körper, als ein Drogenkurier in

seinem Magen einschleust, das ist kein Problem. Aber zwei? Noch dazu aus derselben WG?
Das wird Kreativität erfordern.
Allerdings bedeutet es auch mehr Honorar. (lacht)
Ich schieße Fotos und installiere eine weitere Kamera. Danach spiegele ich die Dokumente ihrer Festplatte auf einen USB-Stick.
Auf dem Weg zum Zimmer von Janus Rosner komme ich an dem von Gordon W. Hickley vorbei. Licht dringt durch den Türspalt. Ich horche … aber höre nichts. Wahrscheinlich ist er in Schockstarre, weil ich so laut bin. Dabei bemühe ich mich wirklich, leise ins Headset zu sprechen. Ist ja schließlich hochsensibel, das teure Teil.
Janus Rosners Zimmer ist extrem schlicht eingerichtet. Die Wände kahl, das Bett nur ein Futon auf dem Boden, der Schreibtisch eine unbehandelte Holzplatte auf zwei Böcken. Dazu ein weißer Stoffkleiderschrank, eins von diesen billigen Dingern, aber dafür eine ziemlich teuer aussehende Stereoanlage. Aber keine CDs oder Platten, heutzutage läuft das ja alles digital. Kann ich nix mit anfangen, ich liebe Platten, die Cover schau ich mir immer gern an, und manchmal finden sich da Texte drin, das ist für mich Teil vom Spaß.
Wieder heißt es für mich die Dokumente von der Festplatte kopieren, Fotos schießen und eine Kamera installieren. Komme mir schon vor wie ein verdammter Hausmeister! Aber Infos sind wichtig, um diesen Job richtig zu machen. Nur Amateure ballern einfach drauflos. Ich wäre nicht so lange im Geschäft, wenn ich keine Geduld hätte. Wie Jäger oder Angler auch. Du darfst die Beute nicht verschrecken. Du darfst erst zuschlagen, wenn du dir hundert Prozent sicher bist.
Trotzdem werde ich jetzt die Tür von Gordon W. Hickley eintreten.

Denn besser als jede Kamera ist jemand, der meine Fragen beantwortet.
Und alle, denen ich eine Pistole gegen die Stirn gedrückt habe, haben das bisher getan.

VIER

»Zu viel von etwas ist immer schlecht,
aber zu viel guter Whiskey ist gerade genug.«

Mark Twain

Janus kam es vor, als führte er einen Kampf gegen seine Füße, die in eine andere Richtung wollten, nämlich zurück zur WG. Sein Kopf steuerte dagegen Boomers Wohnung an, die in Sichtweite des Spire lag, der hochoffiziell als »Turm des Lichts« bekannt war. Über hundertzwanzig Meter ragte die monströse Edelstahlsäule in der O'Connell Street in den Himmel und piekste die dichte Wolkendecke. Die Dubliner nannten sie auch den Ständer, dabei hatte sie wirklich keinerlei erotische Ausstrahlung.

Viele Menschen waren heute auf Dublins Hauptverkehrsader unterwegs, und etliche Touristen freuten sich, den Spire aus der Nähe zu betrachten. Janus fühlte sich trotzdem, oder gerade deswegen, allein. Ihm dröhnten Tessas Worte noch in den Ohren, dass es Wahnsinn sei, zu Boomer zu gehen wie ein Lamm zur Schlachtbank, und sie ihn bei seinem Vorhaben auf keinen Fall unterstützen würde. So wütend hatte er sie noch nie erlebt. Tessa hatte sogar Tränen in den Augen gehabt, als sie abgerauscht war. Die Wohnungstür hatte sie so laut ins Schloss geschmettert, dass Janus für einen kurzen Moment sogar erwartet hatte, Gordon verließe aufgeschreckt seine Höhle.

Janus ließ seinen Füßen keine Sekunde länger mehr zur Gegenwehr und ging schnurstracks zu dem Eckhaus, dessen Nummer auf dem Zettel in seiner Hand stand. Es handelte sich um einen viktorianischen Prunkbau, nicht unbedingt die Art Behausung, in der man einen Lyriker erwartete, der bei Teeling jobbte.

Entsprechend den Anweisungen klingelte er bei Robert Collins, wahrscheinlich Boomers richtiger Name.

Kaum eine Sekunde später summte schon der Öffner.

Den Briefkästen zufolge bewohnte Boomer das Penthouse.

Vielleicht sollte er mit Lyrik beginnen, statt einen Kriminalroman zu schreiben?

Lyrik brachte einen auch sicher seltener in Lebensgefahr.

Im Inneren befand sich ein altertümlicher Aufzug mit Glasscheiben und schmiedeeisernem Gitter. Er rumpelte und ächzte, als Janus sich bis ganz nach oben fahren ließ.

Eine, Janus fiel kein passenderes Adjektiv ein, atemberaubende Frau in einem durchscheinenden Kimono stand bereits in der geöffneten Tür und lächelte ihn an, in einer Hand ein langstieliges Glas mit etwas Prickelndem gefüllt, das nach Champagner aussah.

»Sie müssen Janus sein.«

»Muss ich das?«, fragte Janus unsicher. »Auf jeden Fall bin ich es. Und Sie sind …?«

»Daisy.« Sie reichte ihm keine Hand, hob nur leicht das Glas, wie um ihm zuzuprosten. »Sie sehen ganz anders aus, als ich gedacht habe.«

»Was haben Sie denn gedacht?«

Sie lächelte süffisant. »Ach, ich hatte einfach Vorurteile im Kopf, nachdem Robert berichtete, Sie seien Deutscher. Vergessen Sie es einfach.«

Er war wohl nicht blond und blauäugig genug. »Ich hatte auch Vorurteile. Zum Beispiel, was Boomers Wohnung betraf. Ich dachte, er haust in einem Pappkarton in der Gosse.«

Sie lachte aufgesetzt. »Das ganze Haus gehört seinen Eltern! Haben Sie nie von der Werbeagentur Collins, Collins & Murphy gehört? Es ist die größte in ganz Irland. Wenn Robert wollen würde, könnte er sofort dort einsteigen. Aber er will das ja nicht, auch kein Geld von seinen Eltern annehmen, nur diese Wohnung hier.

Er will es selbst schaffen, mit seiner Lyrik. Auch darum liebe ich ihn so.«

Ihr Gesicht sagte etwas ganz anderes. Es schien sich nach einer dreimonatigen Wellnessbehandlung an der Côte d'Azur zu sehnen.

»Darf ich reinkommen?«, fragte Janus und ging einen Schritt vor.

Sie schüttelte den Kopf und sah dabei aus wie ein Model in einer Shampoo-Reklame. »Nein.«

»Wieso? Hat Boomer es sich anders überlegt?«

Sie winkte ab. »Ich will gar nicht wissen, was Robert sich wie überlegt. Er liebt es, um alles ein Geheimnis zu veranstalten. Ich soll Ihnen nur sagen, dass Sie zum Campanile des Trinity College gehen müssen. Da würden Sie bekommen, was Sie verdienen.« Sie nahm einen langen Schluck aus dem Glas. »Klingt sehr pathetisch, aber Sie wissen sicher, was er damit meint. *Dichter*!« Sie lächelte schief.

Janus hoffte, Boomers Satz bedeutete nicht das, was er annahm. Und wenn doch, war es auch egal. Aus der Nummer kam er nicht mehr raus, falls er wissen wollte, was es mit der Society wirklich auf sich hatte. »Einen schönen Abend noch«, wünschte er Daisy, die ihm huldvoll zunickte. Als die Aufzugstüren sich öffneten, drehte Janus sich nochmals um. »Beim nächsten Mal versuche ich, deutscher auszusehen.«

»Das wäre ausgesprochen charmant!«

Bei Städten, die ein Castle besaßen, bildete dieses das natürliche Zentrum. Nur Dublin hielt sich nicht an die Regel und hatte das Trinity College zum Herz der Stadt auserkoren. Das lag zum einen an der Eleganz des Gebäudeensembles, zum anderen an der Old Library, die als eine der schönsten Bibliotheken der Welt galt und das Book of Kells, Irlands heiliges Buch, beheimatete.

Janus musste von der O'Connell Street nicht weit gehen bis zum Regent House, durch das er auf den Parliament Square, den ersten der drei großen ineinander übergehenden Innenhöfe, gelangte, an dessen Ende sich der Campanile befand. Der gut dreißig Meter hohe Glockenturm aus Granit wirkte wie die abgetragene Spitze einer Kirche. Zwischen seinen vier dorischen Pilastern trieben sich auch in diesen Abendstunden Studentinnen und Studenten herum. Aber nicht allzu viele, denn es ging die Legende, dass man sein Examen nicht bestand, wenn man unter dem Campanile herging, während seine Glocke schlug.

Gerade rannte eine junge Frau kichernd hindurch.

Boomer war nirgends zu sehen.

Würde ihn jemand Unbekanntes ansprechen und zu einem anderen Ort schicken? War das hier eine Art Schnitzeljagd?

Janus trat langsam ins Zentrum des Campanile.

Nichts passierte.

»Ich hab euch doch gesagt, dass er keine Jungfrau ist«, erklang plötzlich die Stimme von Alice, aber zu sehen war sie nicht.

»Es ist eh eine schwachsinnige Legende, dass dann die Glocke läutet.« Das war Boomer.

»Lasst ihn uns einkreisen«, war nun Rufus zu hören.

Dann traten in dunkle Kutten gekleidete Gestalten neben den Pfeilern hervor und auf Janus zu.

Der musste trotz seiner Anspannung lachen. »Leute, echt, ihr seht aus wie Dementoren.«

»Das sind Nazgul-Kostüme«, korrigierte ihn Bee. »Tolkien, Janus, das Original!«

»Was soll die Kostümierung?«

»Boomer hat dich bei Teeling erwischt«, sagte Alice. »Also musst du uns erklären, was das sollte.«

Sie traten näher, ließen den Kreis enger werden.

Janus hob abwehrend die Hände. »Das war echt purer Zufall! Boomer hatte so von Teeling geschwärmt, dass ich da unbedingt hinwollte. Dann hab ich beobachtet, wie er sich in die Produktionshalle geschlichen hat, und bin ohne groß nachzudenken hinterher. Okay, das hätte ich nicht machen sollen. Das war nachspionieren. Aber im Endeffekt war es ja gut, dass ich das gemacht habe …«

Boomer hob das Kinn. Janus erwartete, dass es nun um die Vorwürfe gehen würde, die er ihm gemacht hatte: die Lügen über Yeats und den Mord an der Frau im weißen Kleid. Stattdessen rief Boomer theatralisch »Man gebe ihm den Trunk!«.

Rufus reichte Janus ein gefülltes Glas. »Trinken!«

»Was ist denn da drin?«

»Trink es!«

»Ich trink doch nicht einfach irgendwas, das ihr mir hinhaltet.« Er blickte sich um, aber niemanden aus dem Studentenvolk ringsum schien das Theaterspektakel zu interessieren. Musste an den diversen Touristenführungen liegen, die alle hier durchgingen. Vier Menschen in Roben? Business as usual im Trinity College. Die vier Mitglieder der Society müssten wahrscheinlich erst Messer zücken und auf ihn einstechen, bis jemand stehen blieb.

Janus roch an dem Getränk. Fraglos Whiskey. Aber mit etwas daruntergemischt?

Handelte es sich hier um eine Mutprobe?

Eine, die beweisen sollte, ob er ihnen vertraute?

Janus nahm einen Schluck.

Der Whiskey schmeckte sehr weich und mild, nach Vanille, Honig, Malz und Äpfeln sowie einem Hauch Ingwer.

»Der ist gut, oder?«, fragte er in die Runde.

Die Mitglieder der Society schlugen die Kapuzen ihrer Umhänge zurück.

»Dieser Whiskey ist frevelhaft!«, rief Boomer. »Eine Anmaßung!«

»Ja?«

»Ja! Du trinkst gerade ›Writers' Tears‹. Ein Gesöff, das auf die ruhmreiche literarische Vergangenheit Irlands Bezug nimmt und mit dem ordentlich Geld gescheffelt wird. Obwohl kein Schriftsteller mit diesem Erzeugnis irgendetwas zu tun hat!«

»Ach.« Janus kannte den Whiskey, hatte aber nie wirklich über seine Geschichte nachgedacht.

»Die Drunken Poets Society will einen echten literarischen Whiskey herstellen, einen, der wirklich von Schriftstellerinnen und Schriftstellern erschaffen ist«, erklärte Alice und zeigte auf eines ihrer Tattoos am Unterarm, das eine Whiskeyflasche darstellte, die einem Tintenfass glich.

»Und um herauszufinden, wie man einen großartigen Whiskey herstellt …«, fuhr Boomer fort.

»… betreibst du bei Teeling Industriespionage«, beendete Janus den Satz.

Boomer stockte. »Ich würde sagen: Dort lasse ich mich inspirieren. Was für jeden kreativen Geist völlig selbstverständlich ist.«

»Wir haben uns auch bei den anderen Dubliner Distillerys umgeschaut«, übernahm Alice. »Bei Teeling war es am schwersten reinzukommen, da wollen momentan viele arbeiten, die sind ziemlich in. Aber Boomer hat es schließlich geschafft.«

Dieser hob jetzt das Kinn. »Dann hat es aber noch einige Zeit gebraucht, bis ich hinter deren größtes Geheimnis gekommen bin. Der Manager da hat alles im Auge. Ein totaler Kontrollfreak. Als ich im Lager gearbeitet hab, war es super wichtig, welche Charge in welches Land geliefert wird. Wenn da mal was schiefging, war der Teufel los, da wurden Leute entlassen! Dabei war doch in allen Flaschen der gleiche Whiskey!« Er schüttelte den Kopf. »Na ja, egal, jedenfalls habe ich herausgefunden, dass sie bei der Vergärung neben einer normalen Hefe auch eine verwenden, die üblicherweise bei südafrikanischen Weißweinen zum Einsatz kommt. Die macht den Unterschied.«

»Ich war vor einem Monat auf Islay, das ist eine schottische Insel«, erzählte Bee und strahlte, als hätte sie den Hauptpreis gewonnen. »Wusstest du, dass nicht kühlgefilterte schottische Whiskys meist mit 46 % abgefüllt werden, weil erst ab diesem Alkoholgehalt Öle und Fette im Whisky gelöst bleiben? Darunter entsteht ein stark trübes Destillat. Aber genau so eins wollen wir für unseren Whiskey, weil auch bei uns aus dem Nebulösen das Klare entsteht!«

Janus musste zugeben, dass das tatsächlich … Sinn ergab. »Find ich gut«, sagte er deshalb.

»Auch die *Inspiration*?«, fragte Alice. »Also die Spionage?«

»Ihr wollt ja nicht kopieren, sondern euer eigenes Ding machen. Da kann ich mit leben. Ist wie in der Literatur, oder? Manchmal schaut man in den Maschinenraum von Kolleginnen und Kollegen, aber daraus wird dann etwas ganz Eigenes.«

Bee legte von hinten ihre zierlichen Hände auf Janus' Schultern. »Ich mag sein flexibles Gerechtigkeitsempfinden. Wir sollten ihn offiziell aufnehmen!«

»Nicht so schnell!«, erwiderte Boomer.

»Er hat dir das Leben gerettet, verdammt noch mal!«, kam es von Alice.

»Das sehe ich anders, mir wäre wahrscheinlich so oder so nichts Schlimmes passiert.«

Die anderen raunten, sogar Rufus.

Boomer wandte sich an Janus. »Okay, hör zu. Wenn du für uns ein bisschen rumschnüffelst, bist du dabei.«

Janus erinnerte sich in diesem Moment an eine Zeile aus dem Lloyd-Cole-Song »Mainstream«: »Swimming is easy when you're stuck in the middle of the Mississippi, all you have to do is crawl.« Mit anderen Worten: Welche Wahl hatte er schon?

»Bin dabei«, antwortete er deshalb und erntete lächelnde Gesichter. Falls das bei Rufus ein Lächeln war. Vielleicht hatte er auch etwas zwischen den Zähnen, das er gerade versuchte herauszusaugen. »Zwei Fragen hätte ich aber noch …« Janus holte tief Luft. Wie sprach man eine Gruppe darauf an, dass sie jemanden umgebracht hatte? Oder darauf, dass sie das Verschwinden eines ihrer Mitglieder vertuschte?

»Du gehst zu Roe & Co«, antwortete Alice. »Die suchen jemanden für ihren Shop. Morgen meldest du dich da direkt persönlich, damit kein anderer den Job bekommt.«

»Okay«, sagte Janus. »Aber zwei Sachen muss ich echt noch ansprechen …«

»Oh, nein!«, rief Bee. »Neinneinneinneinnein!« Sie hielt ihr Handy in der Hand und starrte mit geweiteten Augen auf das Display. »Habt ihr die Nachricht auch bekommen?«

Alle zückten ihre Smartphones, als gelte es, angesichts eines bevorstehenden Überfalls den Colt zu ziehen.

»Verdammt!«, sagte Alice.

»Das ist jetzt doch nicht wahr!« Rufus schüttelte den Kopf.

»Fuck, fuck, fuck, fuck.« Boomer rief jedes *Fuck* lauter als das zuvor.

Dann stoben sie ohne ein weiteres Wort in alle Himmelsrichtungen davon und ließen Janus einfach stehen.

In einer Fernsehdokumentation über Bisons hatte Janus vor Jahren gesehen, wie eine Herde reagierte, wenn nur ein einzelnes Tier einer potenziellen Gefahr auswich: Alle anderen rannten in Panik ebenfalls los. Doch die Menschen in der Dubliner Innenstadt wandten sich in diesem Moment nicht vom Schrecken ab, sondern gingen darauf zu. Janus, der auf dem Weg zurück in die WG war, schloss sich ihnen an.

In vielen Temple Bar Pubs hingen Fernseher, die fast immer Sport übertrugen, am häufigsten Fußball.

Jetzt liefen Nachrichten.

Wieder und wieder dieselben Aufnahmen, kommentiert von verschiedenen Experten.

Janus ging in den ersten Pub, in dem er es blau flackern sah. Vor dem Flimmerkasten standen die Menschen eng an eng und vergaßen sogar, ihre Pints zu leeren.

Es musste verdammt ernst sein.

Ihm wurde nur widerwillig Platz gemacht, keiner wollte auch nur eine Sekunde den Blick vom Bildschirm nehmen.

»… eine Leiche in einem leer stehenden Lagerhaus der Docklands von Dublin gefunden. Bei dem Toten handelt es sich um den 32-jährigen Niederländer Willem de Jong, einen Lkw-Fahrer aus Utrecht. Er wurde geradezu hingerichtet – kniend, durch einen Schuss in den Hinterkopf.«

Ein Bild des Mannes wurde eingeblendet, es sah nach Passfoto aus. Willem de Jong war sehr gepflegt, die Haare perfekt, die Haut makellos, das Lächeln strahlend und selbstsicher. Er sah eher nach Hedgefonds-Manager als nach Lkw-Fahrer aus.

Schnitt zum Leichensack, der aus einer Lagerhalle getragen wurde. Man konnte sehen, dass das Gelände großräumig abgesperrt worden war.

Die Gäste des Pubs starrten weiter auf den Bildschirm, als wüssten sie, dass das noch nicht alles war.

»Den Medien wurde von anonymer Seite folgendes Video zugespielt, das in Zusammenhang mit dem Mord steht. Eine erste Überprüfung durch Fachleute hat ergeben, dass das Material echt und nicht manipuliert ist. Sachdienliche Hinweise, die der Ergreifung der Täter dienen, bitte unter folgender Nummer …«

Die Aufnahme war von schlechter, grobkörniger Qualität, augenscheinlich gab es nicht viel Licht.

Im Inneren eines leeren Lagerhauses war im Halbdunkel eine Gruppe Schwarzgekleideter mit Motorradmasken zu erkennen.

Janus zuckte zusammen.

Vor ihnen kniete ein nackter Mann, den Kopf gesenkt, sein Körper über und über bekritzelt.

Die Aufnahme hatte keinen Ton, aber von der Körperhaltung her sah es so aus, als würde der Mann, dessen Gesicht man nicht erkennen konnte, etwas sagen.

Dann ein Lichtblitz vor dem Lauf der Pistole.

Die nächsten Sekunden aber, die zeigen mussten, wie der Mann starb, waren komplett geschwärzt. Als wieder ein Bild erschien, kniete der Schütze über dem leblos auf dem Boden liegenden Nackten.

Er prüfte den Puls an der Halsschlagader, drehte dann die Leiche auf den Bauch und schrieb etwas auf eine freie Stelle am Rücken.

Jedes Wort größer als das davor. Dadurch ließen sich die letzten drei entziffern.

Tapete oder ich

Janus stockte der Atem, als er begriff, dass es sich um Oscar Wildes letzte Worte handeln musste. Für einen kurzen Moment fiel Mondlicht auf die Szenerie, und die Silhouetten der Maskierten waren besser zu erkennen.

Sie glichen denen der Mitglieder der Drunken Poets Society.

Und der Schütze schien eine Frau zu sein.

Alice.

Janus blieb lange im Pub. Sah sich die Aufnahme immer wieder auf dem großen Fernseher und seinem Handy an, versuchte Indizien dafür zu sammeln, dass es sich bei den Tätern nicht um die Mitglieder der Society handelte.

Aber er fand nur mehr, die dafürsprachen.

Kleine Bewegungen, Körperhaltungen, all diese Eigenheiten, die man nicht verbergen kann und bei denen weder Motorradmasken noch schwarze Kleidung helfen.

Sie waren es, keine Frage.

Selbst Bee meinte er erkannt zu haben. Ausgerechnet Bee, die beim Kennenlernen auf Janus gewirkt hatte, als würde sie selbst Spinnen aus ihrer Wohnung tragen, statt ihnen mit dem Staubsauger den Garaus zu machen.

Warum tötete diese Gruppe Menschen?

Und warum gerade Idina Alexandra Talbot und nun diesen Niederländer?

Wie tanzende Derwische rotierten die Fragen in seinem Kopf.

Janus atmete tief durch, schüttelte sich, stand auf und verließ den Pub. Er musste sich bewegen. Es war schon weit nach Mitternacht, als er auf der Ha'penny Bridge ankam, dieser übermäßig gewölbten, kleinen, von Touristen und Bettlern gleichermaßen geschätzten Fußgängerbrücke mit dem Geländer, das an einen metallenen Lattenzaun erinnerte. Er blickte auf den Abschnitt der Liffey, aus dem Idina Alexandra Talbot gefischt worden war, nachdem man eine Nacht zuvor eine andere Frau erschossen hatte.

Ob sich so etwas Ähnliches auch im Fall Willem de Jong abgespielt hatte?

Der Nackte auf dem Video war voluminöser gewesen, als der Niederländer auf seinem Passfoto gewirkt hatte. Aber die Aufnahmen der Tat waren miserabel gewesen, und das Foto des Opfers mochte älter sein.

Janus ließ den Blick schweifen, denn er wusste nicht, wohin mit sich. Ganz bestimmt nicht zurück zu Tessa, die sicher immer noch wütend war.

An ihrem südlichen Ende führte die Ha'penny Bridge Richtung Temple Bar. Die Unterführung neben dem »Merchants Pub« sah aus wie ein weiterer Hauseingang: ein kleines Geheimnis, das einen in einer Nebengasse des Amüsierviertels wieder ausspuckte.

Janus begriff, dass er nicht würde stillstehen können, solange die Gedanken so in seinem Kopf herumrasten. Also ging er zurück. Die Lichter der Pubs, die lauten Stimmen, teilweise singend, teilweise grölend, meistens irgendetwas dazwischen, der Geruch nach Bier und Kotze, all das war wie ein Rausch des milden Wahnsinns. Janus nahm nichts davon bewusst wahr und mit jedem Pint Bier, mit jedem Whiskey noch weniger.

Aber dann plötzlich sah er auf der Curved Street einen dunklen Haarschopf, bis über die Schultern fielen die Locken.

Janus folgte ihm instinktiv, gleichermaßen erschrocken wie angezogen.

Im ersten Moment wusste er gar nicht, wieso, aber als er um die Ecke bog und von hinten den Körper zu dem Kopf sah, schälte sich der Gedanke nicht einfach heraus, er explodierte förmlich in ihm.

War das da nicht die Frau, die an der Liffey erschossen worden war?

Nein, unmöglich!

Und doch …

Sie trug ein weißes Kleid, das aus einzelnen, transparenten Tüchern zu bestehen schien, und sie rannte so schnell, als wäre sie auf der Flucht. Aber sie blickte sich nicht um.

Er folgte ihr weiter.

Es kam Janus vor, als rannten ihm Betrunkene extra in den Weg oder scharten sich in Gruppen, die ein Durchkommen verhinderten.

Deshalb schaffte er es nicht, sich der Frau zu nähern, um endlich ihr Gesicht zu sehen.

»Bleib stehen!«, brüllte Janus.

Aber der kakophonische Lärm Temple Bars schluckte den Ruf einfach wie ein nimmersatter Vielfraß.

Wieder verschwand sie um eine Ecke, von denen es hier so viele gab. Janus war es leid, um die Leute herumzugehen, er entschloss sich, ein Rammbock zu werden und mit aller Kraft durch die Menge zu stoßen. Dabei stieß er einen ganzen Pulk Feiernder um, die grün-weiße Trikots der Shamrock Rovers trugen.

Janus stürzte um die Ecke, doch sah nur noch den letzten Zipfel ihres Kleids um die nächste verschwinden. Oder bildete er sich das nur ein? Bildete er sich vielleicht alles ein? Er fuhr sich über die Augen.

Als er sie wieder öffnete, stand einer der Shamrock-Rovers-Fans vor ihm, den er eben umgerissen hatte. Er stand genau vor ihm, aber noch näher war die Faust des Mannes. Das Problem war, dass sie sich rasant näherte. Das, dachte Janus in einem Sekundenbruchteil, wird unangenehm.

Dann traf sie ihn so heftig, dass er erst mal nichts mehr dachte.

Es ist nie gut, wenn man mit Kopfschmerzen aufwacht. Noch schlimmer ist es, wenn man *wegen* der Kopfschmerzen aufwacht.

Bevor Janus die Augen aufschlug, langte er schlaftrunken nach seiner Stirn und berührte den Schmerz.

Er wurde größer, als die Augen sich öffneten und Licht wie Säure hineinfloss.

Viel zu viel Licht, dachte Janus.

Dann wurde ihm klar, dass es schon Morgen war. Und er unter freiem Himmel lag, die Sonne genau in sein Gesicht schien, an ihm Menschen vorbeigingen, die ihn keines Blickes würdigten.

Noch etwas war merkwürdig: Es roch intensiv nach Curry. So sehr, dass es ihn nicht gewundert hätte, wenn die Welt gelb eingefärbt gewesen wäre.

Erst als Janus sich aufrichtete, ganz langsam, um den Schmerz in seinem Kopf nicht zu verärgern, bemerkte er, dass sich unter ihm schwarze Mülltüten befanden, die zu dem indischen Restaurant gehörten, vor dessen Hintereingang er geschlafen hatte.

Neben ihm saß eine zerzauste Katze, die ihn so böse anstarrte, als hätte er ihr den Schlafplatz geklaut.

»Hast du mich hierhingelegt?«, fragte er sie und erntete ein Fauchen.

»Das ist dann wohl ein Nein«, sagte Janus, stand auf und versuchte, seine Kleidung zu ordnen. Portemonnaie? Handy? Panisch tastete er sich ab. Beides war noch am Platz.

Wie schön, wenn einen die Menschheit mal positiv überraschte.

Das Display des Handys erschrak ihn allerdings. Oder genauer: die Uhrzeit, die es anzeigte.

Er musste schnell zu Roe & Co, bevor jemand anders den Job dort ergatterte.

Egal, was er gestern Nacht auf diesem erschreckenden Video gesehen hatte, es ging weiterhin darum, sich das Vertrauen der Society zu erwerben. Niemals würde sie ihm gegenüber einfach so ihre Morde gestehen. Sondern nur, wenn sie davon ausging, er wäre auch zu einem fähig.

Normalerweise wäre Janus nie in so einem zerfledderten Zustand zu einem Vorstellungsgespräch erschienen, aber er hatte keine Wahl. Er nahm sich ein Taxi, obwohl die Distillery nur einen kurzen Spaziergang entfernt lag, an der Thomas Street, in direkter

Nähe der berühmten St. James's Gate Brewery von Guinness. Als das Taxi ihn rausließ, dachte Janus zuerst, die Fahrerin – sie war sicher über sechzig und gekleidet wie die verrückte Taubenlady bei »Kevin allein in New York« – hätte sich vertan, denn das Gebäude sah aus wie ein Elektrizitätswerk.

»Das war früher mal das Kraftwerk der Brauerei, bis sie es 2019 für fünfundzwanzig Millionen Euro umgebaut haben. Also die von Diageo, denen gehört ja etliches in der Welt der Spirituosen«, klärte sie ihn unaufgefordert auf. Aber das kannte Janus schon, die Dubliner redeten gerne, vor allem über ihre Stadt.

»Ach«, sagte er, denn mehr als eine Silbe brauchte es in der Regel nicht, um den Redefluss am Laufen zu halten.

»Ja, wirklich, Süßer.«

Janus zuckte bei dieser Titulierung kurz zusammen, sagte aber nichts.

»Das hat mit der alten Distillery der Familie Roe nichts mehr zu tun, die befand sich zwar hier in der Nähe, aber natürlich nicht in dem Gebäude. Sie hieß ›Thomas Street Distillery‹ und war mal die größte in ganz Großbritannien! Aber 1926 ist sie geschlossen worden und Guinness hat alles übernommen.« Sie lehnte sich zu Janus. »Weißt du, früher waren Armut und Verbrechen hier in den Liberties gang und gäbe, aber jetzt wandelt sich das Viertel langsam und wird immer hipper. Ich weiß nicht, was ich davon halten soll.« Sie seufzte. »Ich habe dazu ein kleines Gedicht verfasst, das ich dir gern vortragen möchte.«

»Das ist gar nicht …«

»Liberties, du bunter Hund / Früher ging's hier richtig rund / Heute bist du frisch frisiert / Fühlt sich an wie schlecht maskiert.« Sie blickte zu Janus. »Brennen sich richtig ein, die Verse, oder?«

»Aber so was von.«

Aus ihrem Funkgerät waren unverständliche Laute zu hören. »Oha, neuer Kunde, muss los. War nett, mit dir zu plaudern. Müssen wir sehr bald wiederholen, mein Herzchen.«

»Find ich … auch«, erwiderte Janus.

In der großen weiß gestrichenen Eingangshalle von Roe & Co gab es nicht nur Whiskeys zu kaufen, sondern auch Distillery-Fanartikel wie Gläser oder Kleidung. Dazu luden ein paar Sitzgelegenheiten und eine Kaffeeecke zum Verweilen ein. Hier konnten die Gäste in aller Ruhe shoppen, bevor ihre Tour startete, die – laut Faltblatt – in der Bar der Distillery endete, mit spektakulärem Blick auf eine ehemalige, mittlerweile entkernte, Kraftwerkshalle.

Der untersetzte Mann hinter dem Tresen am Eingang trug einen etwas zu großen dunkelblauen Anzug und einen etwas zu kleinen Zwirbelbart, der aussah, als wäre er mit einem Korkenzieher geformt worden. Man begriff sofort, warum er ihn trug: Er sollte vom Rest des Gesichts ablenken. Das war im Interesse aller.

»Guten Morgen, ich bin hier wegen des Aushilfsjobs.«

Der Zwirbelbart rümpfte die Nase. »Sie stinken nach chinesischem Essen! Wie ein Hühnchen süß-sauer.«

»Indisch«, korrigierte Janus ihn. »Curry.«

»Klugscheißer, soso. Sie wissen, wie man für einen guten ersten Eindruck sorgt. Und was ist das da an Ihrem Auge? Ein blauer Fleck? Von einer Prügelei?«

»Bin in der Dusche hingefallen.«

Der Zwirbelbart schnaufte laut. »Sie wollen also hier arbeiten, ja?«

»Sehr gern sogar.«

»So, wie Sie aussehen, versuchen Sie es überall, und es ist Ihnen vollkommen egal, wo Sie unterkommen. Wir wollen aber Mitarbeiter, die für Roe & Co brennen. Mit anderen Worten: Einen wie Sie können wir hier nicht gebrauchen. Danke, und beehren Sie uns nicht wieder.«

Janus räusperte sich. »Das hier war früher mal das Kraftwerk der Guinness-Brauerei, bis es 2019 für fünfundzwanzig Millionen Euro umgebaut wurde. Von Diageo, denen gehört ja etliches in der Welt der Spirituosen. Das hat mit der alten Distillery der Familie Roe überhaupt nichts mehr zu tun, die befand sich zwar hier in der Nähe, aber natürlich nicht in diesem Gebäude. Sie hieß ›Thomas

Street Distillery‹ und war mal die größte in ganz Großbritannien. Aber 1926 ist sie geschlossen worden und Guinness hat alles übernommen.«

»Ja, leck mich quer und fett!«

»Wollen Sie noch mehr wissen?«, fragte Janus und bereitete sich innerlich schon mal auf eine Anti-Gentrifizierungs-Tirade vor.

»Ne, schon gut, ich hab dich vielleicht falsch eingeschätzt. Du kannst hier heute mal zur Probe arbeiten, dann schauen wir weiter. Natürlich ohne Bezahlung.« Er drehte seinen Bart in Form. »Und nur, weil ich so ein gutherziger Kerl bin!«

»Danke.« Janus blickte auf das Namensschild. »Mr. George … *Roe?*«

»Irrer Zufall, oder? Bin entfernte Verwandtschaft. Leider ist vom Vermögen nix mehr übrig, aber ich fühl mich manchmal so, als würde das alles hier mir gehören!« Er lachte herzlich. »Ich liebe diesen Laden wirklich. Komm mit, ich geb dir ein Polo-Shirt von uns plus ein Namensschild, und dann kommst du mit mir hinter den Tresen.«

Der Fluss an Besuchern war wie ein langsames Tröpfeln, immer wieder ging die Tür auf, die Halle füllte sich, dann startete eine der beiden Touren – bei einer wurden Cocktails gemixt, bei der anderen ging es um das Blending des Hauswhiskeys aus Malt- und Grain-Destillaten. Schnell lernte Janus, wie das Kassensystem funktionierte. Im Computer waren praktischerweise alle Artikel des Shops mit Namen und Bild aufgeführt wie auch die Besucherlisten für die Touren.

Keine Raketenwissenschaft. Eher Physikbaukasten Einsteigerlevel.

Dann trat ein Mann ein, der nach Ärger aussah. Oder genauer: nach Fragen.

»Guten Tag, mein Name ist Ewers, Gotthild Ewers«, stellte er sich mit starkem deutschem Akzent vor. »Ich hätte da mal gerne eine Frage.«

Hinter ihm tauchte eine in Beige gekleidete Frau auf. »Gotthild, nicht, lass uns doch erst mal die Tour absolvieren.«

»Nein, das möchte ich schon gerne im Vorhinein geklärt haben. Auf so eine Tour möchte ich mich nicht unter falschen Voraussetzungen begeben.«

»Gotthild, bitte!« Sie schüttelte den Kopf. »Jedes Mal dasselbe. Ich fahre nicht mehr mit dir in Urlaub, das sag ich dir!«

»Ich habe recherchiert«, sagte Ewers zu Roe. »Über Ihr Unternehmen.«

»Immer gut, sich vorher zu informieren.«

»Das finde ich auch, denn dann fallen einem dummdreiste Lügen auf! Angeblich wurde schon 2017 ein Whiskey unter dem Namen ›Roe & Co‹ abgefüllt! Dabei existiert die Distillery erst seit 2019. Wie erklären Sie sich das bitte?«

Falls Ewers erwartet haben sollte, dass Roe nun anfangen würde, zu stottern und nach einer Ausrede zu suchen, sah er sich enttäuscht. Roe lächelte.

»Der 2017er Roe & Co wurde aus Whiskeys hergestellt, die von anderen Distillers gesourct wurden.«

»Ge… *was?*«

»Die Grund-Whiskeys wurden bei anderen Distillerys gekauft und dann so verschnitten, dass das Ergebnis genau dem Geschmacksbild entspricht, das uns im Gedenken an die stolze Historie der Familie Roe vorschwebt.«

Die Antwort stellte Ewers nicht zufrieden. »Hören Sie, diese Distillery wurde erst 2019 gegründet, wie können Sie dann jetzt schon …«

»Alles, was es aktuell bei uns zu kaufen gibt, wurde extern gebrannt. Denn irischer Whiskey muss, wie Sie sicher wissen, mindestens drei Jahre reifen. Sobald unsere selbst destillierten Whiskeys alt genug sind, werden wir umstellen. Also statt gesourcten Malts eigene verwenden. Wobei wir beim Grain Whiskey nichts ändern werden, da werden wir weiterhin dazukaufen. Sie sehen: Wir haben hier keine Geheimnisse!« Er hob seine Unschuld demonstrierend die Hände. »Das Wasser für unseren Whiskey stammt übrigens aus den Wicklow Mountains – genau wie für das Guinness Bier.«

»Soso«, sagte Ewers. »Na ja.« Er schob das Kinn vor. »Ganz in Ordnung ist das ja trotzdem nicht. Steht zumindest nichts von all dem auf der Flasche.«

»Deshalb ist es ja gut, dass wir jetzt miteinander reden können. Ihre Tour fängt gleich an, schauen Sie sich doch so lange in unserem Shop um. Falls Sie Ihre Frau suchen, die versteckt sich hinten in der Ecke.«

Roe wandte sich flüsternd an Janus. »Du gehst gleich bei der Tour mit und versuchst, den Mann im Zaum zu halten.«

»Wie denn?«

»Verwickele ihn in Gespräche, lenk ihn ab. Der sprengt uns sonst die ganze Gruppe!«

Und so kam Janus zu einem Rundgang durch das Gebäude.

Er erfuhr, dass bei Roe & Co Whiskey in einer vierzehntausend Liter Wash Still, einer Intermediate Still mit siebentausend und einer Spirit Still mit viertausend Litern gebrannt wurde. Die drei Brennblasen sahen mit ihren langen Hälsen und Reflux Bowls fast wie Kalebassen aus. Wobei die mittlere früher dazu genutzt worden war, Tanqueray Gin herzustellen (und danach als riesiger Blumentopf), weshalb sie eine ungewöhnliche Form für eine kupferne Whiskey-Brennblase aufwies, mit einer zweiten Reflux Bowl am oberen Ende des Halses.

Die besondere Form der Brennblasen, erklärte die jugendliche Tourleiterin, ermöglichte viel Kontakt mit dem Kupfer, weshalb der entstehende Whiskey sehr mild und weich wurde. Anders als bei Teeling gab es hier hölzerne Wash Backs, in denen das dem Whiskey zugrunde liegende starke Bier, das Wash, gebraut wurde. Es wurde mit zwei Rezepturen gearbeitet, je nachdem ob der Whiskey später eher grasig oder fruchtig ausfallen sollte. Der Teufel, und noch mehr der Gott des Whiskeys, lag fraglos im Detail. Aber das wussten die von der Society sicher bereits.

Janus musste sich Mühe geben, den Ausführungen der Tourleiterin zu folgen, denn Herr Ewers hielt ihm ebenfalls kleine Vorträge voller unfassbar spannender Informationen. Wie etwa denen, in wie vielen Vereinen ein ehemaliger Eisenbahner Mitglied oder sogar Vorsitzender, Beisitzer und Kassenwart sein konnte, oder dass Hinweise zur Bedeutung der Eisenbahn beim Whiskey-Handel der Tour einen wichtigen Mehrwert verleihen würden.

Janus begnügte sich damit, zustimmend zu nicken, bis ihm der Nacken schmerzte.

Aber seine Mission war erfolgreich.

George Roe befragte nach der Tour die Führerin und klopfte Janus dann anerkennend auf die Schulter, was definitiv zu einem blauen Fleck in Form der Hand führen würde.

»Das war deine Feuertaufe, und du hast bestanden!« Roe sah sich um, gerade war niemand im Shop. Er lehnte sich verschwörerisch zu Janus und senkte die Stimme.

»Damit du vorbereitet bist, wenn dir mal wieder einer so kommt, entführe ich dich kurz in die Historie des irischen Whiskeys. Bereit?« Er füllte zwei Gläser mit Whiskey und schob ihm eins hin. »Für die innere Taufe!« Roe stieß mit ihm an.

Der Whiskey war süßlich und gefällig, dachte Janus. Geradezu gefährlich gut trinkbar.

»Vor zwei Jahrzehnten gab es nur noch drei Distillerys in ganz Irland«, Roe legte den Arm um Janus' Schultern und senkte sein ganzes Gewicht darauf. »Midleton, Bushmills und Cooley, dazu gesellte sich irgendwann noch Kilbeggan, die ebenfalls im Besitz von Cooley sind. Erst danach kam die Explosion. Bumm!« Er schrie das Wort fast in Janus' Ohr. »Dingle, West Cork, Great Northern, Blackwater, Connacht, Echlinville, Teeling, Waterford, Walsh, The Shed, Tullamore, Pearse Lyons, Slane Castle und Rademon Estate, um nur die Ersten zu nennen. Gerade wird überall gebaut, wie Pilze schießen Distillerys aus dem fruchtbaren Boden dieses herrlichen Landes. Komm, trink noch einen mit mir! Trink aus!« Er schenkte nach.

»Ist ganz … sanft«, sagte Janus, der sich fühlte, als würde der Whiskey in seinem Bauch zum Befeuern eines kleinen Ofens genutzt.

»Das Problem ist: Wenn du eine Distillery eröffnest – was übrigens viel, viel an Investitionen verschlingt –, hast du erst mal nichts zu verkaufen! Irischer Whiskey muss halt mindestens drei Jahre im Fass reifen. Aber du brauchst etwas zum Verkaufen, denn sonst besucht keiner deine Distillery Tours und du verlierst wichtige Zeit, um deine Marke in einem hart umkämpften Markt aufzubauen. Also musst du verschneiden, so wie ich das eben dem lieben Gotthild erklärt habe.« Er schenkte wieder nach.

»Was muss, das muss.«

»Genau! Viele machen damit auch später noch weiter, zum Beispiel, um günstigere Whiskeylinien zu produzieren oder ihre Produkte komplexer zu machen. Manche produzieren auch nur Malt Whiskey und keinen Grain, den sourcen sie dann halt. So wie wir, Pearse Lyons hier in Dublin ist auch so ein Fall.«

»Aber«, Janus fasste Mut, auch wenn er fürchtete, dass Roe als Nächstes kumpelhaft seinen Nacken packen und pressen würde, »geredet wird nicht so viel darüber, oder? Deswegen dachte der Kauz auch, es sei betrügerisch.«

»Neeeeeeiiiiiiin, es ist nicht betrügerisch, nein. Ich würde eher sagen, viele gehen sehr … ökonomisch mit der Wahrheit um. Vor Kurzem gab es viel Gerede über den zehnjährigen Malt von Hyde, der komplett von Cooley kam, aber offiziell von West Cork Distillers stammte, wo er aber nur für ein paar Monate reifte. Vermarktet wurde er als Whiskey von Hibernia Distillers, die aber gar keine Distillery haben! Weißt du, jeder will heute eine Distillery sein. Früher gab es Whiskey Bonders, die nur kauften und verkauften, und das war völlig okay. Aber heute … pfff! Solche falschen Herkunftsangaben verkaufen sich halt gut. Manche sind wiederbelebte alte Distillery-Namen, da wird dann auf den Etiketten von einer Historie erzählt, die gar keinen Bezug zu dem Produkt in der Flasche hat. Der Kunde denkt, die Whiskey-Marken seien seit dem 19.

Jahrhundert im Geschäft, aber eigentlich ist der prunkvolle Name nur ein Büro in Dublin, das Whiskey woanders einkauft und das eigene Etikett draufklebt.«

»Und das ist gesetzlich alles okay?« Janus streckte sich, um den Rücken etwas zu entlasten. Roe kam mit seinem Mund noch näher. Ein warmer Whiskeyhauch entströmte ihm wie ein laues, betrunkenes Lüftchen.

»Du darfst nicht vergessen, dass es früher eben nur drei Distillerys gab, und die brachten nur alle Jubeljahre einen neuen Whiskey auf den Markt. Da war nichts zu regulieren.« Er nahm den Arm von Janus' Schultern, die sich dadurch auf einen Schlag um zehn Zentimeter hoben. »Das alles nur als Hintergrundwissen. Wir reden hier nicht ständig darüber, denn es würde zu viele Fragen aufwerfen. Aber wenn jemand was dazu wissen will: Sag die Wahrheit. Ich meine: Wer eins und eins zusammenzählen kann, weiß es sowieso. Eine Distillery, die es erst seit fünf Jahren gibt, kann keinen zehnjährigen Whiskey aus eigener Destillation im Sortiment haben. So einfach ist das. Aber du glaubst ja nicht, wie wenig Leute fragen! In fünfzehn Jahren ist das alles kein Thema mehr, da werden alle Distillerys stolz nach vorne gehen mit dem Versprechen, dass der Großteil ihres Zeugs aus eigenen Brennblasen stammt. Und diejenigen, die es nicht machen, werden auffallen. Erledigt sich also alles von allein! Oh, Kundschaft!« Roe lächelte die leicht torkelnden Ankömmlinge an, die mit ziemlicher Sicherheit die Whiskey-Tour nur machen wollten, um günstig an Hochprozentiges zu kommen.

Janus ging Richtung Toiletten und sah auf seinem Handy, dass Tessa versucht hatte, ihn zu erreichen. Mehr als einmal. Ja, sogar mehr als zehnmal. Er würde ihr nachher in Ruhe alles erklären. Jetzt aber schrieb er erst mal Alice eine SMS – und kam sich dabei ein wenig schizophren vor. Er spionierte für die Society, um sich ihr Vertrauen zu verdienen, damit er sie ausspionieren konnte.

Ich habe bei Roe & Co schon einiges rausbekommen,
wollen wir uns heute Abend treffen?

Ihre Antwort traf rasend schnell ein.

Treffen? Spinnst du? Du hast uns verraten!!!

Verwirrt tippte Janus seine nächsten Worte.

Wovon sprichst du?

Keine Antwort.

Und ans Telefon ging Alice auch nicht.

HOMEPAGE DER »DRUNKEN POETS SOCIETY«

DIE HERSTELLUNG DES GLORIOSEN IRISH WHISKEY

Die Grundzutaten für das beste Getränk der Welt sind Wasser, Getreide (vor allem gemälzte und ungemälzte Gerste) sowie Hefe. Der Rest ist pure irische Magie!

1. MALTING/MÄLZEN

Abb. 1: Mälzboden

Das Getreide wird beim Malting mit warmem Wasser vermengt und dadurch zum Keimen gebracht – traditionell auf großen Mälzböden, wo es regelmäßig gewendet wird, um Schimmelbildung zu vermeiden. Durch das Keimen steigt der Anteil der Stärke, die dann in Malzzucker umgewandelt wird. Es folgt die Trocknung (Darren / Röstung). Früher wurde diese mit Torffeuer durchgeführt, wodurch der Whiskey eine rauchige Note aufwies. Heute setzt man in Irland in der Regel auf andere Verfahren.

2. MASHING/MAISCHEN

Das Getreide wird hierbei zu Grist, einem groben Mehl, geschrotet. Danach wird es mit warmem Wasser im Maischebottich (Mash Tun) zu Maische vermischt. Enzyme wandeln die Stärke der ge-

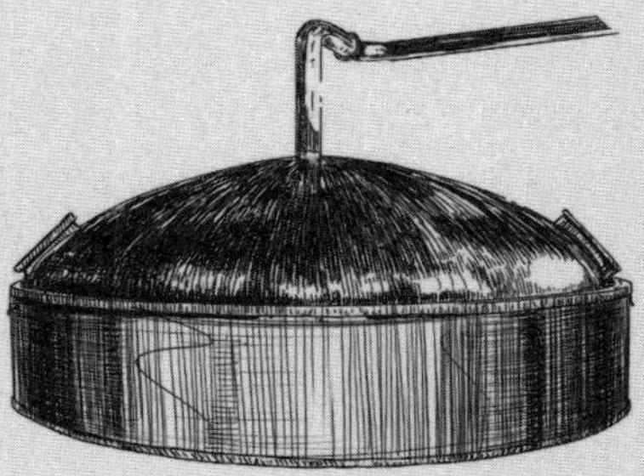

Abb. 2: Mash Tun

mälzten Gerste in Malzzucker um. Die zuckerhaltige Flüssigkeit wird von Feststoffen befreit. Sie heißt übrigens Wort (Würze).

3. FERMENTING/FERMENTATION/GÄRUNG

Die Würze wird mit Hefe versetzt. Bei der Gärung wird der Zucker in Alkohol (und Kohlendioxid) umgewandelt – was mehrere Tage dauern kann. Dies geschieht in Gärtanks, den sogenannten Wash Backs. Es entsteht eine Art bitteres Bier (ohne Hopfen) mit 5 bis 10 % Alkohol. Dieses wird Wash genannt.

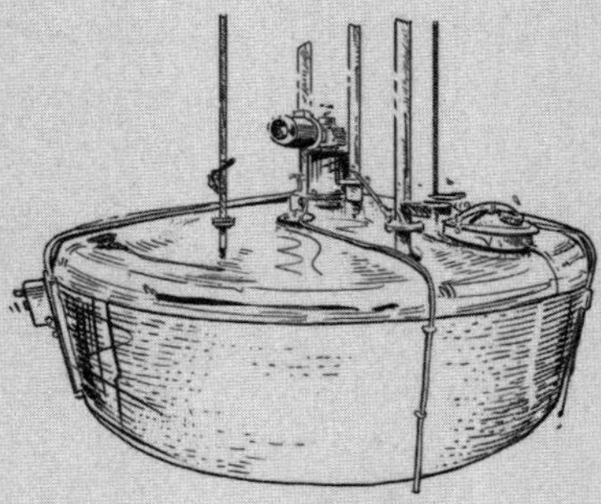

Abb. 3: Wash Back

4. DISTILLING/BRENNEN

Das Wash wird destilliert. In Irland passiert das traditionell dreimal (im faulen Schottland nur zweimal). Zuerst in der Wash Still, danach ist aus Wash Low Wine geworden, und es geht in die Intermediate Still und schließlich in die Spirit Still. Die physikalische

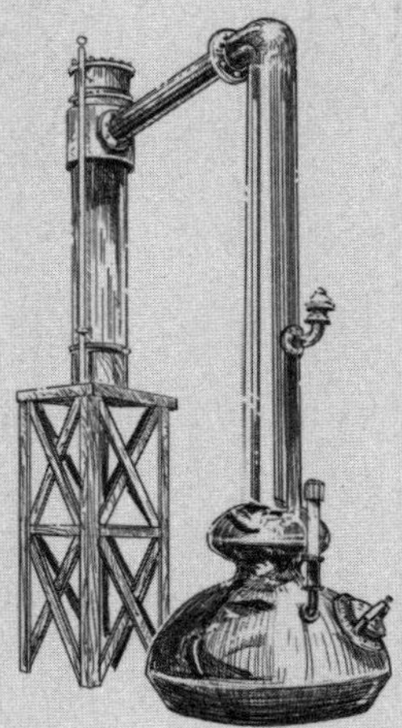

Abb. 4: Pot Still

Grundlage für diesen Prozess ist, dass Alkohol bei niedrigeren Temperaturen als Wasser verdampft. Der gute Alkohol wird also vom überflüssigen Wasser getrennt (aber auch von weiteren unerwünschten Inhaltsstoffen). Das Ergebnis ist das sogenannte New Make, das um die 80 % Alkohol aufweisen kann.

5. AGING/LAGERUNG/REIFUNG

Das New Make wird mit Wasser auf ca. 57 bis 60 % Alkohol verdünnt und reift in Holzfässern, zumeist aus Eiche. Hier erhält der Whiskey seine Farbe und den Großteil seines Geschmacks – am Ende landet man bei geschätzt 70 bis 80 %. Erst nach drei Jahren Lagerung in Warehouses darf sich die Flüssigkeit Whiskey nennen. Bei der Reifung gilt: je länger, desto runder und ausgewogener im Geschmack.

Abb. 5: Ein solides Holzfass

Ein Whiskey aus dem Landesinneren reift anders heran als einer, der an der Küste gelagert wird, und einer an dem vom Golfstrom begünstigten Westen unseres wunderschönen Landes wiederum anders als im kühleren Osten.

6. BOTTLING/ABFÜLLUNG

Die wenigsten Whiskeys (sogenannte Single Cask Whiskeys) werden in Einzelfässer abgefüllt. In der Regel werden Fässer miteinander vermählt, was als Blending oder Vatting bekannt ist. Dutzende Whiskeys können so zueinanderfinden. Eine Kunst, für die der Blender oder Master Blender verantwortlich ist. In Japan gibt es Master Blender, die jeden Mittag genau das Gleiche essen, damit der Geschmack- und Geruchssinn nicht von einem Tag zum anderen variiert. Bisher hat sich leider niemand von unserer »Drunken Poets Society« bereit erklärt, ihrem Vorbild zu folgen.

Abb. 6: Endlich in der Flasche

Weist ein Whiskey eine Altersangabe auf – zum Beispiel zwölf Jahre –, bezieht sich diese stets auf den jüngsten Whiskey im Blend. Abgefüllt wird der Whiskey entweder mit Fassstärke (Cask Strength) oder, was üblicher ist, verdünnt auf 40 bis 46 % Alkohol.

Ich wusste bisher nicht, wie es sich anfühlt, in den Lauf eines Revolvers zu blicken.
Aber jetzt blicke ich hinein, und da existiert nur Schwärze.
Die Waffe ist metaphorisch, aber wenn ihre Patrone mich trifft, wird es mein Ende sein.
Wir sind aufgeflogen.
Wie poetisch das klingt, als würde ein Schwarm Tauben sich in die Luft erheben.
Wir dagegen sind auf dem Boden angekommen.
Und im Fernsehen.
Jemand hat uns bespitzelt, als wir unsere Mission ausgeführt haben. Unsere noch nicht beendete Mission im Namen der irischen Literatur.
Wer immer es war, er hat den Mord nicht verhindert, sondern ihn stattdessen gefilmt.
Wer immer es war, er hat uns mit dem Material nicht erpresst, sondern uns dem Mob zum Fraß vorgeworfen.
Wer immer es war, er muss uns schon länger auf der Spur gewesen sein. Niemand kommt zufällig nachts in dieses Lagerhaus.
Es muss Janus gewesen sein.
Der ach so freundliche Schriftsteller aus Deutschland. Ein Mann, der wirkt, als würde er alten Damen über die Straße helfen und Pfadfinderinnen Kekse abkaufen.
Aber warum hat er uns das angetan?
Es hat ein bisschen gedauert, bis der Groschen bei mir fiel.
Er will diese Geschichte.
Unsere Geschichte.
Für ein Buch. True Crime. Es geht ihm darum, Karriere zu machen.
Einerseits führt er uns zur Schlachtbank, andererseits ist er an unserer Seite, um uns beizustehen.
Perfide.
Jetzt gilt es, den Spieß umzudrehen und ihn damit zu treffen.
Und er wird selbst dafür sorgen.
Janus will unsere Nähe, er soll sie bekommen.

Dieser Gedanke hält mich aufrecht, hält uns alle aufrecht. Der Gedanke an Rache und an eine gerechte Strafe.
Wir dürfen nur nicht gefasst werden.
Deshalb schweigen wir die meiste Zeit, aus Angst, ein verräterisches Geräusch zu überhören.
Niemand von uns weiß, ob die Garda uns schon auf der Spur ist, ob gleich die Türen unserer Wohnungen und Häuser eingetreten werden und Uniformierte mit Waffen im Anschlag hereinrennen.
Wobei sie niemanden finden würden.
Keiner von uns ist mehr in seinem Zuhause.
Unsere Handys sind abgestellt.
Alle Autos parken weit entfernt von unserem Zufluchtsort.
Trotzdem schwindet die Angst für keine Sekunde.
Und der Grund dafür ist nicht nur die Garda.
Sondern auch das Gesicht des Opfers.
Das Gesicht von Willem de Jong.
Denn dieses Gesicht ist nicht das Gesicht unseres Opfers.
Es ist das Gesicht eines völlig Fremden.

Ausschnitt aus dem Roman »Der Doppelmord von Dublin«

***

FÜNF

»Man sagt, Gott hätte den Whisky erfunden,
um zu verhindern, dass die Iren die Welt beherrschen.«

Red Dead Redemption

Das Leben ist voller Überraschungen, sagt man. Janus fand, dass dieser Satz eine der vielen Lügen war, die man Kindern erzählte. Ja, das Leben beinhaltete viele Überraschungen, aber die meiste Zeit begnügte es sich damit, einen zu langweilen.

In den letzten Tagen hatte sich das allerdings verändert, so als hätte das Leben die für Janus vorgesehenen Überraschungen angespart und ballerte sie jetzt ohne Rücksicht auf Verluste auf ihn ab.

Wobei sich herausgestellt hatte: Wenn sich das Leben dazu herabließ, einen zu überraschen, war es selten etwas Gutes.

Von allen Überraschungen der letzten Tage, und das beinhaltete ausdrücklich das Beobachten eines Mordes, war die aktuelle allerdings die größte.

Gordon W. Hickley saß am Küchentisch und hob ungeschickt die Hand zum Gruß.

Er war sehr blass. Jede Leiche musste gegen Gordon wirken, als hätte sie den Sommer auf Barbados verbracht.

»Geht es dir gut?«

»Ja, klar.« Gordon wich Janus' Blick aus. »Und dir?«

Janus war kurz davor, Gordon an die Stirn zu fassen, um seine Temperatur zu prüfen. Stattdessen setzte er Wasser auf.

»Ich mach mir Sorgen um dich. Was treibt dich denn aus deiner Einsiedelei?«

»Ich …«, Gordon legte den Kopf schief, als suchte er nach einem Wort, »… kann ja nicht immer in meinem Zimmer bleiben?«

»War das eine Frage?«

»Nein, oder?« Gordon kratzte sich nervös am Kinn. »Was machst du denn gerade so? Erzähl mir doch mal alles.«

Janus wählte einen Kamillentee für Gordon, der Tessa zufolge gegen so gut wie alles wirkte. »Hier«, sagte er, als er die dampfende Tasse vor ihm abstellte. »Wird dir guttun.«

Mit zitternder Hand hob Gordon eine längliche Packung auf, die neben ihm auf der Küchenbank gelegen hatte, und reichte sie Janus. »Möchtest du? Sind lecker. Glaube ich.«

Es waren Tea Cakes, mit einem Etikett, das der Hersteller schon vor über zwei Jahren geändert hatte. Sie besaßen sicher antiquarischen Wert. Aber fraglos keinen lukullischen.

Janus blickte Gordon lange an. »Wie geht es *dir* denn so?«

»Gut, gut, sehr gut.« Er presste ein Lächeln aus seinem Gesicht und sah für einen Moment wie eine unreife Zitrone aus. »Und bei dir? Was machst du gerade so? Jetzt sag doch mal!«

»Ich schreibe ein Buch.«

»Ein Buch. Wie schön. Und das ist alles?«

»Eigentlich schon.«

»Ach so. Sonst nichts?«

»Gordon, echt. Hier stimmt doch etwas ganz gewaltig nicht.«

Gordon schaute auf sein Handgelenk, an dem sich keine Uhr befand. »Oh, schon so spät. Ich muss wieder an die Arbeit. Lass uns das Gespräch bald fortführen.« Er presste ein Lächeln aus seinem zitronigen Gesicht, dann verschwand er aus der Küche. Als Gordon die Tür zu seinem WG-Zimmer öffnete, war kurz zu hören, wie sein Wellensittich ihn begeistert begrüßte. Da hatten sich zwei gefunden.

Janus räumte den Küchentisch ab, dann ging er seinerseits in sein Zimmer, um am Roman zu arbeiten. Als er sich an den Schreibtisch setzte, wunderte er sich, dass das Notebook nicht parallel zur Tischkante ausgerichtet war. Eine Marotte von ihm. An der Seite mit den Anschlüssen klebte ein winziges braunes Bröckchen. Janus roch vorsichtig daran und stellte fest, dass es sich um Schokolade handelte. Tessa aß gerne ab und an ein Stück. Also war sie an seinem Rechner gewesen?

Vielleicht hatte sie sich Sorgen um ihn gemacht, weil er die Nacht nicht nach Hause gekommen war, und nach Hinweisen auf seinem Rechner gesucht, die ihr helfen konnten.

Sie konnte nichts gefunden haben, denn auf das Passwort wäre sie niemals gekommen.

Er würde sie nicht darauf ansprechen.

Fieberhaft tippte Janus in der nächsten Stunde Satz um Satz in sein Manuskript, sodass er gar nicht hörte, als Tessa die Wohnungstür aufschloss und danach in sein Zimmer trat.

»Scheiße, du lebst!«

Er drehte sich lachend um. »Also, ich finde das ja überhaupt nicht scheiße.«

Tessa stürzte zu ihm und umarmte ihn so freudig, wie Janus es noch nie bei ihr erlebt hatte.

»Ich habe dich überall gesucht, nachdem die mit ihren komischen Kutten beim Campanile plötzlich alle weggerannt sind, und du ja auch! Hab erfolglos versucht, Jenkins zu erreichen, damit er bei der Garda wegen dir nachhört, und die Nacht kaum geschlafen. Heute Morgen bin ich direkt wieder los, um dich zu finden.« Sie boxte ihn. »Wieso bist du nicht an dein Handy gegangen?«

Janus zog es aus der Tasche. Es war auf stumm geschaltet. Er zeigte es ihr.

»Wofür hast du dann überhaupt ein Handy?«, fragte Tessa.

Janus klappte das Notebook zu. »Woher weißt du denn, dass ich beim Campanile war? Bist du mir etwa gefolgt? Weil du dir Sorgen gemacht hast und mir zur Seite stehen wolltest?«

Tessa winkte ab. »Ich … kam da nur zufällig vorbei. Und bin dann natürlich stehen geblieben.« Sie wandte sich ab, sodass er ihr errötendes Gesicht nicht mehr sehen konnte. »Auf jeden Fall ist es gut, dass du wieder da bist. Und heil noch dazu!« Sie holte hörbar Luft. »Wo hast du denn übernachtet?«

»Auf Müllsäcken.«

Tessa drehte sich wieder um, die Augen weit aufgerissen. »*Was?*«

»Ist so eine rheinische Angewohnheit. Normalerweise pflegen wir diese Tradition allerdings nur an Karneval.«

»Du bist so ein Spinner, echt! Dir täte ein bisschen Westfäligkeit sehr, sehr gut.«

»Ich glaube nicht, dass dieses Wort im Duden steht.«

»Sollte es aber!«

Janus stand auf. »Lass uns in die Küche gehen und etwas Tee trinken und ich erzähle dir alles. Auch über meine Begegnung mit Gordon.«

»Du hast Gordon getroffen? Wie geht es ihm? Wie sieht er aus? Hat er dich noch wiedererkannt?«

Janus grinste. »Erklär ich dir alles beim Tee. Und wenn du magst, gibt es sogar einen historischen Tea Cake dazu.«

Als sie am Küchentisch saßen, wollte Tessa alles bis ins letzte Detail wissen, und so dauerte es lang, bis Janus mit seiner Erzählung durch war.

»Und Alice hat echt geschrieben, dass du sie verraten hättest?«

»Ja, warte, ich zeig es dir.« Er nahm sein Handy. »Ach, Mist, der Akku ist gleich leer.« Schnell holte er das Ladekabel und schloss es an.

»Hier, guck.« Er reichte es ihr, und Tessa las sich schnell die Zeilen durch.

»Das kann ja eigentlich nur bedeuten, dass Alice und der Rest der Society davon ausgehen, dass du das Video gedreht und den Medien zugespielt hast.«

»Das würde auch bedeuten, dass dieses Video echt ist und tatsächlich sie zeigt. Es wäre ein Schuldeingeständnis.«

Tessa versteifte sich. »Da ist ja noch eine SMS. Von einer unbekannten Nummer.«

»Was? Lass mal sehen.« Er nahm das Handy und drückte auf die Nachricht.

»Sie stammt auch von Alice.« Er las sie vor:

Wir haben uns in dir getäuscht. Tut mir leid!!! Brauchen dringend deine Hilfe. Lass uns sofort treffen, ich schick dir die Koordinaten.

Darunter befand sich ein Google-Maps-Link.

»Die haben sie doch nicht mehr alle!« Tessa schnaubte. »Wollen die jetzt wieder so ein Kasperletheater mit Umhängen veranstalten? Warum ruft sie dich nicht einfach an?«

Janus dachte nach. »Weil sie Angst hat, dass ihr Telefon abgehört wird?«

»Dann dürfte sie dir auch keine SMS schicken, oder?«

Er blickte auf die Nachricht. »Vielleicht kann man ein Handy aufgrund einer gesendeten SMS nicht orten. Weil so was ja nur den Bruchteil einer Sekunde dauert.«

»Keine Ahnung. Aber es ist sicher eine Falle.«

Janus fuhr sich über sein unrasiertes Kinn. »Und was ist, wenn sie tatsächlich in Schwierigkeiten stecken? Es könnte wahr sein.«

»Du hast doch eben selbst gesagt, dass Alices Nachricht davor ein Schuldeingeständnis war! Willst du ernsthaft zu einer Truppe gehen, die krude literarische Morde begeht?« Sie blickte ihm in die Augen. »Hallo? Jemand zu Hause?«

Janus atmete tief durch, dann tippte er schnell »Komme«.

Tessa stand wütend auf und ging Richtung Küchentür. »Diesmal folge ich dir nicht, das verspreche ich dir!«

»Also bist du mir doch gefolgt!«

»Janus, ernsthaft!«

»Sie hätten mir am Campanile nichts antun können. Da waren viel zu viele Menschen. Sie wollten nur wissen, warum ich Boomer gefolgt war.«

»Ich hör dir gar nicht mehr zu.«

»Ich geh dahin.« Er trat an die Besteckschublade. »Aber ich brauche eine Waffe, etwas Scharfes.« Er griff sich ein Brotmesser.

Tessa trat neben ihn und nahm es ihm aus der Hand. »Oder etwas viel Besseres.«

Städte wurden gerne mit Frauen verglichen, man nannte sie »Die Schöne«, »Die Unnahbare«, »Die Verruchte« oder »Die Geheimnisvolle«. Als Janus jetzt durch die Straßen Dublins streifte, war er sich sicher, dass diese Stadt ein Kerl war. Einer, der früher oft übel zusammengeschlagen worden, aber immer wieder aufgestanden war. Einer, mit dem man jederzeit prima einen trinken konnte, mit dem man singen und lachen wollte und dem es nichts ausmachte, wenn man irgendwann besoffen vom Barhocker rutschte.

Ein echter Kumpel.

Aber einer, der einem manchmal, tief in der Nacht, auch Angst einjagen konnte.

Und jetzt war es tief in der Nacht, denn Jenkins hatte vorher keine Zeit gehabt.

»Erzähl mir was von Tessa«, sagte der Detective. »Was hört sie so für Musik?«

»Hast du vor, bei ihr zu landen?«, fragte Janus.

Jenkins spuckte auf den Boden. »Könnte sein. Mal sehen. Aber falls, will ich vorbereitet sein.«

»Aha.«

»Hast du es denn nicht versucht bei ihr?« Jenkins hob abwehrend die Hände. »Hey, wenn du gerade deinen Zug bei ihr machst, sag es einfach, dann halte ich die Füße still.«

»Echt?«

»Ne!« Er grinste breit. »In diesem Fall möge der Bessere gewinnen.«

Sie traten um die Ecke in eine dunkle, feuchte Gasse, die den Eindruck erweckte, als würde sie jeden verschlingen und verdauen, der sich unvorsichtigerweise in sie begab. Wohin sie führte, war in der Dunkelheit nicht zu erkennen.

»Tessa und ich, wir sind nur Freunde«, sagte Janus. Aber die Worte fühlten sich falsch an, als wären sie mit Salz und Säure eingerieben worden.

»Du bist auch nicht ihr Typ.«

»Nein?«

»Hab ich direkt gesehen. Frauen wie Tessa, die stehen auf Kerle wie mich. Nichts für ungut, Janus, auf dich stehen dafür andere Frauen, die mich total abtörnend finden.«

Themenwechsel, dachte Janus. »Wir sind sicher gleich da.«

»Ein paar Schritte sind es schon noch.« Jenkins prüfte die Waffe in seinem Halfter.

»Ich finde wirklich, wir hätten näher dran parken sollen«, entgegnete Janus.

»Ist einfach unauffälliger. Wenn um die Uhrzeit ein Wagen in den Docklands parkt, wirst du bemerkt. Und das wollen wir nicht.« Er zog eine zerknitterte Packung Zigaretten aus seiner Lederjacke. »Wäre echt eine große Sache, wenn du mit deiner Vermutung recht hast, dass die Leute aus dieser Society die Maskierten sind und wir sie jetzt alle mit einem Mal kriegen.«

»Aber du bist allein. Hätten wir nicht mit Kollegen von …«

»Nein, nicht aufgrund einer Aussage von *dir*. Nicht nach deiner letzten über einen Mord an der Liffey.«

Janus blieb stehen. »Aber es gab eine Leiche, und sie sah genau so aus, wie ich sie beschrieben habe!«

Jenkins ging weiter. »Aber die Frau wurde eine Nacht später ermordet.«

»Trotzdem.«

»Nein, nicht trotzdem. Entweder bist du ein Prophet, der Morde sieht, bevor sie geschehen. Dann werden sie dich bald, wenn man all den Mystery-Serien glauben darf, in irgendeiner Forschungsanstalt einsperren. Oder …« Er ließ das Wort wie eine Rauchschwade in der Luft hängen.

»Oder?« Janus schloss wieder zu Jenkins auf.

»… du bist der Mörder und hast einen Tag vor der Tat bei der Garda angerufen, um dein Spiel mit ihr zu treiben, vulgo sie zu verarschen. Da stehen Polizisten weltweit gar nicht drauf. Meine Kollegen haben dich definitiv auf dem Schirm, George McLennon alias Janus Rosner.«

»Scheiße. Daran habe ich noch gar nicht gedacht.«

Jenkins klopfte auf seinen Schulterhalfter. »Meine Waffe wird reichen. Ich muss sie am Anfang nur einmal abfeuern.« Als er das Entsetzen in Janus' Augen sah, ergänzte er: »In die Luft oder so. Zum Angsteinjagen.«

»Und wenn sie auch Waffen haben …«

»Dann schieße ich schneller. Vertrau mir. Das hier ist kein Himmelfahrtskommando. Oder nur ein kleines. Ein bisschen Nervenkitzel. Spürst du nicht das Prickeln? Fühlst du dich nicht total lebendig?«

Janus spürte nur ein Prickeln in seinem Herzen, man konnte es auch als Vorboten eines Infarkts deuten.

Mit einem Mal lag das heruntergekommene, abgerissene Lagerhaus vor ihnen, wie ein streunender Hund, der sich hier zum Sterben niedergelegt hatte. Es war nicht das von den Fernsehbildern, die den Abtransport des Leichnams von Willem de Jong gezeigt hatten, sondern lag drei Kreuzungen entfernt von diesem.

Es wirkte sogar noch heruntergekommener.

»Einladend«, kommentierte Jenkins, warf seine Zigarette auf den Boden und trat sie mit dem Absatz seines Stiefels aus, als wäre sie ein lästiges Insekt. »Genau das Richtige für ein Tête-à-Tête.«

»Und was jetzt?« Das große, vor Ewigkeiten ochsenblutrot lackierte Hallentor stand einen winzigen Spalt offen.

»Du gehst vor, ich bleibe zurück und beobachte.«

»Klingt super. Du beobachtest also, wie sie mich abknallen.«

Jenkins lachte trocken. »Ich beobachte höchstens, wie sie *versuchen*, dich abzuknallen. Aber dann schreite ich ein.«

»Klingt nicht nach professioneller Polizeiarbeit.«

»Ist es auch nicht. Das hier ist Freizeitvergnügen.«

»Soll mich das beruhigen?«

»Klar. Ich mach das hier freiwillig. Da gehört schon einiges an Motivation dazu.«

Janus nickte – und fing dann an zu singen. »People Ain't No Good« von Nick Cave.

»Warum singst du?«, fragte Jenkins.

»Weil man dann keine Angst hat. Ist biologisch unmöglich. Körperchemie. Sehr praktisch.«

»Willst du nicht was Fröhlicheres singen? ›Brightside of the road‹? ›Vamos a la playa‹?«

»Nein.« Janus schüttelte den Kopf. »Das hier ist ein Nick-Cave-Moment.« Dann trat er zum Tor und schnell ein.

Das Mondlicht machte sich kaum Mühe, in die große Halle einzudringen, obwohl das Dach an etlichen Stellen eingesunken oder gar auf den Boden gekracht war. Überall lag Staub und hatten sich Pfützen gebildet, die schon seit Jahrzehnten zu existieren schienen. Vielerorts hatte Unkraut den Beton zum Aufplatzen gebracht, verstreut fanden sich alte Maschinen, die irgendwann mal für irgendwas gebraucht worden waren, Janus tippte auf Metallverarbeitung. Heute wirkte die Halle wie ein Ort, an den Maschinen sich zurückzogen, um in Ruhe zu sterben.

Genau an der Wand gegenüber dem Eingang, sie war sicher gut dreißig Meter entfernt, befand sich etwas, das hier ganz sicher nicht hingehörte.

Ein hüfthohes Mäuerchen aus Büchern.

Darauf lag etwas schwarzer Stoff und etwas, das nach einer Motorradmaske aussah.

»Hallo?«, rief Janus vorsichtig. »Ist da wer?«

Während er sich langsam der ungewöhnlichen Ansammlung näherte, sah er sich ständig um. Je mehr er sich näherte, desto besser konnte er die Bücher erkennen: Sie waren ziemlich alt. Als er bei ihnen ankam, nahm er vorsichtig eines in die Hand, einen schweren Folianten, der noch in Tierhaut gebunden war. Es stellte sich als Lexikon der Pflanzen Irlands heraus. Ein anderes war der Reisebericht eines englischen Amazonas-Forschers, von dem Janus noch nie gehört hatte. Diese Bücher waren nicht Jahrzehnte, sondern Jahrhunderte alt. Und diese feuchte Halle tat ihnen sicher nicht gut.

Schließlich griff er nach dem schwarzen Stoff, der sich als Rollkragenpullover herausstellte, und sah ihn sich genau an.

Das war der Moment, als ein leises Surren erklang.

Janus drehte sich ruckartig um und duckte sich dabei.

Das Geräusch stoppte.

Jenkins stand nicht im Raum. Auch ansonsten war niemand zu sehen gewesen.

Bloß Einbildung? Janus schüttelte den Kopf, als könnte er dadurch den Reset-Knopf drücken. Vorsichtig stand er wieder auf und wandte sich dem Pullover sowie der Motorradmaske zu. Gab es Hinweise darauf, wem die Sachen gehörten?

Abermals erklang das Surren.

Diesmal gab es keinen Zweifel.

Und Janus war sich sicher, aus welcher Richtung das Geräusch kam.

Als er dorthin blickte, wirkte die Lagerhalle mit einem Mal noch dunkler, beängstigender, als drohte alles auf ihn zu stürzen. Janus ging zu der bröckeligen Schieferwand und leuchtete sie mit der Taschenlampe seines Handys sorgsam ab.

Zuerst fand er nichts, dann änderte er den Winkel, und plötzlich blitzte etwas Metallisches auf. Janus trat näher und besah sich die Stelle. In einer Ritze verborgen fand er einen winzigen schwarz lackierten Kubus, daran eine Linse.

Eine Digitalkamera.

Er nahm sie schnell ab und steckte sie ein.

Die Society hatte also eine Fotofalle für ihn eingerichtet, als wäre er ein Wildtier, das es abzuschießen galt. Und das Surren hatte vom Objektiv gestammt, als es sich scharf stellte. Wahrscheinlich wusste die Society nicht, dass das Geräusch so laut zu hören war.

»Komm rein, Jenkins. Hier taucht heute keiner mehr auf.« Janus musste noch zweimal rufen, erst dann erschien der Detective.

Janus erklärte ihm alles.

»Die wollten mich reinlegen.«

»Das sehe ich. Aber warum?«

»Weil sie denken, ich hätte das Video gedreht. Was ich nicht habe.«

Jenkins blies die Wangen auf. »Wie auch immer. Das hier war Zeitverschwendung.«

»Nein. War es nicht. Wenn die Aufnahmen von der hier versteckten Kamera an die Garda gehen und alle dort sehen, wie ich die Kleidung der Mörder in der Hand halte, und du deine Aussage machst, ist klar, dass ich nichts mit der Scheiße zu tun habe.«

»Ist es das?«

»Ja, natürlich.«

»Du könntest das Ganze hier auch genau deshalb inszeniert haben, um von dir abzulenken.«

»*Was?* Warum sollte ich denn zwei Morde begehen?«

»Sag du es mir.«

»Ich habe keine Ahnung!«

Wieder steckte sich Jenkins eine Zigarette an, sein Gesichtsausdruck hatte eine Härte angenommen, die Janus zuvor nicht an ihm beobachtet hatte.

»Die beiden Morde stehen nach jetzigem Kenntnisstand in keinerlei Verbindung. Mordest du einfach zufällig? Falls ja, ist das eine gute Technik, denn so tappen wir erst mal im Dunkeln, was das Motiv angeht. Oder gibt es nur bei einem Mord ein Motiv, und der andere war Ablenkung? Für so einen Move müsste man aber schon ziemlich eiskalt und abgewichst sein, bist du das?«

»*Nein!*«

»Oder bist du ein guter Schauspieler? Deutsche Schule? Ihr lernt ja immer alles sehr gründlich, sicher auch die Schauspielerei.« Mit einem Mal grinste er. Aber er tat es so, wie ein Hai grinsen würde. »Ich nehme dich nur auf den Arm. Muss jetzt aber los.«

»Willst du nicht erst mal die Halle untersuchen?«

»Falls die Mörder so saublöd waren, DNA-Spuren zu hinterlassen, bekommen wir sie ohnehin schnell dran.«

»Aber vielleicht muss bis dahin noch ein Mensch sterben!«

»Janus, ernsthaft, wenn ich wegen dieser paar Klamotten und Bücher hier die Spurensicherung anrauschen lasse, noch dazu bei einer Ermittlung, die ich nicht leite, werde ich bald ins hinterste

Cork versetzt. Bring mir etwas Konkreteres und ich bringe dich ins Spiel. Anders ausgedrückt: Ich bin raus. Und wenn du mich noch mal für eine Aktion anhaust, solltest du dir vorher verdammt sicher sein, dass etwas dabei herauskommt – oder du organisierst mir ein Date mit Tessa und legst ein verdammt gutes Wort für mich ein.« Er schnippte die brennende Zigarette auf Janus. »Mach's gut. Du findest ja allein nach Hause. Ich fahre dich nach der Nullnummer hier auf jeden Fall nicht.«

Die Schatten näherten sich aus allen Ecken und Ritzen, krochen aus den Metallskeletten und den Pfützen darunter, die in der Düsternis wie dickes, altes Blut wirkten.

Janus hatte sich immer gefragt, warum Lemminge sich blindlings von Klippen stürzten, nur weil es die Lemminge vor ihnen taten.

Jetzt wusste er es.

Sie waren im Rausch, folgten einem Ziel, von dem sie überzeugt waren.

Ihren Fehler bemerkten sie genau einen Schritt zu spät, wenn kein Boden mehr unter den Pfoten existierte.

Jetzt war er ein Lemming.

Und der Boden war fort.

Die Mitglieder der Society glaubten, er hätte sie verraten, und versuchten nun, ihm die Taten in die Schuhe zu schieben, ihn ins Gefängnis zu bringen.

Wenn sie merkten, dass sie mit dem Plan keinen Erfolg hatten, würden sie vielleicht zu Plan B greifen. Einer endgültigen Lösung.

Darin hatten sie schließlich Erfahrung.

Die Garda glaubte ihm nicht, keine Rückendeckung.

Als Janus sich auf einen Stapel Bücher setzte, kratzte die kleine Kamera in der Hosentasche an seinem Bein. Er zog sie heraus und wog sie in der Hand. Wenige Gramm schwer und doch so schwerwiegend.

Über das Wortspiel musste er trocken lachen.

Aber nur kurz.

Dann blickte er in die Linse.

»Hey, Drunken Poets Society, ich bin's, Janus. Aber das wisst ihr natürlich, schließlich habt ihr mich hierhergelockt.« Er spitzte die Lippen. »Wir alle lieben Geschichten, oder? Lasst mich euch eine erzählen. Es geht um einen Typen, nennen wir ihn J., der nach einem ausgiebigen Pub Crawl an der Liffey steht und sieht, wie eine verdammt hübsche Frau erschossen wird. Eine Frau, in die er sich auf Anhieb ein bisschen verguckt hatte. Ihr kennt die alte Geschichte ja: Junge sieht Mädchen, Junge verliebt sich in Mädchen, Mädchen wird vor seinen Augen hingerichtet.«

Dann erzählte er alles. Wie er zur Buchhandlung »The Winding Stair« gegangen war, dann im Restaurant darüber angeheuert hatte. Wie er Yeats gefolgt war bis ins Pub »The Dead Poets Society«. Er ließ nichts aus.

Es half ihm, alles im Kopf klarzubekommen. Den Lauf des Lemmings nachzuvollziehen.

»Ich wollte nicht glauben, dass ihr eiskalte Killer seid. Ihr seid merkwürdig, klar, aber ich mag merkwürdig. Deshalb hatte ich gehofft, Beweise für eure Unschuld zu finden. Aber das heute hat mir eindeutig gezeigt, dass es keine gibt. Falls ihr euch jetzt sorgt, dass ich zur Garda laufen und denen alles erzählen könnte: Die würden mir eh nicht glauben.« Er blickte in die schwarze Linse und wurde sich bewusst, dass er hier in einer zugigen, feuchten Lagerhalle mit sich selbst sprach.

Vielleicht war es genau das Gespräch, das er schon lange hätte führen müssen.

Irgendetwas huschte im Zwielicht über den Boden, vielleicht eine Ratte, dachte Janus. Das hier war vermutlich ihr Zuhause, er war nur ein Fremdkörper.

Wieder blickte er in die Kamera. Zeit für den letzten Teil der Beichte.

»Ich wollte diesen Mord nicht aufklären, weil ich so ein toller Mensch bin. Sondern weil ich eine gute Story gewittert habe, so einfach ist das. Ich will sie für meinen Vater schreiben, aber auch für mich. Ich hab mir, seit ich in Dublin bin, den Kopf zermartert, um eine gute Geschichte zu finden. Fünf Romananfänge hab ich geschrieben – und dann sehe ich mit eigenen Augen etwas, aus dem man wirklich was machen kann. Aber hier endet die Geschichte für mich. Also insofern, als ich mir jetzt selbst ausdenke, wie es weitergeht. Ich bin raus. Arrivederci! Adiós! Hasta luego!«

Wieder ein Geräusch, diesmal lauter. Vermutlich hatte die Ratte etwas gefunden.

Aber dann erkannte er den Klang von Lederschuhen, die von Ratten eher selten getragen wurden.

Schnell duckte er sich hinter die Bücherstapel.

»Wo ist er hin?«, hörte er eine Männerstimme. »Er hat doch eben noch in die Kamera gequatscht.«

Scheiße! Sie hatten alles gehört, das ganze Bekenntnis. Jetzt war ihnen klar, dass er zu viel wusste. Und dass Plan B ausgeführt werden musste.

»Janus?«

Die Stimme klang wie Alice.

»Komm schon raus. Hier kannst du dich nicht lange verstecken.«

Sie kam näher. »Na, ihr Schönheiten. Wie geht es euch?«

Janus begriff, dass sie die Bücher meinte.

Und dass dies seine einzige Chance war.

Zwei Schritte weiter und sie würde ihn erblicken. Vermutlich hielt sie eine Waffe in der Hand und drückte sofort ab. Befragen musste sie ihn schließlich nicht mehr.

Mit einem lauten Schrei sprang er auf und zur mit dem Rücken zu ihm stehenden Alice, die gerade eines der alten Bücher in den Händen hielt, warf sie um und seinen ganzen Körper auf sie.

»So leicht kriegt ihr mich nicht, ihr Arschlöcher!«, brüllte er und damit all seine Angst und Wut hinaus. Sie hallte von den hohen Wänden wider, Vögel stoben auf, vielleicht auch Fledermäuse.

»Ich hätte nicht erwartet, dass sie gerade dich schicken, Alice, um es zu beenden«, sagte Janus schwer atmend. »Ich konnte dich echt leiden.« Schnell zog er seinen Gürtel aus und knebelte damit Alices Hände auf dem Rücken. Erst danach stand er auf und drehte sie um.

»Hi, ich bin Ciara.«

Die Frau hatte Dreck im Gesicht, weil er sie auf den Boden geworfen hatte.

Aber sie sah trotzdem atemberaubend gut aus.

Vor allem für eine Tote.

Noch dazu eine, die schon seit mehreren Tagen verweste.

»Ich hatte mir unser Kennenlernen anders vorgestellt«, sagte sie.

»Scheiße, du bist …« Janus war geschockt.

»Lange Geschichte.«

Dann legte sich eine schwere, fleischige Hand auf seine Schulter.

»Und ich bin James Dean Walsh. Aber mich kennst du ja schon, du kleiner Schnüffler.«

Als Janus sich umdrehte, erblickte er den Mann aus dem »The Winding Stair«, dem er den Namen Yeats verliehen hatte. Auch jetzt trug er wieder ein Hawaiihemd. Der Name James Dean passte überhaupt nicht zu ihm. Er sah höchstens so aus, wie der alte James Dean ausgesehen hätte, wenn sein Körper sich ähnlich verhalten hätte wie der von Elvis.

James Dean hob die Pranke wieder von seiner Schulter.

»Willst du mich jetzt verprügeln?«, fragte Janus.

Sein Gegenüber lachte. »Kommt drauf an. Eigentlich wollte ich dir nur die Bücher zeigen, die du tragen sollst. Die müssen nämlich schnell zurück in die Marsh's Library, sonst bekommen wir echt Ärger. Aber falls du drauf bestehst, gibt es danach Prügel.«

»Ich mag sein Gesicht«, kam es von Ciara. »Es wäre mir heil lieber.«

»Okay«, sagte James Dean und ging zum größten Bücherstapel. »Also nur Schläge auf den Körper. Wie bei den Geheimdiensten. Kein Problem. Was tut man nicht alles, um seine kleine Schwester glücklich zu machen?«

Als sie die Bücher in James Deans alten, komplett schwarz lackierten VW Bulli trugen, wandte sich Ciara grinsend an Janus, der immer noch nicht fassen konnte, was gerade passiert war.

»Das war nett, was du eben da in die Kamera über mich gesagt hast. Als Tote bekommt man sonst ja eher wenig Komplimente.« Sie stupste ihn mit dem Ellbogen an.

»Kannst du mir erklären …?«

»Nicht hier«, unterbrach sie ihn. »Das ist nicht der richtige Ort.«

»Aber wer soll uns hier hören?«

»Das ist narrativ gesehen nicht der richtige Ort für die Offenbarung des Geheimnisses. Es ist wie in einem Roman, der Ort muss passen. Und wir fahren jetzt zu einem, der großartig passt. Vor allem, da die Sache dort ihren Anfang genommen hat.«

»Wohin fahren …?«

»Kein Wort mehr. Schweigen. James Dean und ich sind ja tot, wir dürfen eigentlich gar nicht reden.« Sie lächelte ihn an. Und dieses Lächeln machte ihr Gesicht sogar noch schöner.

Ohne weitere Worte fuhren sie Richtung Stadtzentrum, wobei der Motor des alten VW Bulli so pröttelte, als würde er die Stille mit einer Erzählung über seine Zeit als junger potenter PS-Bolide füllen wollen. Plötzlich tauchte St. Patrick's Cathedral im Seitenfenster auf, wo der irische Nationalheilige – auch wenn Janus der Legende nicht ganz traute – vor Jahrhunderten vierhundertfünfzig Seelen bekehrt hatte. Einst eine kleine Holzkapelle, war sie heute aus Stein und Irlands größte Kirche.

James Dean wurde langsamer.

»Was wollen wir da? Irgendein Ritual mit Jungfrauenblut?« Janus lachte, aber der Funken Sorge in ihm drohte sich zu entzünden.

James Dean bog ab und kam nach wenigen Hundert Metern vor einer unscheinbaren Mauer zum Halten, in der sich ein schwarzes gotisches Metalltor befand. Erst als Janus nach dem Aussteigen direkt davor stand, konnte er die beiden Worte lesen, die über dem Tor eingelassen waren: Marsh's Library.

Ruppig drängte sich James Dean an ihm vorbei. »Sei bloß leise!«, flüsterte er. »Und wehe, du lässt ein Buch fallen!« Dann schloss er auf und öffnete das Tor, durch das man in einen kleinen Garten trat. Einige Stufen führten hinauf zu einer Tür, hinter der sie weitere Stufen hinaufsteigen mussten. Den Weg legten die drei in der Dunkelheit zurück, denn James Dean bestand darauf, kein Licht anzumachen. Hinter der letzten Tür befand sich eine lange Galerie mit hohen Holzregalen, stumme Wächter einer verlorenen Zeit. So krumm wie die Bücher in ihnen waren auch die Regalbretter, die Jahrhunderte hatten sie geformt wie Knetgummi.

»Willkommen in der ältesten öffentlichen Bibliothek Irlands«, sagte James Dean mit einem Stolz, als gehörte ihm alles. »1707 vom anglikanischen Erzbischof Narcissus Marsh finanziert, dessen Porträt im Treppenhaus hängt. Hier hat sich seit der Gründung kaum etwas verändert. Stell die Bücher hier vorne ab, ich sortiere sie später ein.«

»Riechst du diesen besonderen Duft?«, fragte Ciara und atmete tief ein. »Vanille, Leder, Schokolade und Moschus. Sollte man unter den Namen ›La Bibliothèque‹ als Parfüm verkaufen.«

Janus trat näher an eines der massiven Eichenregale heran, in dem die großformatigen Bücher nebeneinander die Jahrhunderte überdauerten und sich dabei gegenseitig stützten.

»Mehr als fünfundzwanzigtausend Werke der Wissenschaft, aber auch der Musik und Theologie«, hörte er James Dean salbadern. »Manchmal mache ich Führungen hier. Aber nicht heute Nacht. Du gehst jetzt schön weiter in die zweite Galerie.«

Am Ende der ersten lag ein Eckraum, in dem sich auch Bücher befanden, aber deutlich weniger. »Das war früher der Lesesaal, jetzt ist der aber woanders«, kam es von James Dean.

Rechts führte eine Tür zu einer weiteren Galerie, an deren Ende die Regale anders angeordnet waren. Jeweils zwei bildeten eine Nische – und diese war mit zwei vergitterten Türen verschlossen. James Dean öffnete eine und schubste Janus hinein, Ciara folgte ihm. Dann wurden die Türen von außen verriegelt.

»Früher sind Besucher hier eingeschlossen worden, damit sie keine Bücher stehlen«, erklärte James Dean. »Und Besucher waren unter anderem Jonathan Swift, James Joyce und Bram Stoker, der sich hier Bücher über Transsylvanien heraussuchen ließ. Ich trag dann mal die restlichen Bücher rein, und Ciara Blue klärt dich auf.«

Sie saß Janus gegenüber und lächelte ihn an, was er selbst im spärlichen Mondlicht erkennen konnte, das durch ein Fenster zu ihnen fiel.

»Du hast sicher viele Fragen«, begann sie.

»Ja, zum Beispiel, wo die anderen aus der Society sind.«

»Sie halten sich außerhalb der Stadt versteckt. In einem Whiskey-Lagerhaus. In Dublin selbst ist das Lagern von Destillaten aufgrund der Brand- und Explosionsgefahr ja weitestgehend verboten. Wegen der Sache mit dem Video ist es hier zurzeit einfach zu gefährlich für sie.«

»Das Video, auf dem du nicht zu sehen bist.«

»Richtig.«

»Weil du ja eigentlich tot bist. Und auf dem auch dein Bruder nicht zu sehen ist, weil er …« Janus wurde schlagartig klar, was er auf dem Video gesehen hatte. Oder besser: was er übersehen hatte. »Scheiße …«

»Er war schwer zu erkennen«, sagte Ciara. »Vor allem wenn man nicht weiß, wie er nackt aussieht.«

»Er war der Mann, der hingerichtet worden ist!«, stieß Janus aus.

»Ganz genau. Dann brauche ich dir ja gar nichts mehr zu erklären.« Wieder dieses Lachen, leicht neckisch, sehr betörend.

In Janus' Kopf drehten sich die Gedanken wieder wie Derwische. »Doch. Eigentlich alles. Zum Beispiel, warum du noch lebst.«

»Ach, das.« Sie klimperte mit den Augenlidern. »Ist mir einfach lieber so.«

»Warst du das vorgestern in Temple Bar, der ich hinterhergerannt bin?«

»Dann bist du das gewesen! Ich hatte echt Panik, hab nur die schnellen Schritte hinter mir gehört und bin gelaufen.« Sie fuhr sich über die Lippen, die dadurch ganz leicht im Licht glänzten. »Ich bin dir wohl wirklich eine Erklärung schuldig.«

»Ich würde jedenfalls gerne eine hören.«

Ciara stand auf und setzte sich neben ihn, ihr rechtes Bein berührte sein linkes.

»Ich bin für die Literatur gestorben.«

»O-kay?«

»Alice schreibt einen neuen Krimi. So weit, so normal. Aber Alice ist nicht normal, kein bisschen! Sie ist echt fanatisch, lässt sich zum Beispiel alle ihre erfundenen Opfer tätowieren, und zwar so, wie sie in den Büchern sterben. Für ihren neuen Roman wollte sie alles so authentisch wie irgend möglich beschreiben.«

»Worum geht es in dem Buch denn?«

»Um eine Gruppe von literaturverrückten Selbstmördern, die beschlossen hat, ihr Dahinscheiden passend zu inszenieren. Ein Streichholz entscheidet immer, wer als Nächstes die Waffe hält, und ein anderes, wer gehen muss, und jeder muss beim Dahinscheiden berühmte letzte Worte zitieren. Das haben wir alles nachgestellt, haben Streichhölzer gezogen und überlegt, welche Worte wir selbst wählen würden, wie und wo wir sterben wollen. Heftig, über so was nachzudenken, das kann ich dir sagen. Und dann haben wir die Morde tatsächlich durchgeführt. Boomer hat in meinem Falle den Schützen gegeben, danach hat sie ihn eingehend befragt. Und bei meinem Bruder hat sie selbst die Schützin gespielt. Es ist echt creepy zu sehen, wie der eigene Bruder nackt auf dem Boden kniet, sich mit Worten vollkritzelt und dann erschossen wird.«

»Es war alles nur ein Schauspiel?«

»Nein, mehr als das. Es fühlte sich ziemlich echt an. Auch für mich, als ich umgebracht wurde. Du musst dir klarmachen, was für uns auf dem Spiel stand, wären wir erwischt worden. Erklär das mal irgendjemandem!«

»Ich dachte, du wärst in die Liffey gefallen …«

Sie nahm seine Hand. »Echt süß, dass du dir solche Sorgen gemacht hast, Janus. Aber wir sind nach dem Mord ganz schnell abgehauen, über die Straße, und haben uns in der nächstbesten Seitengasse versteckt.«

Janus sah Ciara an und schüttelte den Kopf. »Ihr seid echt …«

»… verrückt, ich weiß.«

»Aber warum ist Yeats … also James Dean, dein Bruder, zwei Tage nach dem Mord an dir verschwunden? Da hat er doch noch gelebt, also, du weißt, was ich meine.«

»Alles Teil des literarischen Experiments. James Dean hatte an dem Abend das Streichholz gezogen, das ihn als nächstes Opfer ausgewiesen hat. Also musste er sich zum einen zurückziehen, um seinen letzten Satz auszuwählen. Und zum anderen ging es auch darum, wie die Umwelt reagiert, wenn jemand plötzlich ohne ein Wort verschwindet. Würde jemand nach ihm suchen? Die Garda informieren? Was macht die Familie? Was die Freunde? Was der Arbeitgeber? Alice hat das alles fein säuberlich aufgeschrieben. Deswegen musste ich nach meiner Ermordung auch untertauchen. Eine Woche war vereinbart, dann erst sollten wir unser normales Leben weiterführen dürfen. Alice wollte ihr Buch einen ›fiktionalen Tatsachenroman‹ nennen und damit ein neues Genre begründen. Tja, was tut man nicht alles für die Kunst?« Sie lächelte verlegen. »Und was tut man nicht alles für Alice. Mein Bruder schwärmt seit Jahren für sie, aber verrat ihr das bloß nicht, ja?« Ciara nahm Janus' Hand wieder und drückte sie leicht.

»Klar.«

Sie lächelte wieder. »Ich wusste, dass ich dir vertrauen kann.« Ciara räusperte sich. »Tja, und dann ist das Experiment plötzlich auf eine unfassbare und grausame Weise gescheitert …«

»Weil jemand unsere Morde nachstellt, immer einen Tag später«, sagte James Dean, der plötzlich vor dem Käfig aufgetaucht war. »Jemand, der sich die Mühe macht, Opfer zu suchen, die den vermeintlich Toten möglichst ähnlich sehen. Zuerst dachten wir, es gäbe einen Verräter in unseren Reihen. Aber nach dem Video nicht mehr.«

»Da dachtet ihr, ich wäre es«, beendete Janus den Gedankengang.

»Yep«, kam es von James Dean.

»Jetzt wissen wir, dass du nur eine weitere Schachfigur bist, die von jemandem gezogen wird«, sagte Ciara.

»Fühlt sich scheiße an«, sagte Janus.

»Also?«, fragte James Dean und schloss die Nische auf.

»Was meinst du damit?«, erwiderte Janus, der eigentlich gar nicht rauswollte, sondern mit Ciara drinbleiben.

»Willst du dafür sorgen, dass du keine Schachfigur mehr bist, und uns helfen, den wahren Mörder zu stellen?«

»Du musst das nicht tun«, sagte Ciara sanft. »Es *könnte* nicht nur gefährlich sein, nein, das ist es ganz bestimmt. Und du hast eigentlich nichts mit der Sache zu tun.«

»Doch.« Janus nickte wie zu sich selbst. »Ich hänge drin, seit ich euch alle an der Liffey gesehen habe. Und vielleicht kann ich euch helfen. Ihr seid beide Mitglieder der Society, mich dagegen kennen der oder die Mörder wahrscheinlich nicht.«

»Du könntest tatsächlich verdammt hilfreich sein«, sagte James Dean und hielt die vergitterte Tür auf.

»Dann lasst uns zusammen das Arschloch finden, das euch reinreiten will!« Janus grinste. »So einen Satz wollte ich immer schon mal sagen.«

»Klang gut, fand ich.« James Dean boxte ihn gegen die Brust.

»Fand ich auch.« Ciara hakte sich bei ihm ein. »Und jetzt lasst uns einen trinken gehen!«

Sie landeten passenderweise im O'Neills, wo Janus am Abend von Ciaras Ermordung flüssige Recherche betrieben hatte.

»Ein ordentlicher Dubliner Pub«, sagte James Dean, als sie eintraten, »ist wie der menschliche Geist. Der große prächtige Tresen dahinten ist das, was uns bewusst ist, er ist glänzend gewienert, die Zapfhähne sehen verlockend aus, die Flaschen im Regal dahinter werden schick ausgeleuchtet. Aber die Ecken und Nischen, die sind dunkel, dreckig, die sind das Unbewusste, das niemand so genau sehen will. Aber das dafür umso faszinierender ist.«

Sie setzten sich in eine dieser Ecken. Janus hatte so viele Fragen zur Society, und heute bekam er endlich Antworten.

Rufus war bei Weitem nicht so alt, wie Janus gedacht hatte, und in einer Hippiekommune aufgewachsen, der auch ein berühmter Rockstar eine Zeit lang angehört hatte. Seine Kindheit und Jugend war bunt und laut und trubelig gewesen, heute lebte er in einer Wohnung, deren Wände komplett schwarz gestrichen waren, und rührte keine harten Drogen an, nur Alkohol. Literatur und Whiskey, sagte er, seien die einzigen Rauschmittel, die er brauche.

Bee stammte aus Slowenien, aber fühlte sich mittlerweile ziemlich irisch. Sie war mit neunzehn Jahren nach Dublin übergesiedelt, hatte hier als Kindergärtnerin gearbeitet und irgendwann festgestellt, dass es ihr am meisten Freude bereitete, den Kindern vorzulesen, noch mehr sogar, wenn sie selbst die Geschichten erdacht und gezeichnet hatte. Zu Beginn erschien es den anderen merkwürdig, dass sie als Kinderbuchautorin sich beim Whiskey-Projekt engagierte, aber es war ja so, hatte Bee erklärt, dass viele Eltern oft ganz dringend Whiskey bräuchten.

Alices Vater arbeitete beim Militär, was sie als überzeugte Pazifistin ablehnte. Mit sechzehn war sie von zu Hause weggelaufen und hatte niemals zurückgeschaut.

Ciara und James Dean waren die einzigen gebürtigen Dubliner der Society, mehr noch, sie waren eine Art Stadtadel. Ihre Familie arbeitete seit Generationen bei Guinness. Ciara verriet Janus leicht errötend ein Geheimnis: Sie hatte bei Riverdance mitgetanzt. »Weißt du, Janus, wir Iren sind drei Dinge: katholisch, belesen und gern mal betrunken. Und wegen der ersten Sache tanzen wir so merkwürdig. Wir bewegen nicht die Arme, damit die Priester sonntags nicht erkennen können, dass wir tanzen, wenn sie durch das Fenster blicken.« Ciara fand, dass Janus als Dank für diese erhellende Geschichte noch eine Runde ausgeben müsse, was er gerne tat.

Nur über Boomer durften seine beiden Begleiter nichts erzählen: Dieser pochte darauf, dass nur das Werk und nicht der Autor zählte, und hatte beschlossen, ein Enigma zu werden, weswegen keiner der anderen etwas über ihn preisgeben durfte – außer dem, was man über seine reiche Familie ohnehin wusste.

Hätte die Society Janus vor diesem Gespräch gebeten, den Mitgliedern literarische Genres zuzuordnen, hätte er bei fast jedem falschgelegen. Gewusst hatte er nur, dass Muskelmann Boomer der Lyriker dieser Truppe war. Ciara erzählte von den zarten Versen, die er spann und in der Regel mit viel Pathos vortrug. Sie handelten von irischem Whiskey (*Seele dieser grünen Insel / Flüssig ist dein Stolz / Licht bricht sich in deinen Tiefen / Dein Nachklang eine wilde Welle*). Janus hätte eigentlich bei Bee auf Lyrik getippt, aber sie verfasste ja Kindergeschichten – und neuerdings wohl auch Horrorstorys. Zum Ausgleich. Totengräber Rufus schrieb Hochliteratur und eiferte Joyce nach. Allerdings hatte noch keiner aus der Truppe je eine Zeile von ihm gelesen oder gehört, denn Rufus wollte sein Werk, das nach eigenen Angaben bereits zweitausend Seiten umfasste, erst preisgeben, wenn es perfekt war. Bis dahin arbeitete er als literarischer Stadtführer und Komparse bei Filmen. Besonders begabt war er darin, Wasserleichen zu spielen. Dass Alice Krimis schrieb, hatte Janus schon vorher gewusst, aber nicht, wie blutig es in diesen zuging. Von der Lieblichkeit der irischen Landschaft fand sich in ihren Texten – James Dean zufolge – nichts, und ihr dauerbetrunkener Kommissar neigte stärker zu Gewalt als die Verbrecher, die er einbuchtete. James Dean schrieb unter dem Pseudonym Elisabeth Farnsworth schnulzige Liebesromane, und Ciara – die manchmal bei Hodges Figgis aushalf, dem ältesten Buchladen Irlands und dem drittältesten der Welt – hatte sich der Science-Fiction verschrieben. Sie träumte davon, irgendwann ein Drehbuch für einen Star-Wars-Film verfassen zu dürfen.

Janus fand es an dieser Stelle wichtig zu erwähnen, wie abgöttisch er Star Wars liebte – was dazu führte, dass Ciara die nächste Runde ausgab.

Es wurde noch eine sehr lange und äußerst feuchtfröhliche Nacht.

Alice tippte in ihr Notebook, sie recherchierte zur Legende des Heiligen Kevin, die sie später als Anekdote in ihren Kriminalroman einbauen wollte. Im sechsten Jahrhundert, so hieß es, hatte Kevin als Einsiedler in Glendalough gelebt, im »Tal der zwei Seen«, das südlich von Dublin in den Wicklow Mountains lag. Der gute Kevin war so eins mit der Natur, dass einmal eine Amsel ihre Eier auf ihm ablegte. Der Heilige verbrachte daraufhin dreizehn Tage stillstehend, bis die Vögel schlüpften. Mit der Einsamkeit war es allerdings schnell vorbei, als sich herumsprach, dass ein heiliger Mann bei den zwei Seen lebte, und Kevins Eremitage wurde zur Kirchenschule, später zur Klostersiedlung. Kevin, ein Mann, der nicht nur super still stehen konnte, sondern auch hervorragend alterte, wurde hundertzwanzig Jahre alt.

Heutzutage zierte er samt Amsel die Etiketten der Glendalough Distillery.

Diese befand sich in einem irischen Ort mit bemerkenswert langem Namen: Newtownmountkennedy.

Und damit über zwanzig Kilometer von Glendalough entfernt.

Sie war am Rand von Newtownmountkennedy errichtet worden. Distillery-Tours gab es keine, trotzdem befanden sich an diesem Abend einige Personen im neuen Fasslager, die nicht hier arbeiteten.

Alice schaute von ihrem Bildschirm auf und zu Rufus und Boomer, die genau wie sie mit Schlafsäcken und Isomatten Quartier in einem ungenutzten Anbau bezogen hatten. Obwohl es schon spät war, saßen sie im Schneidersitz auf dem Boden und schrieben genau wie Alice an ihren literarischen Projekten. Viel mehr gab es hier für sie auch nicht zu tun.

Gerade trat Bee aus dem Nebenraum ein. Sie strahlte über das ganze Gesicht.

»Leute, ernsthaft, dieses Mizunara-Finish ist der Hammer!«

Rufus blickte nicht auf von seinem Notebook. »Das passt aber nicht zu unserer Idee von …«

»Ich weiß, dass es nicht zu unserer Idee von authentisch irischem Whiskey passt und dass ihr alle für Fässer aus heimischem Holz gestimmt habt. Aber geht mal nach nebenan und probiert!«

Boomer sah seufzend auf. »Bee, das ist Wassereiche aus dem vulkanischen Norden Japans, von der Insel Hokkaido. Das hat echt null mit uns zu tun.«

»Dazu ist das Holz extrem porös und sauschwer für den Küfer zu verarbeiten. Weshalb es auch noch wahnsinnig teuer ist«, kam es von Alice.

»Aber es schmeckt irre lecker! Noch süßer als Bourbon Casks. Und mit so exotisch blumigen Noten.«

»Vergiss es, wir Iren sind weder exotisch noch blumig. Also ich auf jeden Fall nicht.« Jetzt blickte Rufus doch auf. »Aber einen kleinen Schluck davon könnte ich tatsächlich vertragen. Mir fällt hier echt die Decke auf den Kopf.«

Boomer grunzte. »Was meinst du, wie es mir geht?«

»Ja, für dich muss das hammerhart sein, mal nicht auf der Chaiselongue deines Penthouse Champagner aus großen Kelchen zu schlürfen.« Alice streckte ihm die Zunge raus.

»Leck mich!«

»Hättste wohl gern.«

Bee klatschte in die Hände. »Kommt, kleiner Spaziergang!«

Die Truppe stöhnte, aber alle erhoben sich und gingen ins Fasslager, wo die Zaubergefäße ihr Werk taten. Die Belegschaft war längst im Feierabend, nur ein Freund von Boomer aus dem Management wusste, dass sie hier Unterschlupf gefunden hatten.

»Wir sollten nicht über Fasstypen, sondern über eine andere Stellschraube für unseren Whiskey reden«, sagte Boomer. »Ich habe gerade gelesen, dass in Island ein Whiskey erzeugt wird, bei dem das Malz mit brennendem Schafdung getrocknet wird. Das wäre doch etwas für uns! Schafe haben wir in Irland genug! Mehr als Menschen!«

Dieser Vorschlag erntete allerdings nur ekelverzogene Gesichter.

Bee breitete die Arme aus. »Spürt ihr, wie die Whiskeys heranreifen, wie sie Zeit in sich aufnehmen, wie sie sich Sekunde um Sekunde vervollkommnen?«

»Ich dachte, ich bin hier der Lyriker«, erwiderte Boomer.

Bee schien immer noch ganz aufgedreht vom Genuss des Mizunara-Whiskeys. »Lasst uns während des Spaziergangs ein kleines Quiz machen. Thema: Whiskey-Finish.«

Rufus fuhr mit der Hand über ein Fass. »Lasst uns lieber einfach trinken!«

»Bourbon?«, fragte Bee, erhielt aber keine Antwort. »Ach, kommt schon!« Sie blickte in desinteressierte Gesichter. »Eine Reifung im Bourbon-Fass sorgt für Vanille-, Honig- und Karamellnoten im Whiskey. Madeira?«

»Getrocknete Früchte, Gewürze und … ich komm nicht drauf.« Alice schnalzte mit der Zunge.

»Sonst wer? Boomer, du hast dich gerade gemeldet.«

»Habe ich nicht, aber es ist Ingwer«, ergänzte Boomer.

»Richtig, du bekommst ein rosa Sternchen! Cabernet Sauvignon?«

»Hat irgendwer von euch Schokolade gegessen und mir nichts abgegeben?«, fragte Alice und bückte sich.

»Schokolade ist leider falsch«, sagte Bee. »Rufus? Du weißt es doch sicher.«

»Also ich hab bestimmt keine Schokolade gegessen«, erklärte Rufus. »Aber ich hätte *gerne* welche gegessen.«

Bee stöhnte auf. »Ihr macht mich fertig! Ein Cabernet-Sauvignon-Fass sorgt dafür, dass der Whiskey nach roten Beeren, Trauben und Gewürzen schmeckt. Schokolade, Beeren und Pflaumen bekommt man dagegen durch ein Finish in einem Port-Fass.«

»Irgendwer hat eine ganze Tafel Nussschokolade gegessen und das Papier zwischen zwei Fässer gesteckt. Von der Glendalough-Truppe war das sicher keiner.«

»Rum?«, fragte Bee in die Runde. »Och, kommt schon!«

»Aber das ist das letzte Finish, klar?« Boomer schnaubte genervt. »Getrocknete Früchte, Rosinen und Melasse, Frau Lehrerin.«

»Noch ein rosa Sternchen für dich! Mit Glitzer!« Bee strahlte.

Rufus trat zu Alice und besah sich die leere Schokoladenpackung. »So eine habe ich dahinten auch gesehen. Genau dieselbe Sorte. Gestern war die noch nicht da.«

Alice blieb stehen, griff sich in die Hosentasche und zog ihr Handy heraus. »Oha, ich habe gerade eine SMS von Ciara bekommen! Jetzt hab ich wieder keinen Balken, aber eben muss ich kurz Empfang gehabt haben. Der Text lautet: Janus ist an Bord! Ruf zurück ASAP.«

»Oh, Mann!« Rufus nahm sich das Handy und las die Nachricht. »Sie sollte ihn belasten und nicht ins Team holen. Ich bekomme das Kotzen!« Er trat gegen die Wand, der von dieser Begegnung ein Sohlenabdruck blieb. »Los, alle Mann und Frau raus, irgendwo wird es schon besseren Empfang geben, und dann klären wir diese Scheiße auf. Ich fass es echt nicht!«

Die Mitglieder der Society genossen es, ein paar Schritte in der freien Natur gehen zu können. Sie sogen die klare Luft ein, lauschten den Geräuschen der Nacht, badeten geradezu in der Friedlichkeit. Plötzlich schrien zwei Katzen aus den nahen Büschen, weil sie kämpften oder sich paarten oder beides im Wechsel.

Das war der Moment, als die Glendalough Distillery explodierte.

SECHS

»Whiskey ist flüssiger Sonnenschein.«

George Bernard Shaw

AUDIOTAGEBUCH

Es gibt heutzutage ja unglaublich viele Schokoladensorten, der Wahnsinn! Wenn man früher Schokolade wollte, war da die normale, die dunkle Schokolade, und dann gab es noch welche mit Haselnuss. Ende. Dann kam weiße Schokolade, die ja gar keine Schokolade ist. Und heute? Kein Obst, keine Nuss, keine Süßigkeit ist davor sicher, in Schokolade zu landen. Vor Kurzem habe ich sogar Schokolade mit knusprigen Bacon-Stücken gesehen! Fleisch und Schokolade in einem! War überraschend lecker.
Über so was denke ich nach, wenn ich viel Zeit habe. Zum Beispiel, wenn ich warte, dass etwas geschieht.
Wie jetzt hier in Newtownmountkennedy. Wollte ich immer schon mal hin. Aber nur um ein Foto mit dem Ortsschild zu machen.
Seit ich die Sprengsätze in der Distillery platziert hab, denke ich über ziemlich viel Zeugs nach, vor allem eben über Schokolade. Mir ist zum Beispiel wieder eingefallen, dass meine Mutter mich damals, also als ich ganz jung war, so fünf, sechs Jahre, immer mit Schokolade belohnt hat, wenn ich was gut gemacht habe. Wie den Rasen gemäht oder Müll rausgetragen. Schokolade, das war für mich der essbare Stolz meiner

Mutter … O ja, der Satz ist gut, der muss unbedingt ins Buch … Ist das jetzt das erste Mal, dass ich von meiner Mutter erzähle? Dann sollte ich noch etwas mehr sagen …
Meine Mutter war eine miese Schlampe. Eine Brüllerin, eine Säuferin, eine Schlägerin.
Aber halt trotzdem meine Mutter.
Tja, so Gedanken gehen mir gerade durch den Kopf, während ich darauf warte, dass der Countdown die Null erreicht.
Sekunde … oh, schon so spät … fünf, vier, drei, zwei, eins …
…

Beschreiben, immer beschreiben stand in dem Ratgeber …
Also in Hollywood-Filmen hat so eine Explosion ja immer etwas Imposantes, Riesenfeuerwerk, die Trümmer fliegen meilenweit durch den Himmel.
Das hier war eher ein Knall, viel Rauch, dann ist alles zusammengestürzt, und jetzt brennt es. Da drin hat nichts überlebt, kein Whiskeyfass, kein Mensch. Nicht mal eine Ratte.
Meinen Wagen hab ich weit genug entfernt geparkt, dass keine kleinen Splitter oder Steine oder, Gott bewahre, Leichenteile meine Frontscheibe treffen.
Die hat übrigens leicht gezittert, als es losging.
War meine erste Bombe mit Zeitzünder. Ab und an suche ich die Herausforderung, probiere etwas Neues. Raus aus der Komfortzone!
Ich öffne die Fahrertür und steige aus, weil ich das Schauspiel nicht durch insektenverdrecktes Glas bewundern will.
Das Gebäude brennt wie ein riesiges Lagerfeuer, knackt nur viel lauter. Ich höre, wie Balken oder Wände einstürzen.
Es hat echt was Schönes.
So, wie eine Faust, die für ein gebrochenes Nasenbein sorgt, etwas Schönes hat.
Performance-Kunst. Nicht wie diese eierlosen Ölbilder in

den Museen. Kunst, die das Leben schreibt. Gewalt in ihrer beeindruckendsten Form.
Ich geh jetzt in Richtung der Distillery.
Der ehemaligen Distillery.
Soll man nicht machen, weiß ich. Von wegen der Täter kehrt immer an den Tatort zurück.
Aber hey, das hier ist etwas Besonderes für mich. Wie oft sprenge ich schon was in die Luft? Eben.
Ich mache eigentlich keine Spaziergänge, aber diesmal mache ich einen.
Denn ich will die Leichen sehen.
Ich sehe immer die Leichen. Oder das, was davon übrig ist. Ist Tradition.
Mittlerweile sind Schaulustige aufgetaucht. Keiner hilft, warum auch? Es gibt nichts mehr zu helfen. Die Bombe hab ich echt gut platziert. Kann mir bitte mal jemand auf die Schulter klopfen? (lacht)
In den nächsten Tagen werde ich ein paar Presseleute bestechen, damit sie die Legende in die Welt setzen, das Ganze wäre Versicherungsbetrug gewesen, weil sich die Whiskeys nicht gut genug verkauft hätten und es dem Investor zu bunt wurde. Völliger Schwachsinn, aber der ist wie übler Geruch: Man wird ihn schwer los.
Wenn dann rauskommt, dass die Leichen der Truppe gehören, die Willem de Jong hingerichtet hat, werden die Gerüchte wie Pilze in den Himmel schießen.
Ich bin gerade echt zufrieden mit mir und der Welt.
Ach Scheiße, zu früh gefreut …
Da stehen vier Gestalten, ein Stück weit von den Schaulustigen entfernt. Zwar sind nur ihre Silhouetten zu erkennen, aber es ist wie bei der Skyline einer Stadt, wie bei New York oder Paris, man weiß sofort, um was es sich handelt.
Das ist doch diese Dreck-Society.
Fuck! Fuck! Fuck!

Ich überlege nicht lange, zähle eins und eins zusammen. Das Feuer ist irre laut, niemand außer mir achtet auf die Truppe. Schnell ziehe ich meine Waffe mit den präparierten Whiskey-Patronen.
Ist wie bei einem Maler, der seine Bilder signiert.
Bloß dass bei mir keiner drauf kommt, was es mit den Patronen auf sich hat. Nur ich weiß es.
Sekunde, ich stecke das Handy mal in meine Hemdtasche …
So, besser … Jetzt lege ich an und ziele auf den Größten. Der ist das einfachste Ziel … Wobei, zu einfach … Mich packt der Ehrgeiz, und ich wandere mit dem Fadenkreuz zur Kleinsten der Truppe, die sich Bee nennt, obwohl sie Beatrice heißt.
Ja, ich weiß, es würde die Sache erleichtern, weiter ranzugehen und sie aus nächster Nähe abzuknallen. Aber ich hab keine Lust, dass einer von den Gaffern auf mich aufmerksam wird. Und ich bin sauer, dass die vier nicht wie geplant in der Distillery verreckt sind, dass ich mal impulsiv bin.
Also drücke ich ab.
Bee sackt sofort in sich zusammen.
Dann lege ich auf die Nächste an. Alice.
Sirenengeheul ertönt, die Landschaft ist auf einmal in blaues Licht getränkt.
Scheiße!
Jetzt wird es zu gefährlich.
Ich stecke die Waffe ein und geh zurück zum Auto.
Euch kriege ich schon noch. Irgendeiner von euch schaltet irgendwann wieder sein Handy an.
Wo immer ihr Arschlöcher jetzt hinflieht, meine Kugeln werden euch finden.

Janus, Ciara und James Dean hatten die Nacht im Bulli verbracht, unter Decken, die sich in verschiedenen Phasen der Verwesung befanden. Aber Janus war so erschöpft gewesen, dass er sich trotzdem unter ihnen zusammengerollt hatte – passenderweise hatte er so tief geschlafen wie ein Toter. Mit den ersten Sonnenstrahlen, die durch die verschmutzten Fenster fielen, hatten sie ihre Handys gecheckt, aber es gab immer noch keine neuen Nachrichten von den anderen Society-Mitgliedern, und zu erreichen waren sie auch nicht.

Deswegen waren sie zu »Sweny's Pharmacy« gefahren.

Der kleine weiß gestrichene Laden lag am Lincoln Place und sah von außen unspektakulär aus. Von innen wirkte er tatsächlich noch winziger als von außen. Was daran lag, dass er über und über vollgestopft war und man sich kaum um die eigene Achse drehen konnte. Janus hatte hier schon ewig mal vorbeischauen wollen: Dublins einziges Geschäft mit original viktorianischer Inneneinrichtung war berühmt, weil hier einst, als es noch eine echte Apotheke war, jemand eine Zitronenseife gekauft hatte.

Nein, das stimmte nicht.

Eigentlich hatte er hier keine Seife gekauft.

Denn der »Jemand« existierte ja gar nicht.

Es war Leopold Bloom, Hauptfigur von Joyce' »Ulysses«.

Janus betrachtete die Regale und Kabinette aus dunklem Holz voller Fläschchen und Phiolen, in denen einst Tinkturen und Wundermittel verkauft wurden. Heute konnte man hier die berühmte Seife, Joyce-T-Shirts und Joyce-Hüte, aber auch etliche Ausgaben der Werke des großen Dichters erwerben. Alles schien ohne Sinn und Verstand einfach irgendwo aufgestellt oder ausgelegt, jede Fläche wurde genutzt, und an den Wänden war vor lauter Fotos kein Flecken frei. Betrieben wurde das Geschäft von Ehrenamtlern, die, wie James Dean erklärte, hier jeden Tag Leserunden veranstalteten, sich »Ulysses« in Spanisch, Griechisch oder Deutsch widmeten, auch »Finnegans Wake« wurde gern gemeinsam Zeile für Zeile durchgegangen.

Hinter dem Tresen saß ein alter Mann mit weißer schulterlanger Haarpracht und einem Anzug, der so zerknautscht war wie sein Gesicht. Sein Ausdruck war leicht verwirrt, als wäre er gerade im Moment einem Roman entsprungen und müsste sich in dieser fremden Welt erst zurechtfinden.

»Sagst du mir bitte noch mal, wie uns dieses Geschäft und dieser alte Mann bei unserem Problem helfen können?«, fragte Janus die neben ihm stehende Ciara leise.

»Zum einen, Janus, hat dieser alte Mann sehr gute Ohren«, sagte ebendieser und erhob sich, um ihm ein Lächeln zu schenken. »Und zum anderen freut er sich außerordentlich, dich kennenzulernen. Ich bin Charles.« Er streckte die Hand aus.

»King Charles ist unser Ehrenmitglied«, erklärte Ciara und umarmte ihn.

»Die graue oder besser weiße Eminenz der Society«, sagte Charles mit einem nonchalanten Lächeln, das ebenfalls aus einem anderen Jahrhundert zu stammen schien.

James Dean verriegelte die Tür und drehte das kleine Schild auf »Geschlossen«.

»Ist es so ernst?«, kommentierte Charles.

»Wir haben seit gestern nichts mehr von den anderen gehört. Bee war die Einzige, die ihr Handy bei sich behalten hat, damit wir in Kontakt bleiben können.«

»Gönnt euch doch erst einmal einen stärkenden Schluck!« Charles schaute zu Janus. »Schon einmal Poitín getrunken?« Er öffnete die Flasche mit einem Plopp.

»Nicht, dass ich wüsste. Aber manchmal weiß ich nicht, was ich trinke. Das macht es leichter.«

Charles schmunzelte. »Es ist eine Art Vorgänger des Whiskeys, ein Destillat, das weder im Fass reift noch mit Wasser verunreinigt wird. Geschmacklich erinnert es daher an das, was ihr in Deutschland Obstler nennt. Eigentlich das Destillat der Schwarzbrenner, die es in kleinen Mengen herstellten. Übersetzt bedeutet Poitín Töpfchen, weil er früher in kleinen Töpfen gebrannt wurde.« Er reichte zuerst Ciara, dann Janus und James Dean ein Glas. »Auf die Literatur, die unseren Geist immer wieder emporhebt!«

Sie stießen an, und es klang viel freundlicher und heller als ihre Stimmung.

Der Poitín schmeckte erstaunlich fruchtig, fand Janus. Aber

auch scharf am Gaumen. Er unterdrückte ein Husten, was ihm die Tränen in die Augen trieb.

»Nun erzählt«, sagte Charles.

Zu Janus' Verwunderung holte er eine Gitarre unter der Theke hervor und begann leise darauf zu zupfen. Als hätte er Janus' Gedanken gelesen, sagte er: »Hilft mir beim Denken.«

Ciara berichtete von den inszenierten Morden für Alices Roman, von den realen Toten, von dem geleakten Video, von dem Verdacht Janus betreffend. Einiges davon wusste Charles bereits, was Janus nach einiger Zeit daran erkannte, dass er offenbar immer, wenn er schon im Bilde war, einen ganzen Akkord statt einzelner Noten spielte.

»Das ist der aktuelle Stand«, endete Ciara. »Und jetzt, wo wir wissen, dass es Janus nicht war, erscheint uns das alles noch viel bedrohlicher.«

Charles sah auf, seine Augen so trüb wie die verstaubten Apothekergefäße um ihn herum. »Die Frage ist: Wer hat etwas gegen die Society? Ihr seid bloß Schriftstellerinnen und Schriftsteller und bedroht niemanden, schadet keinem. Oder arbeitet irgendwer von euch als investigativer Journalist, plant einen Schlüsselroman, der enthüllt, was in dieser Stadt alles schiefläuft?«

James Dean, der immer noch gegen die Eingangstür lehnte, schüttelte den Kopf. »Nö.«

Charles spielte drei traurige Akkorde.

»Wie schaut es mit Konkurrenz aus der Whiskey-Industrie aus?«

»Es weiß kaum einer von unserem Plan, ist unser Geheimnis«, sagte James Dean, während er hinausschaute und die Lage auf der Straße sondierte. »Und es gibt ja noch gar keinen Whiskey, mit dem wir jemandem Konkurrenz machen könnten. Das wird noch dauern. Bis wir uns einen Namen damit gemacht haben, noch länger, so ohne Investor.«

»Was ist mit Boomers Familie?«, fragte Janus, der versuchte, sich irgendwo anzulehnen, ohne einen Teil der Auslage auf den Boden zu befördern.

»Die würde wohl Geld lockermachen, aber das will Boomer nicht.«

»Also, die von ›Writers' Tears‹ hätten jedenfalls ein Motiv.« Janus stützte sich auf einen Stapel T-Shirts, der dadurch leicht ins Wanken geriet. »Für die könnte euer Whiskey echt gefährlich werden. Allein schon die Idee des Whiskeys, die eine Kritik an ihrem ist.«

»Und Walsh Whiskey, die für das Gesöff verantwortlich sind, sitzen in Dublin«, sagte Ciara. »Aber wie sollten die etwas von unserem Plan mitbekommen haben?«

Charles spielte nun einen klassischen Schlussakkord und lehnte die Gitarre gegen eines der Regale. »Euer Whiskey-Vorhaben scheint mir die vielversprechendste Spur zu sein. Bei Whiskey geht es um viel Geld, und Geld ist immer ein Motiv. Vielleicht hat euch jemand in eurem Stamm-Pub belauscht, oder ihr habt mit betrunkenem Kopf etwas erzählt.« Er strich versonnen über den Hals der Gitarre. »Lasst uns deduzieren, wie man es in einem Kriminalroman täte: Es geht allem Anschein nach darum, euch zwei Morde in die Schuhe zu schieben. Das Video wird dafür allerdings nicht reichen. Die Täter werden weitere Spuren legen, die euch alle verdächtig machen. Aber vielleicht ist da noch mehr, vielleicht ist da noch ein anderes Motiv für die Morde …«

»Ich dachte, du liest nur Joyce«, sagte Ciara überrascht.

»›Ulysses‹ mittlerweile achtundsiebzigmal. Soll mir keiner sagen, der sei unlesbar! Und ›Finnegans Wake‹, ›Dubliners‹, ›Ein Porträt des Künstlers als junger Mann‹, Joyce' Theaterstück und seine Gedichte habe ich mir noch häufiger vorgenommen. Aber manchmal genehmige ich mir auch einen Kriminalroman.« Charles lächelte verlegen. »Wie dem auch sei. Die wichtigste Frage lautet, welche Gemeinsamkeiten die beiden Toten hatten. Das gilt es für euch herauszufinden.«

»Aber wie sollen wir das bitte herausfinden?« Ciara sah zu einer Büste von James Joyce, als wüsste sie die Antwort.

Es war aber Charles, der sich zu Wort meldete. »Auch ich höre manchmal etwas, hier in dieser kleinen, literarischen Schaluppe, die sich auf dem unruhigen Meer Dublins hält. Geht in den Vintage Cocktail Club, dort ist Willem de Jong, der zweite Tote, immer mal wieder zu Gast gewesen. Sprecht mit Harry, der arbeitet dort. Sagt ihm, Penelope lässt grüßen.«

Janus musste lächeln: Penelope war das mythische Pendant zu Leopold Blooms Frau Molly, die im Roman das letzte Wort hatte.

Charles senkte die Stimme. »Es tut mir leid, aber das ist nicht alles, was ihr tun solltet.«

»Du sprichst sonst nie mit so tiefer Stimme«, sagte Ciara.

Charles trat um den langen Tresen, der sich wie ein Hufeisen durch den kleinen Raum zog. Dann nahm er Ciaras Hand und die von James Dean.

»Meine Lieben, ihr solltet einen weiteren Mord inszenieren. Wenn euch jemand seit zwei literarischen Morden beobachtet, wird er es auch beim nächsten tun. Aber diesmal müsst ihr es so anstellen, dass er euch dabei in die Falle geht.« Er holte tief Luft. »Und dass ihr nach Möglichkeit nicht sterbt.«

»Aber …« Ciara wollte etwas sagen, schloss dann aber den Mund.

»Kein einfaches Unterfangen, ich weiß. Aber denkt immer daran: Der längste Umweg ist der kürzeste nach Hause.«

»Ich wusste, dass du irgendwann ›Ulysses‹ zitieren würdest!« James Dean schnaubte belustigt.

»Weil sich darin alles findet, was man für das Leben benötigt. Und jetzt müsst ihr gehen, denn die italienische Leserunde kommt gleich.« Er hob den Zeigefinger in die Höhe. »Nehmt euch bitte jeder eine Zitronenseife beim Gehen«, sagte Charles. »Ihr könnt sie wirklich gut gebrauchen.«

Sie hatten sich strategisch aufgeteilt. Es fühlte sich wie eine militärische Operation an, fand Janus.

Ciara und James Dean sollten weiter versuchen, die anderen aus der Society in ihrem Versteck zu erreichen, und sich überlegen, wie der dritte inszenierte Mord aussehen könnte. Alice hatte bisher noch keine konkreten Pläne geäußert, in ihrer Geschichte war sie noch nicht bei Mord Nummer drei angelangt. Janus war die Aufgabe zugefallen, sich am Abend ein wenig im Vintage Cocktail Club umzuhören. Tessa begleitete ihn. Sie hatte die Gelegenheit ergriffen, sich schick zu machen, und ihr kurzes Schwarzes aus dem Schrank geholt. Janus hatte dieses Kleidungsstück noch nie in freier Wildbahn gesehen.

Jetzt wurde ihm klar, dass er da einen ganz besonderen Anblick verpasst hatte.

Der Vintage Cocktail Club war ein Geheimnis mitten in Temple Bar, unter den Augen all der erlebnishungrigen Touristen. Eine Speakeasy-Bar, von außen sah man lediglich eine abgeranzte Tür in einem schäbigen Hauseingang, an der nur die nachlässig geklebten Buchstaben VCC den Eingeweihten verrieten, was dahinter verborgen lag. Einzig eine darüber angebrachte Video-Kamera hätte den zufälligen Passanten aufmerksam werden lassen können.

Janus klingelte.

Eine Stimme begrüßte ihn blechern aus dem Lautsprecher.

Da Janus reserviert hatte, durften sie eintreten. Sie gingen eine enge Treppe hinauf und standen plötzlich in einem Raum, der irgendwie unwirklich aussah. Nicht aufgrund der Tapeten, die aus vergangenen Zeiten stammen mussten, der kitschig-bunten Bilder asiatischer Schönheiten, der schwarz-weiß fotografierten historischen Aktaufnahmen oder der plüschigen Polstermöbel, sondern weil es keinerlei elektrisches Licht gab. Einzig Kerzen erleuchteten den Club, oder besser: ließen ihn größtenteils in Dunkelheit, gestatteten finstere Ecken, im Schatten liegende Gesichter.

Eine junge, glatzköpfige Kellnerin führte sie zu einem kleinen Tisch in der Ecke. Janus wählte einen »Jameson's Gate Schooner« aus der umfangreichen Cocktail-Karte, der den Whiskey unter anderem mit Portwein, Orangensaft und Muskatnuss kombinierte. Tessa entschied sich für einen »Wee Dram«, der zwölfjährigen Redbreast mit Apfellikör, Poire Williams, Orangenöl und Pimientostaub konfrontierte.

»Was meinst du, welcher von ihnen Harry ist?«, fragte Tessa, während sie einen Schluck nahm und dabei im flackernden Licht der Kerze wie ein scheues Tier wirkte, das sich gerade aus den Schatten getraut hatte.

»Keine Ahnung. Du bist Westfälin, ihr seid doch bekannt für eure gute Menschenkenntnis.«

»Sehr lustig. Nicht.«

»Wir könnten einfach fragen. Ist doch nichts Schlimmes, oder?« Janus hob die Hand, und die Kellnerin, die ihnen gerade die Drinks gebracht hatte, trat an ihren Tisch. »Sie haben aber schnell ausge…« Dann sah sie die beiden noch zu drei Vierteln gefüllten Gläser. »Was kann ich für Sie tun?«

»Wir würden gerne mit Harry sprechen.«

»Harry?«

»Ja, wie der ungezogene Sohn von King Charles.«

»Und der soll hier arbeiten?«

»Also nicht der Blaublüter, sondern ein Mann namens Harry. Und den würden wir gerne sprechen. Ein Freund hat uns gebeten, ihm etwas auszurichten. Wir sollen ihn von Penelope grüßen.«

»Ein Harry arbeitet hier nicht.«

Janus versuchte ihren Gesichtsausdruck im Kerzenschein zu durchdringen, herauszufinden, ob sie ihn anlog. Aber er fand nur ehrliche Verwunderung.

»Wann hat er denn das nächste Mal Schicht?«

»Hier arbeitet überhaupt kein Harry. Also nie. Und ich bin seit drei Jahren hier, ich wüsste, wenn es einen Harry gäbe.« Sie verschwand in Richtung eines anderen Tisches.

»Gibt es vielleicht noch einen anderen Vintage Cocktail Club?«, fragte Tessa und zupfte an ihrem Kleid, das sich beim Hinsetzen etwas verschoben hatte. »Meinte dieser Charles vielleicht *einen* Vintage Cocktail Club, aber nicht speziell den hier?«

»Ich werde ihn morgen fragen müssen. Dachte eigentlich, das hier wird eine einfache Kiste. Auf jeden Fall ist mein Cocktail klasse, und du siehst … fabelhaft aus. Hätte nie gedacht, dass ich das mal sagen würde. Aber ist so.«

Tessa schüttelte lachend den Kopf. »Du bist wirklich großartig darin, Komplimente zu machen, hat dir das schon mal jemand gesagt?«

»Höre ich ständig. Manchmal sprechen mich Passanten auf der Grafton Street an und bitten mich, ihnen spontan ein Kompliment zu machen.«

»Ihr sucht also Harry«, erklang plötzlich eine Stimme, die so tief brummte, dass man sie für einen Defekt im Basslautsprecher halten konnte.

Dann wurde ein Stuhl von ihrem Tisch gezogen, und ein Mann setzte sich zu ihnen, dessen Gesicht nur aus Haaren zu bestehen schien. Die Kopfbehaarung ging nahtlos in die Augenbrauen über, die sich wiederum über die sprießenden Koteletten bis in den langen Bart ergossen.

»Hallo, ich bin Tessa.« Sie streckte ihm ihre Hand entgegen.

»Ich schüttele keine Hände. Ist ungesund. Bakterien, Mikroben, Dreck.«

»Heute ist ein Tag, an dem ich lauter schöne Komplimente bekomme.« Sie blickte zu Janus und klimperte mit den Augenlidern.

»Wir sollen Harry von Penelope grüßen«, sagte dieser.

»Soso. Was wollt ihr denn von Harry wissen?«

Janus fand die Augen zwischen all den Haaren und blickte hinein. »Wieso weiß die Bedienung nicht, dass Sie Harry sind? Und wie haben Sie mitbekommen, dass wir nach Ihnen gefragt haben? Der Laden hier hat zwei Etagen.«

»Habt ihr Handys? Habt ihr natürlich. Und ihr stellt sicher auch für bestimmte Leute bestimmte Klingeltöne ein. Dadurch wisst ihr, wer euch anruft, bevor ihr die Nummer auf dem Display anschaut.«

»Mach ich tatsächlich«, sagte Tessa. »Janus hier ist zum Beispiel ein Song von Klaus Lage.«

»Kenn ich nicht«, erwiderte der vermeintliche Harry. »Interessiert mich auch nicht. Worauf ich hinauswill: Ich habe viele Namen. Wenn jemand Harry sucht, kommt er von Sweny's, würdet ihr

Ivanhoe suchen, kämt ihr in einer ganz anderen Angelegenheit. Und wenn ihr nach Irving fragen würdet, hättet ihr ein echtes Problem. Also raus damit, was wollt ihr wissen?«

»Der Tote, der in den Docks gefunden wurde, Willem de Jong, soll hier mal was getrunken haben.«

Harry nickte. »Hat er. Am Abend, bevor die tote Frau aus der Liffey gefischt wurde. Der Typ hat Druckbetankung gemacht, nur starke Drinks, und die hat er in Rekordgeschwindigkeit gekippt. So trinkt nur jemand, der etwas vergessen will, oder jemand, der sich Mut antrinkt für etwas, bei dem er weiß, dass er ohnehin scheitern wird. Da geht es schon im Vorhinein ums Vergessen, man will das bevorstehende Scheitern aus dem Kopf bekommen.«

»Hast du mit ihm geredet?«

»Stummer Trinker. Gut angezogen. Perfekt sitzendes Sakko und darunter ein schwarzes Thin-Lizzy-Shirt, hatte auch ein Tattoo mit deren Schriftzug auf dem Unterarm. Teure Uhr, das Modell, das Doctor Strange in diesen Marvel-Filmen trägt. Die Schuhe waren handgenäht. Hatte fraglos viel Kohle. Ich war überrascht, als sie in der Zeitung schrieben, er sei Lkw-Fahrer gewesen.«

»Hm«, sagte Janus.

»Als er zahlte, meinte er, jetzt würde er in den Pub fallen. Ich vermute, er hat sich hier warmgetrunken und den VCC nur ausgewählt, weil er hier seine Ruhe hatte und es nah an dem Pub lag, um den es ihm eigentlich ging. Er hat beim Rausgehen ›Satisfaction‹ gesummt, und da wusste ich, wo er hinwollte: ins ›Foggy Dew‹, zu Keith Richards' Gitarre.«

Jemand näherte sich aus den Schatten und flüsterte ihm ins Ohr. Harry schaute zu Janus und Tessa. »Jemand will Irving sprechen …«

HOMEPAGE DER »DRUNKEN POETS SOCIETY«

IRISH WHISKEY COCKTAILS

Es ist eine traurige Wahrheit, dass für die meisten Cocktails, die Whiskey enthalten, Bourbon oder Rye verwendet wird – statt guter Irish Whiskey. Nur zwei Drinks mit Irish Whiskey haben es in die Ruhmeshalle der Cocktails geschafft: der Irish Coffee und der Tipperary. Allerdings sind die beiden dafür zwei der besten Drinks überhaupt!
Andere Cocktails mit Irish Whiskey sind entweder Variationen berühmter Cocktails, bei denen der minderwertige Hauptbestandteil – zum Beispiel Wodka – durch Irish Whiskey ersetzt wird, oder komplette Neukreationen. Grundsätzlich gilt: Jeder Drink mit einem Irish Whiskey ist ein guter Drink!

IRISH BOULEVARDIER

Der Boulevardier ist eine Variante des Negroni, bei welcher der Gin durch Bourbon Whiskey ersetzt wird. Dadurch ist der Cocktail nicht mehr frisch und klar, sondern reichhaltig und faszinie-

rend. Beim Irish Boulevardier ersetzt man den Bourbon durch ordentlichen Irish Whiskey.
Die Erfindung des Boulevardiers wird Erskine Gwynne zugeschrieben, einem amerikanischstämmigen Autor, der das Magazin »Boulevardier« in Paris von 1927 bis 1932 herausgab.

ZUTATEN:
45 ml Irish Whiskey
30 ml Bitterer Campari
30 ml Süßer roter Vermouth

ZUBEREITUNG:
Alles in einem großen Glas mit viel Eis für neunzig Sekunden verrühren, dann in ein Coupé-Glas abseihen und mit einer Scheibe Orange oder, wenn Sie mal etwas Verrücktes wagen wollen, einer Zitronenscheibe garnieren.

IRISH COFFEE

Zweifellos der berühmteste Cocktail mit Irish Whiskey – und nicht nur deshalb einer der besten Drinks des Erdballs. Es gibt spezielle Gläser, aber natürlich tun es auch andere Trinkgefäße – schließlich kommt es auf den Whiskey an. In Irland wird der Drink auch unter den Namen Caife Gaelach oder Gaelic Coffee angeboten.
Anfang der Vierziger wurde er im Restaurant des westirischen Flughafens Foynes erfunden. Chefkoch Joe Sheridan hat den Drink damals Passagieren angeboten, die auf den Weiterflug nach Übersee warteten, während ihre Maschine auftankte. Als er ihn erstmals servierte, wurde er der Legende nach gefragt, ob es sich um brasilianischen Kaffee handle, woraufhin Sheridan frech antwortete: »Es ist *Irish* Coffee.«
Der »San Francisco Chronicle«-Journalist Stanton Delaplane trank einen Irish Coffee in Irland und kopierte ihn mit dem Chef des

»Buena Vista« in San Francisco, Jack Koeppler. Außerdem schrieb er begeistert darüber – und der Cocktail wurde berühmt.

Wie bei allen großen Cocktails der Welt gibt es unzählige Variationen. Diese hier ist die offizielle der »International Bartenders Association« (IBA).

ZUTATEN:

50 ml Irish Whiskey
120 ml Heißer Kaffee
50 ml Schlagsahne (kühl)
1 TL Zucker

ZUBEREITUNG:

Den heißen Kaffee in ein vorgewärmtes Trinkgefäß füllen. Dann den Whiskey, dann den Zucker hineingeben und umrühren. Erst danach die Schlagsahne vorsichtig daraufgeben – am besten über die Rückseite eines Löffels, der direkt über die Oberfläche gehalten wird. Nicht vermischen!

IRISH ESPRESSO MARTINI

Die Entstehungsgeschichte des Espresso Martini ist eigentlich zu schön, um wahr zu sein: Ende der Achtziger betritt ein junges Model, das später ein Supermodel werden sollte, in London »Fred's Bar« mit seinem legendären Barkeeper Dick Bradsell und bestellt einen Drink mit folgenden Worten: »Wake me up, and then fuck me up.« Bradsell nahm das Geheimnis um den Namen des Supermodels mit ins Grab. (Gerüchten zufolge könnte es Kate Moss oder Naomi Campbell gewesen sein.)

ZUTATEN:
40 ml Espresso (falls nur Filterkaffee zur Hand sein sollte: sehr stark zubereiten!)
45 ml Irish Whiskey (großartig passt zum Beispiel der Jameson Stout)
15 ml Kaffeelikör
Muskatnuss
10 ml Zuckersirup
3 Kaffeebohnen zum Garnieren

ZUBEREITUNG:
Alle Zutaten in einen mit Eis gefüllten Shaker geben und gut schütteln (fünfzehn Sekunden sollten es schon sein).
In ein gekühltes Coupé-Glas geben und mit frisch geriebener Muskatnuss und Kaffeebohnen garnieren.

IRISH EYES

Für hohe irische Feierlichkeiten – wie Saint Patrick's Day – bietet sich ein grüner Cocktail an.

ZUTATEN:
30 ml Irish Whiskey
10 ml Irish Cream

10 ml Crème de menthe
60 ml Sahne

ZUBEREITUNG:
Glas kühlen (wie das geht, seht ihr bei »Irish Old Fashioned«). Einen Shaker bis zur Hälfte mit Eis füllen, dann Whiskey, Irish Cream, Crème de menthe und frische Sahne hineingeben. Ordentlich schütteln, bis der Shaker kalt ist. Dann in das kühle und bis zur Hälfte mit Eis gefüllte Glas abseihen. Mit einem Minzblatt garnieren.

IRISH LEMONADE

Manchmal steht einem der Sinn einfach nach Limonade – aber selbst die wird durch Irish Whiskey besser!

ZUTATEN:
30 ml Irish Whiskey
60 ml Ginger Beer
60 ml Limonade
Ein Spritzer Angostura

ZUBEREITUNG:
Glas kühlen (wie das geht, seht ihr bei »Irish Old Fashioned«). Dann bis zur Hälfte mit Eis füllen, Whiskey, Limonade und einen Spritzer Angostura dazugeben. Nun vorsichtig und langsam das Ginger Beer drüber und sachte umrühren, um das Prickeln nicht zu verlieren. Nach Belieben garnieren, zum Beispiel mit einer Zitronenscheibe oder Minzblättern.

IRISH OLD FASHIONED

Einer der Cocktails schlechthin. Nicht nur auf der Official Cocktail List der »International Bartenders Association«, sondern auch einer der sechs Basic Drinks in »The Fine Art of Mixing Cocktails«. Einer der ältesten Cocktails überhaupt, sogar ein Glas ist nach ihm benannt. Der »Old Fashioned« ist auch der offizielle Cocktail von Louisville (Kentucky), weil einst – fälschlicherweise – behauptet wurde, er wäre dort im Pendennis Club erfunden worden.

ZUTATEN:

60 ml Irish Whiskey
15 ml Zuckersirup
1-2 Spritzer Orange Bitter
1-2 Spritzer Angostura

ZUBEREITUNG:

Üblicherweise nimmt man einen Zuckerwürfel, besprenkelt ihn mit Angostura und ein bisschen Wasser und gibt dann den Whiskey dazu. Aber wir machen das Ganze ein bisschen anders. Das Glas muss gekühlt werden. Entweder, indem man rund fünfzehn Sekunden lang Eis darin schwenkt (und danach wieder ausschüttet), oder indem man es eine Viertelstunde in den Tiefkühler stellt. Idealerweise hat man dann ein großes Eisstück, einen regelrechten Block, den man im Glas versenken kann – ansonsten einfach mit normalem Eis bis zur Hälfte auffüllen. Whiskey und Zuckersirup dazugeben und die Spritzer von Orange Bitter und Angostura. Vorsichtig umrühren und mit einer Orangenzeste oder einer Cocktailkirsche garnieren.

IRISH ORANGE MULE

Der Orange Mule ist verdientermaßen ein Klassiker – der aber noch besser wird, wenn man Whiskey statt Wodka dafür verwendet. Allerdings braucht man dafür einen ganz speziellen Whiskey: den Jameson Orange. Dieser wird mit nur 30 % Alkohol abgefüllt und mit natürlichem Orangengeschmack aufgepeppt.

ZUTATEN:

1,5 Teile Jameson Orange
0,5 Teile Zuckersirup
4 Teile Ingwerbier
Einen Zitronenschnitz (unbehandelt)
Zur Deko: Orangenschnitz (unbehandelt) oder Minzezweig

ZUBEREITUNG:

Den Zitronenschnitz in einen Shaker ausdrücken und reinwerfen, eine ordentliche Menge Eis dazu sowie alle Zutaten – bis auf das Ingwerbier. Wer es einen Hauch bitterer mag, kann auch ein bis zwei Spritzer Angostura dazugeben. Schön shaken, dann abseihen in ein mit Eis gefülltes Glas oder idealerweise eine Kupfertasse (wie beim klassischen Moscow Mule). Jetzt erst das Ingwerbier darüber und nach Lust und Laune dekorieren.

IRISH SHOT

Dieser Cocktail wurde 1979 von Charles Burke Cronin Oat kreiert, dem früheren Besitzer von »Wilson's Saloon« (Norwich/Connecticut). War anfangs unter dem geschmacklosen Namen »Irish Car Bomb« bekannt, was Gott sei Dank Geschichte ist.
Nicht nur an Saint Patrick's Day ist dieser Drink ein echter Renner, und er ist noch dazu sehr einfach zuzubereiten. Man benötigt nur drei Zutaten: Irish Whiskey, Irish Cream Likör und ein irisches Stout.

ZUTATEN:

1 Flasche Stout (zum Beispiel Guinness)
10 ml Irish Whiskey
10 ml Irish Cream

ZUBEREITUNG:

Vom Irish Whiskey und der Irish Cream benötigen Sie jeweils

dieselbe Menge in einem kleinen Shot-Glas, wobei man zuerst den Cream-Likör einschenken sollte und dann langsam den Whiskey, damit man zwei Lagen erhält. Das Shot-Glas dann in ein (wichtig!) halb bis drei Viertel volles Bierglas versenken. Dann – ebenfalls wichtig! – schnell trinken. Warum? Weil der Irish Cream Likör wegen des Biers ansonsten gerinnt.

MCGLASHAN

Ein Cocktail, der in dem berühmten New Yorker Pub »The Dead Rabbit« von Bartender Jack McGarry kreiert wurde. Andere Eigenkreationen des Hauses mit Irish Whiskey nennen sich unter anderem »Twilight Zone«, »Glory Days« oder »From Eden«. Die Jungs vom »The Dead Rabbit« haben auch das sehr empfehlenswerte Buch »Paddy Drinks – The World of Modern Irish Whiskey Cocktails« herausgegeben.
Diese Variation eines Whiskey Sour ist ein bisschen aufwendiger als viele der Cocktails auf unserer Homepage, aber die Mühe lohnt! Wir haben die Originalrezeptur leicht abgewandelt.

ZUTATEN:
50 ml Irish Whiskey (im »The Dead Rabbit« nehmen sie Knappogue Castle »12 years old«)
25 ml Oloroso-Sherry
25 ml Frisch gepresster Zitronensaft
25 ml Ingwersirup
1 TL Orangen-Ingwer-Marmelade (falls sich keine finden lässt, einfach mehr Ingwer beim Ingwersirup verwenden)
3 Spritzer Angostura
Frisch geriebene Muskatnuss

ZUBEREITUNG:
Für den Ingwersirup: Eine Tasse Ingwersaft, eine Tasse Kristallzucker und vier Tassen Wasser in einem kleinen Topf bei mittlerer

Temperatur simmern lassen, bis der Zucker sich komplett aufgelöst hat. Nur kühl für Cocktails verwenden.
Whiskey, Sherry, Zitronensaft, Sirup, Marmelade und Angostura in einen mit Eis gefüllten Shaker geben und gut schütteln.
In ein mit Eis gefülltes Glas abseihen und mit frisch geriebener Muskatnuss garnieren.

TIPPERARY

Tipperary (»Quelle des Ara«) ist eine kleine Stadt im Süden Irlands, die vor allem wegen des 1912 veröffentlichten Lieds »It's a Long Way to Tipperary« Berühmtheit erlangt hat – das die Kölner Band »Höhner« in »Unser Hätz schlät för dr FC Kölle« umgetextet hat.
Die Entstehungsgeschichte geht so: Ein Gast kommt in eine Bar, summt das berühmte Lied und erhält einen extra für ihn kreierten Cocktail, bei dem Irish Whiskey natürlich die Hauptrolle spielt. Dies ist die offizielle Rezeptur der »International Bartenders Association« (IBA).

ZUTATEN:
50 ml Irish Whiskey
25 ml Süßer roter Vermouth
15 ml Grüner Chartreuse
2 Spritzer Angostura

ZUBEREITUNG:
Alle Zutaten in ein Mix-Glas mit Eiswürfeln geben.
Gut umrühren. In ein gekühltes Martini-Glas abseihen und mit einer Orangenscheibe garnieren.

Das Foggy Dew lag in der Fownes Street Upper, nur zwei Ecken weiter. Keith Richards' Gitarre hing über der Bar, zudem gab es etliche gerahmte Platten und Fotos von anderen Musikgrößen. Die gesamte Einrichtung war aus Holz, auch Böden, Wände und Decken, sodass Janus sich wie in einem ausgehöhlten Baumstamm fühlte. Die grunzenden und schmatzenden Laute, die von den anwesenden Gästen kamen, und auch die Musik der auf der kleinen Bühne stehenden Waldschrate passten ganz gut dazu.

»Wie sollen wir hier irgendwas rausfinden?«, brüllte Tessa über den Lärm hinweg in Janus' Ohr. »Die Barkeeper haben so viel zu tun, die werden sicher keine Zeit haben, um mit uns zu quatschen.«

Janus blickte zur Theke, wo die Gäste in Viererreihen standen und mitgrölten, was die Band von sich gab.

»Sollen wir noch mal wiederkommen, kurz bevor sie zumachen?«, brüllte er zurück.

»Okay, aber lass uns jetzt erst mal tanzen«, erwiderte Tessa. »Hab mich ja schließlich extra in Schale geworfen.«

»Ja, leck mich am Arsch, der Kööööööööööölner!«

Janus' Kopf wurde nass. Es roch nach Ale. Als er sich umdrehte, um dem Ex-Ale-Besitzer so richtig die Meinung zu geigen, erblickte er Phil oder Finn oder Fingal.

»Hey … du.«

»Was machst du denn in meiner Stammkneipe? Die ist doch was für Musikfans und nicht für Literaturjunkies wie dich, Alter!«

Perfekt. Stammkneipe, dachte Janus. »Ich müsste dich mal was fragen.«

Finn oder Fingal grinste breit. »Mich? Gibst du mir dafür denn einen aus?«

Janus drückte ihm einen Zwanziger in die Hand. »Drei Pint. Ich warte draußen, da kann man sich besser unterhalten. Kleine Vorwarnung: Das mit dem Bier wird sicher dauern, guck dir mal die Theke an!«

Janus ging mit Tessa vor die Tür. Kaum hatten sie einen freien Platz gefunden, tauchte Phil oder Bill schon neben ihnen auf.

Zuerst reichte er Tessa ein Glas. »Hi, ich bin …«

In diesem Moment grölte jemand neben Janus »Don't Look Back in Anger«, und er verstand den Namen wieder nicht.

Tessa beugte sich vor und zeigte ihm ein Foto des Toten auf dem Display. »Hast du den schon mal gesehen? Er heißt Willem de Jong.«

Jim oder Gil nahm das Handy und hielt es sich ganz nah vor die Augen. »Aber klar, ja, den kenne ich. Der kam hier letztens hackestramm an, so etwa vor einer Woche oder so. Zeit ist echt relativ für mich.« Er grinste breit, und erst jetzt, an der frischen Luft, bemerkte Janus, dass er sehr würzig-kräuterig roch. »Der wollte unbedingt, dass Thin Lizzy gespielt wird. Hat dafür sogar gezahlt, der Trottel.«

»Hast du mit ihm geredet?«

»Nee, Mann, der war mit einer Frau hier. Die haben sich gestritten. Echt laut. Ging irgendwie um Whiskey, um Pearse Lyons, aber auch um Roe & Co und Teeling.«

»Sie haben über *Whiskey* gestritten?«, fragte Janus. »Welcher der beste ist, oder was meinst du?«

»Nee, es ging um Geld. Geht es doch immer, oder? Im Grunde genommen ist Geld an allen Übeln schuld, Alter.«

»Du bist echt ein Philosoph.«

»Hör ich öfter!«

»Wie ging es denn weiter?«, fragte Tessa.

»Die Frau hat irgendwann gebrüllt: ›Wie viele Lamborghinis brauchst du denn?‹ Ich bin dann wieder zu meinen Buddys. Als ich wieder zur Theke musste, weil ich mit der Runde dran war, hab ich mitbekommen, wie er sie angebaggert hat. Da meinte er so was wie ›Komm schon, denk mal an die guten alten Zeiten‹. Ich hab genau zugehört, weil wenn sie nicht gewollt hätte, dann wär ich der weiße Ritter gewesen, hätte sie gerettet und dann klargemacht. Wisst ihr, wie ich meine?« Er blickte nonchalant zu Tessa.

»Ich bin Nonne«, sagte Tessa. »Schon seit Geburt.«

»Ach so, tja, da verpasst du echt was.« Er wies auf seinen hageren Körper, als wäre dieser der Hauptpreis bei der Landeslotterie.

Janus ging dazwischen. »Brauchte die Frau denn deine ritterliche Hilfe?«

»Nee, die hat ihn total souverän von sich gestoßen. Danach hab ich die beiden nicht mehr gesehen.«

Tessa tippte auf ihrem Handy herum und zeigte ihm danach das Display. »War es vielleicht die Frau hier?«

Philander oder Feargel brauchte einen Moment, dann nickte er. »Ja, genau die Braut war es. Hatte aber was anderes an. Wieso kommt die mir jetzt auf einmal so bekannt vor? Kenne ich die vielleicht aus dem Fernsehen?«

»Ja«, sagte Tessa und nickte. »Es ist Idina Alexandra Talbot. Man hat sie vor wenigen Tagen aus der Liffey gezogen.«

Einige Stunden zuvor hatten Ciara und James Dean beschlossen, erst einmal die Grundlage für klare Gedanken zu legen und ihre Adern mit Kaffee zu fluten.

Sie wählten dafür einen Insider-Laden, das »Vice« in der Abbey Street Middle, nördlich der Liffey. Ein langer Schlauch von einem Raum, der vorne ein Café und hinten ein südamerikanisches Restaurant beherbergte. Hier gab es den besten Irish Coffee der Stadt, denn man arbeitete mit den besten Distillerys der Umgebung zusammen. Von den drei angebotenen war der »Fancy Frankie« der herausragendste: Es hieß, er sei wie der perfekte Irish Coffee: cremig wie der irische Akzent, stark wie eine freundschaftliche Hand, süß wie die Zunge eines schmeichlerischen Schurken, der Whiskey, so hintergründig, so gewitzt wie das Land. Der Schaum des Irish Coffee war dick, darauf war etwas Muskatnuss gesprenkelt und das Glas mit Orangenschale eingerieben.

Er war köstlich und küsste all ihre Lebensgeister wach wie ein übermütiger Liebhaber.

»Meinst du, Janus und seine Freundin kriegen das hin?«, fragte Ciara und strich eine Haarsträhne zurück. »Ist sie überhaupt seine Freundin?«

James Dean bestellte einen weiteren Irish Coffee, bevor er antwortete. »Woher soll ich das wissen? Ist das wichtig, Schwesterherz?«

»Nein, überhaupt nicht.« Sie lächelte unverfänglich.

»Eben. Und zu deiner ersten Frage: So, wie er mir hinterhergeschnüffelt hat, würde ich sagen: Dieser deutsche Schäferhund hat eine hervorragende Nase!« Er nahm ein Päckchen Zucker, riss es auf und leerte es direkt in den Mund. »Also, wo stellen wir die Falle?«

»Ich dachte, das verrätst du mir?«

»Sehe ich aus wie jemand, der weiß, wie man jemandem eine Falle stellt? Ich schreibe Liebesromane, da geht es nur um die Fallen, die Gefühle uns stellen. Du bist diejenige mit der Science-Fiction, ihr habt doch ganz andere Tricks.«

Ciara lachte auf. »Wann hast du denn bitte das letzte Mal Science-Fiction

gelesen?«

James Dean klopfte sich mit der Faust gegen die Schläfe. »Denken, denken, denken!« Er ließ sich nach hinten in seinen Sitz fallen und hob die Arme. »Wir brauchen einen Ort, den wir kontrollieren können! Also nicht St. Stephen's Green oder irgendwas in Temple Bar. Wir müssen sicher sein, dass dem Burschen …«

»… falls es ein Mann ist, auch Frauen sind zu Verbrechen fähig. Sei mal nicht so sexistisch, Brüderchen!«

»… oder dem Mädel, du musst mich halt ausreden lassen, im Fall des Falles nur ein einziger Ausweg bleibt. Und diesen einzigen Ausweg müssen wir verbarrikadieren können.«

Sie sahen sich an. So lange, bis ihnen klar wurde, dass sie beide keinen solchen Ort kannten.

»Ich wüsste nicht, dass es irgendwo in Dublin eine geheime Höhle gibt, die wir nutzen können«, sagte Ciara und drehte den Henkel ihrer Tasse einmal um die eigene Achse. »Oder gibt es da was in Howth?«

»Nö, glaub nicht. War aber noch nie da. Meeresluft ist wie Schmirgelpapier.«

»Tja … noch einen Espresso Martini?«

»Kann nicht schaden, oder?«

»Na ja, nach zehn würdest du wahrscheinlich wie Graf Dracula halb tot durch die Gegend wandern.«

James Dean schlug mit den flachen Händen so fest auf die Tischplatte, dass es schepperte. »Du sagst es! Das ist es!« Er ballte eine Faust.

»Alles gut bei dir? Hat das bisschen Alkohol schon dein Gehirn geflutet?«

»*Dracula!*« James Dean strahlte sie an.

Der Groschen fiel in Zeitlupe, aber er fiel.

»*Dracula!*«, erwiderte Ciara. »Rufus hat einen Schlüssel!«

»Yep, hat er sich damals illegal anfertigen lassen.«

Sie lächelten sich zufrieden an und wirkten wahrscheinlich viel betrunkener, als sie waren.

»St. Michan's Church«, sagte Ciara nur.

Sie lag im Dubliner Stadtteil Smithfield und beherbergte zahlreiche enge, dunkle, niedrige, feuchte Gruften mit mumifizierten Leichen. Auch die Familie Stoker hatte vor vielen Jahren eine solche Gruft besessen. Der junge Bram Stoker war hier der Legende nach zu seinem berühmtesten Roman inspiriert worden, in dem ein transsylvanischer Adeliger sich kulinarisch für das Blut von Menschen begeisterte.

»Genial«, sagte Ciara. »Also von mir!«

»Bevor wir weiterplanen, haben wir uns jetzt aber echt noch eine Runde verdient, oder?«

»Ich hol sie!«

Ciara stand auf und ging zur langen Theke, um beim jungen Barista ihre Bestellung aufzugeben.

»Wir würden gern noch etwas bestellen.«

Sein Gesicht war so blutleer, als hätte Dracula ihm soeben einen Besuch abgestattet, er reagierte gar nicht auf sie, starrte nur auf sein Handy und schüttelte den Kopf. Dann sah Ciara, wie ihm die Tränen kamen. Das Handy rutschte ihm aus der Hand, es fiel polternd auf den Tresen. Sie schaute unwillkürlich darauf und traute ihren Augen nicht. Sie starrte auf die drei Worte, die ihr entgegensprangen.

»Brand bei Glendalough« stand dort.

Darunter das Foto eines abgebrannten Gebäudes.

Sie las weiter.

»Schaden in Millionenhöhe ... Eine schwer verletzte junge Frau wurde bewusstlos unweit der abgebrannten Distillery gefunden und als Beatrice Flowa identifiziert. Sachdienliche Hinweise ...«

Ciara drehte sich zu James Dean um, wollte ihn rufen, aber sie bekam kein Wort heraus.

Detective Jack Jenkins legte ein lässiges Lächeln auf, bevor er in die Gerichtsmedizin trat. Schon als Teenager hatte er es vor dem Spiegel im Badezimmer geübt – wofür er sich auf die Zehenspitzen hatte stellen müssen. Er wollte lernen zu lächeln wie Elvis, wie Marlon Brando, wie Steve McQueen. Ein Lächeln wie ein Lasso, mit dem man Frauen fing.

Bei Dr. Christina Spilsbury hatte es jedoch noch nicht verfangen.

Sie war die vermutlich attraktivste Gerichtsmedizinerin weltweit. Würde sie bei »Irlands Next Top Model« antreten, könnte man sich den ganzen Zirkus mit Vorrunden, Halbfinale und großem Finale sparen. Sie war dermaßen heiß, dass die meisten Männer ihr gegenüber kein Wort herausbekamen. Vielleicht hatte sie deshalb beschlossen, komplett auf sprachlose Kunden zu setzen. Zudem war sie so intelligent, dass es einem Angst einjagen konnte.

Spilsburys lange Beine endeten heute in scharlachroten Pumps, und ihr Kittel, der nur ganz knapp unter ihrem Po abschloss, war so figurbetont, dass Jenkins ganz anders wurde.

»Detective Jenkins«, sagte sie zur Begrüßung, während sie einer Leiche den Brustkorb öffnete. »Welch unerwartetes Vergnügen.«

»Ist es das? Also ein Vergnügen?«

Sie sah nicht auf. »Natürlich, Detective Jenkins. Jede Frau wünscht sich doch, dass ein Mann ihr beständig ins Dekolleté blickt statt in die Augen. Wie kann ich Ihnen helfen?«

Jenkins blieb in sicherer Entfernung stehen, um keine Blutspritzer abzubekommen. Die würden elendig schwer aus seinem teuren Hemd rausgehen.

»Es geht um den Fall Beatrice Flowa. Ich habe gehört, dass Sie zurate gezogen worden sind, was die Schussverletzung betrifft. Weil Sie in solchen Fragen die beste sind, die es in Irland gibt.«

Spilsburys rechte Hand verschwand im Brustkorb der Leiche und ein schmatzendes Geräusch erklang.

»Der Ermittlung sind Sie aber nicht zugeteilt.«

»Nein.« Jenkins versuchte das Lächeln in seine Stimme zu legen, ihr etwas von dem Schnurren eines großen, gefährlichen, aber schmusigen Tigers zu verleihen. Er musste husten.

»Warum sind Sie dann hier?«

»Es könnte sein, dass ein Fall, an dem ich gerade arbeite …« Verdammt, er hätte sagen sollen, »den ich gerade löse«! Diese Frau brachte sein Gehirn echt zum Erliegen. »… damit zu tun hat.«

»Ach?«

»Ja. Also … vielleicht.«

»Soso.« Ihre zweite Hand verschwand im Brustkorb, dann holte sie etwas heraus, von dem Jenkins nicht wissen wollte, wozu es einst gedient hatte.

»Haben Sie irgendetwas Ungewöhnliches gefunden? An Beatrice Flowa? Oder am Tatort?«

»Jede Wunde ist auf ihre Art ungewöhnlich und erzählt uns viel. Hat man eine Leiche, berichtet diese sogar von einem ganzen Leben. Meist einem mit zu viel fettigem Essen, zu viel Alkohol und zu wenig Bewegung. Geht es auch konkreter?« Sie wog das Organ ab und schrieb etwas auf einen Block.

»Leider nein. Sie wissen doch, was ich meine. Etwas, das irgendeinen Hinweis gibt.«

»Sie erstaunen mich, Detective Jenkins.«

»Auf eine gute Art, hoffe ich.«

Jetzt schaute sie auf. Diese Augen, meine Herren! Sie schienen einen zu durchbohren. »Zum einen schauen Sie mir heute nicht auf die Brüste, sondern auf den Hintern. Was ich nicht als Verbesserung, sondern nur als Variation Ihres Verhaltens werte. Zum anderen sind Sie noch nie wegen eines Falls von Kollegen bei mir gewesen.«

Verdammt. Er musste es anders versuchen. Emotionaler. Frauen waren doch immer so emotional. »Okay, hier kommt die Wahrheit. Und damit lasse ich vor Ihnen echt die Hosen runter.« Er verkniff sich ein Schmunzeln. »Bee, also Beatrice … Wir waren mal ein Paar. Nicht lange, aber … es war bedeutend. Manchmal kommt es ja nicht auf die Dauer an.«

»So romantisch, Detective Jenkins? Diesen Eindruck haben Sie bisher gar nicht auf mich gemacht.«

»Dann haben Sie sich in mir getäuscht.«

Sie nickte, zog ihre Handschuhe aus und holte etwas aus einem Schrank, das sie Jenkins hinhielt. Es war ein mit einer Nummer versehener Plastikbeutel, der eine Patrone enthielt.

»Sieht ganz normal aus«, sagte Jenkins.

»An dieser Patrone, die in Beatrice Flowa steckte, fanden wir mikroskopische Partikel Alkohol.«

»Alkohol?«

»Um genauer zu sein: Whiskey. Und er stammte definitiv nicht von Mrs Flowa, denn im Gewebe ringsum war nichts dergleichen zu finden.«

Jenkins sah sich die Patrone genauer an. »Lässt sich ermitteln, um welchen Whiskey es sich handelt?«

»Detective, Sie überschätzen die Möglichkeiten der Gerichtsmedizin. Dass ich die Alkoholablagerungen überhaupt gefunden habe, war allein meiner Pedanterie zu verdanken. Und es ist ein Wunder, dass ich ermitteln konnte, um was für ein Destillat es sich handelt. Darüber werde ich demnächst einen wissenschaftlichen Artikel veröffentlichen.«

Jenkins drehte den Beutel in seinen Händen. »Wie kommt Whiskey an eine Patrone?«

»Solche Spekulationen sind Ihr Beritt. Vielleicht ist sie dem Schützen oder der Schützin zuvor in ein Glas Whiskey gefallen. Oder bei einem Trinkgelage wurde etwas über die Patronenpackung geschüttet.«

Er reichte ihr den Beutel zurück, den sie vorsichtig annahm. »Danke.«

»Gerne.«

»Wenn Sie noch mal so eine Patrone finden, dann lassen Sie es mich bitte wissen.«

»Wollen Sie Fotos vom aktuellen Zustand Ihrer Ex-Freundin und von der Einschussstelle sehen? Habe sie gemacht, als ich bei ihr im Krankenhaus war.«

»Nein, danke. Ich … Das würde mich zu sehr mitnehmen.«

»Selbstverständlich.«

Damit verließ Jenkins die Rechtsmedizin.

Ohne dass ihm etwas Wichtiges aufgefallen war.

Sämtliche Fotos, die hinter Dr. Spilsbury am Whiteboard hingen, stammten von Beatrice Flowa.

SIEBEN

»Wenn ich sterbe,
wird Dublin in mein Herz geschrieben sein.«

James Joyce

»Keiner, der mit äußerster Geschwindigkeit läuft, hat Kopf oder Herz«, sagte James Dean und hielt sich mit Schweiß auf der Stirn am Haltegriff des zitronengelben Renault 4 fest, der zu den letzten gehörte, die 1984 in Irland montiert worden waren.

»Schönes Zitat, aber William Butler Yeats saß nie bei mir im Auto«, antwortete Ciara und nahm die nächste Haarnadelkurve, als handelte es sich um eine Einbahnstraße.

Janus und Tessa saßen auf dem Rücksitz und bekamen kein Wort über die Lippen. Denn es mochten ihre letzten sein, und die wollten gut gewählt werden.

»Das ist der schnellste Weg«, sagte Ciara. »Und hier kommt einem nie einer entgegen … *oh!*« Sie bremste scharf. »Ich hätte es nicht beschreien sollen. Das ist eure Schuld!« Vor ihnen war ein Lkw aufgetaucht. »Warum fährt der denn jetzt nicht zurück? Der soll nicht so blöd mit den Händen gestikulieren!«

Janus genoss den Moment, in dem der R4 nicht fuhr. Und er genoss Ciaras Wut. Ciara war so voller Leben, so voller Energie, und, nun ja, so voller Hass auf den Lkw-Fahrer. Sie half ihnen allen dabei, nicht an Bee zu denken. Ihr Zustand, so viel hatten sie herausfinden können, war stabil. Allerdings durften nur Angehörige zu ihr, und davon gab es in Irland keine.

Fluchend setzte sie zurück.

Und bedeutete dem Lkw-Fahrer danach mittels Zeichensprache und einiger im Zorn ausgestoßener Worte, dass sie ihm wärmstens ans Herz legte, er möge seinem Knie Beischlaf leisten.

Eine Viertelstunde später, in der Ciara über Lkw-Fahrer und -Fahrerinnen im Allgemeinen hergezogen hatte, erreichten sie Newtownmountkennedy.

Ciara schwieg von einer Sekunde auf die andere.

Erst jetzt wurde Janus bewusst, dass sie nur so ausgiebig geflucht hatte, um sich von dem Grauen abzulenken, das sie hier erwartete. Zwar hatten sie vereinbart, nicht über die schwer verletzte Bee zu sprechen, weil die Angst ihnen die Kraft geraubt hätte, die sie für die Jagd nach ihrem Attentäter so dringend brauchten. Aber sie konnten alle nicht vermeiden, an Bee zu denken, jede einzelne Sekunde.

Das Areal der Glendalough Distillery war großräumig abgesperrt, und ein paar Officers der Garda achteten mit strengem Blick darauf, dass niemand die Grenzen überschritt. Der abgebrannte Gebäudeteil wirkte wie ein großer, verendeter Rabe, dessen Flügel schief in den Himmel stachen.

Ciara parkte am Straßenrand.

Aber niemand stieg aus.

Als würde alles realer werden, sobald sie den Wagen verließen.

»Die Medien haben alle vermeldet, dass keine Leichen im abgebrannten Gebäude gefunden wurden«, versuchte Janus so viel Optimismus zu verbreiten wie in dieser Situation möglich.

»Dass *bisher* keine Leichen gefunden wurden«, erwiderte Ciara.

James Dean atmete schwer, wie eine alte, rostige Lok, der nur noch die Verschrottung blieb. »Von dieser Seite aus kommen wir nicht rein.« Er reckte den Hals. »Aber auf der anderen stehen keine Gardaí. Da sind nur Büsche und Bäume.«

»Der Garda da vorne hat uns schon ins Visier genommen«, sagte Tessa und deutete auf einen Officer, der sich näherte.

»Darf man jetzt in diesem Land nicht mal mehr am Straßenrand parken?« James Dean riss die Arme empor, als wollte er damit dem

Garda an die Gurgel. »Ist das etwa schon verboten? Ich krieg das Kotzen, echt! In was für einem Überwachungsstaat leben wir bitte?«

Ciara fuhr los, bevor der Officer zu nah kommen konnte. Ganz langsam und mit einem freundlichen Lächeln in seine Richtung.

»Was für ein Pisser!«, echauffierte James Dean sich und schlug mit beiden Händen auf das Armaturenbrett.

Ciara parkte den Wagen am Ortsausgang, und der Trupp holte sich ein paar Spice Burger mit Pommes frites bei einem Chipper. Janus verstand nicht, was genau er an diesem aus undefinierbarem Fleisch zusammengemulchten Patty mochte, der mit allerlei Gewürzen versehen, in Brotkrumen gewälzt und dann frittiert worden war, bevor er zum Mittelteil eines Burgers wurde. Aber er schmeckte himmlisch.

Dann hieß es, auf den Einbruch der Nacht zu warten, und dieser ließ sich an diesem Tag gefühlt sehr lange Zeit.

Als sie schließlich in der Dunkelheit in einem weiten Bogen zur Distillery gingen, hörten sie den Wind durch die Zweige der Büsche streichen, als wären sie die Saiten eines uralten Instruments. Langsam schälten sich die Gebäude der Glendalough Distillery aus dem Schwarz der Nacht. Der Trupp hielt nach Gardaí Ausschau, aber da waren keine.

Die Szenerie erschien Janus wie ein Schlachtfeld, das von sämtlichen Kriegsparteien verlassen worden war. Plötzlich ergriff Tessa seine Hand und drückte sie.

Und Janus drückte ihre, aber dann ließen sie einander wieder los, weil es sicher albern wirkte, wenn sie einander an den Händen hielten, obwohl es gerade so gutgetan hatte, jemanden zu spüren. Als wären sie immer noch Kinder und dies ein düsterer Wald.

Es war keine Absprache nötig, um sich aufzuteilen, ganz instinktiv nahmen sich die vier unterschiedliche Abschnitte vor. Ciara und James Dean mieden die Ruine, wahrscheinlich aus Furcht, dort Überreste ihrer Freunde zu finden.

Der Mond schien hell in dieser Nacht, sein Licht war kühl, seine Schatten lang.

Nach einiger Zeit trafen sie sich vor dem, was einst der Eingang war, wieder.

»Hat schon jemand etwas gefunden?«, fragte Ciara mit zittriger Stimme.

Von allen kam ein Nein.

Janus nutzte einen verkohlten Holzbalken, um in den Trümmern zu stochern. Aber schnell wurde ihm klar, dass die Polizei längst alles gründlich durchsucht hatte. Im Fernsehen fanden Privatdetektive immer etwas, das die offiziellen Stellen übersehen hatten. Die irische Obrigkeit hatte anscheinend kein Interesse daran, diese Tradition zu pflegen.

»Hier ist nichts«, sagte er. »Keine Leichen, kein gar nichts.«

»Hier auch nicht«, hörte er Tessa sagen.

»Geht mir genauso«, kam es von James Dean.

»Das ist gut, oder?«, sagte Ciara. »Dann leben sie noch.«

»Aber ich kann mir nicht vorstellen, dass sie noch hier sind«, sagte Tessa. »Nicht in Newtownmountkennedy. Die Garda wird das ganze Gelände gründlich abgesucht haben. Und wären sie irgendwo in der Nähe, hätte jemand sie sicher bemerkt. Die Stadt ist winzig, da fallen drei Fremde auf der Flucht mit Sicherheit auf.«

»Tessa hat recht«, sagte James Dean und warf einen weiteren Blick auf das Gebäude. »Aber wo stecken sie dann? Irgendwo in den Wicklow Mountains? Dann finden wir sie nie.«

»Und genau das werden sie sich auch gedacht haben«, spann Ciara den Faden weiter. »Aber sie wollen gefunden werden, sie brauchen unsere Hilfe.«

»Wenn das hier ein Anschlag auf sie war, und wegen des Schusses auf … also, ist davon auszugehen«, sagte Janus. »Dann ist es wahrscheinlich, dass der Täter sie übers Handy geortet hat. Wenn sie auch zu dem Schluss gekommen sind, werden sie das auf gar keinen Fall mehr benutzen.« Janus stemmte frustriert die Hände in die Hüften und legte den Kopf in den Nacken.

Da sah er es. Mit verkohltem Holz schwarz an die einzige Wand gemalt, die noch stand.

Nur zu erkennen, wenn sich einem das Bild des Tieres, das dort zu sehen war, wegen einer Legende eingeprägt hatte. Für alle anderen wäre es nur Geschmiere, das vage an einen Vogel erinnerte.

Der zufällig ein schwarzes Gefieder hatte.

Janus schaute in die Runde. »Ich weiß, wo sie sind!«

AUDIOTAGEBUCH

Wenn Sie einen normalen Menschen fragen, wo sein Zuhause ist, wird er Ihnen eine Stadt nennen oder sogar seine genaue Adresse. Er wird auf einer Landkarte einen Punkt markieren können und sagen: »Genau da lebe ich!«

Ich müsste einen Kringel malen, der aussieht wie ein total verknotetes Wollknäuel.

Mein Zuhause, das sind wahlweise die Zimmer der Hotels, denen ich vertraue, oder mein Wagen. Emotional gesehen ist es echt mein Wagen, meine schwarze E-Klasse, in der ich mich gerade auch lümmele, während ich das Haus im Auge behalte, in dem sich die WG von Janus Rosner, Tessa Droste und Gordon W. Hickley befindet.

Ich könnte mir natürlich einen viel teureren fahrbaren Untersatz leisten, aber der würde auffallen. Und wenn ich irgendwas nicht will, dann auffallen.

Aber wie sagt doch der kleine Prinz von diesem französischen Piloten? Das Wesentliche ist für die Augen unsichtbar. So ist das auch bei meinem Wagen. Unter der Motorhaube, eigentlich unter dem ganzen Blech, ist kaum noch etwas original. Weder der Motor, das Lenkrad, die Sitze, die Hi-Fi-Anlage noch die Klimaanlage, das Armaturenbrett oder der Schaltknüppel.

Ich hätte auch gerne Felgen und Reifen ersetzt, aber das wäre halt aufgefallen.

Jetzt ist der Wagen genau wie ich. Das äußere Erscheinungsbild verrät nicht, zu was er fähig ist.

Es bringt einen taktischen Vorteil, wenn man unterschätzt wird.
So kann man seinen Gegner überraschen.
Und auch seinen Auftraggeber.
Ruft der Arsch doch tatsächlich an und brüllt ins Telefon, dass die Bullen das mit der Whiskey-Patrone herausgefunden haben!
Na und?
Hilft denen null! Da ist keine DNA von mir dran, und welcher Whiskey das ist, kriegen die nie raus.
Er ist so sanft am Gaumen wie feinste Kakaobutter. So fruchtig, als wäre sie mit Aprikosen-Gelee und Akazienhonig eingerieben.
Wen ich erschieße, der stirbt durch meinen Lieblingswhiskey.
Gut, der Whiskey wird mit einer Kugel durch den Körper getrieben. Aber ist die Vorstellung nicht schöner, durch Whiskey zu sterben als durch eine Schusswaffe? Klar, das Ergebnis ist das gleiche, aber mit Whiskey hat es einfach mehr Poesie!
Whiskey, das ist die Seele Irlands. Das ist destillierte Heimat. Und Liebe zu Irland. Zu seiner Geschichte. Ist eine Menge drin aufgelöst in dem Zeug.
Ich hab ihn immer bei mir.
Im Handschuhfach liegt eine Buddel davon. Die nehme ich nur für meine Patronen. Ist immer ein besonderer Moment, wenn ich den Whiskey drüberträufele, hat etwas Rituelles.
Daneben liegt mein Schokoladenvorrat. Hab jetzt doch echt eine Sorte mit Whiskey entdeckt! Also mit Whiskey-Creme als Füllung. Das ist saufen und schokoladieren in einem.
(lacht)
Find ich top.
Drei Tafeln habe ich schon gegessen.
Aus lauter Frust.
Wegen dem Scheißtelefonat.

Ich werde einen Teufel tun und das mit den Whiskey-Patronen sein lassen.
Die können mich mal!
Das ist meine Unterschrift.
Hat irgendwer Picasso gebeten, seine wegzulassen? Eben!
Weil ich die Kleine angeschossen habe, will der Arsch jetzt auch noch mein Honorar kürzen. Die Sache wäre unprofessionell gewesen und ließe die Truppe in den Augen der Öffentlichkeit zu Opfern werden, das Gegenteil von dem, was wir wollen.
Schwachsinn!
Verwirrt habe ich die Garda.
Jetzt werden sie die Society genau unter die Lupe nehmen.
Und wenn alles gut läuft, schiebe ich denen all meine Morde in die Schuhe.
Also, sobald ich sie wiederfinde.
Die haben jetzt alle ihre Handys ausgeschaltet.
Natürlich hätte ich auch Sender an ihren Autos anbringen können, aber wer macht das heute noch, wo es doch mit der Handyortung im Prinzip viel leichter geht?
Deshalb sitze ich jetzt hier in meinem Wagen und hoffe, dass dieser Kraut mich zu ihnen bringt. Oder seine Freundin oder was immer die zwei sind. Freunde mit besonderen Vorteilen? Offene Beziehung? Wer blickt da heute schon noch durch?
Auf seiner Festplatte habe ich nichts gefunden, was darauf hindeutet, dass er Bescheid weiß.
Und dieser Gordon wusste auch nichts darüber. Allerdings habe ich den Eindruck, der lebt sowieso in einer anderen Dimension.
Der hat sich echt eingepinkelt, als ich ihn an die Wand gedrückt hab.
Unangenehm. Aber halt Teil des Jobs.
Vielleicht gehe ich heute noch mal rein und mach ein bisschen Extradruck ... Ja, das klingt nach einer guten Idee.

Ich glaube, der kleine Pisser hat sich noch nicht genug angestrengt!
Aber vorher esse ich noch eine Tafel Whiskey-Schokolade.
Mann, das Zeug macht echt süchtig.
Wenn ich mal sterbe, dann sicher nicht an einer Kugel, sondern an Diabetes. (lacht)

Die Mitglieder der »Drunken Poets Society« wussten nur zu gut, dass sich die Natur kein bisschen um die Launen der Menschen kümmerte. In Shakespeare-Stücken mochte in dramatischen Momenten der Donner grollen und in glücklichen die Sonne wärmend strahlen, aber in Irland lief das ganz anders ab.

In den Mitgliedern der Society stürmte es, aber in Glendalough schien strahlend die Sonne. Sie waren nach etlichen Stunden, die keiner gezählt hatte, in dem Tal angekommen, das der Distillery ihren Namen verlieh und eines der beliebtesten Ziele für Tagesausflüge von Dublin aus war.

Weil man sich hier nicht wie in Irland, sondern wie in Schottland fühlte.

Alice, Boomer und Rufus waren von der explodierten Distillery aus durch Wälder und durch die Nacht gewandert, die ihnen dank Sternen, dank Mond und dank Rufus' Astronomiekenntnissen den Weg nach Glendalough wies wie vor Jahrhunderten den Pilgern. Sie hatten Unterschlupf in der Ruine gefunden, die als St. Kevin's Kitchen bekannt war und als eine der wenigen dort sogar ein Dach aufwies. Hier erst hatten sie angefangen, über Bee zu reden, über den Moment, als der Pistolenknall die Welt erschütterte und die Kugel in sie eindrang, als sie zusammensackte. Sie hatte noch Puls gehabt, sie hatte noch geatmet, war aber nicht ansprechbar gewesen, hatte nicht reagiert, als Rufus sie schüttelte oder Alice sie verzweifelt umarmte. Dann hatten sich Stimmen genähert und Menschen. Einer rief: »Da liegt wer auf dem Boden! Ruft sofort den Notarzt!«

Und sie waren fortgerannt.

Aus dem Spiel war schon lange Ernst geworden.

Aber selbst Ernst hatte Steigerungsformen.

Es erschien ihnen immer noch so unwirklich, dass Bee angeschossen worden war und dass sie auf der Flucht waren.

Aber zusammen mit der Kälte der Nacht kroch die Erkenntnis in sie, dass all das wahr war.

Während sie über all das nachdachten, erklang plötzlich ein Wimmern, das zu einem tiefen Heulen anschwoll. Es drang zusammen mit einem Rinnsal von Tränen aus Boomer. Als Alice ihn fragte, was er da mache, erklärte er mit brüchiger Stimme, so würden die Naturgeister namens Banshees es machen, wenn ein Verwandter starb. Vielleicht half es ja auch, damit eine verwandte Seele nicht starb.

Daraufhin stimmten die anderen beiden mit ein in das Geheul. Es tat gut, all den Schmerz herauszulassen.

Als am Morgen die ersten Touristen auftauchten, erhoben sich Alice, Boomer und Rufus und taten so, als wären auch sie zum Sightseeing hier. Sie fielen zwischen den Ruinen und den alten keltischen Kreuzen, den Gräbern und Mauerresten viel weniger auf, als wenn sie in den Wäldern campieren würden. Mal lauschten sie den Erzählungen eines Tourguides, mal schlossen sie sich einer Gruppe an und gingen mit ihr vorbei am kleineren See hinunter zum großen, der majestätisch zwischen zwei Hügelketten eingebettet an einem idyllischen Wasserfall lag. Es lenkte nicht wirklich ab, aber es beschäftigte zumindest für eine gewisse Zeit.

Irgendwann hatten sie jedoch alles gesehen und alles gehört, und die fehlende Nachtruhe legte sich wie Blei auf ihre Schultern. Es war schon gegen Abend, als die drei sich auf eine der jahrhundertealten Mauern setzten, deren Steine von so unterschiedlicher Größe waren, dass es schlicht unglaublich schien, dass sie noch stand.

»Ist das jetzt unser Leben?«, fragte Rufus und blickte zu einer Touristengruppe, die gerade erzählt bekam, dass ein Großteil des Films »Braveheart« über den schottischen Nationalhelden William Wallace aus Kostengründen in den Wicklow Mountains gedreht worden war. »Ewige Touristen in Glendalough?«

»Wir könnten mit einem der Busse zurückfahren«, sagte Boomer. »Wenn wir dem Fahrer ein paar Euro in die Hand drücken, nimmt er uns sicher mit.«

»Und dann?«, fragte Alice und pulte Moos aus einem Zwischenraum. »Lassen wir uns in Dublin erschießen?«

Sie schwiegen.

»Wir könnten ins Info-Center gehen und Ciara anrufen oder James Dean«, schlug Boomer vor und zeigte in die Richtung des Flachbaus.

»Und was, wenn deren Handys auch abgehört werden? Dann verraten wir unseren Aufenthaltsort.« Rufus zeigte einer Touristin, die ihn fotografieren wollte, den Mittelfinger. »Verpiss dich! Ich bin keine Sehenswürdigkeit!«

»Definitiv nicht«, sagte Boomer.

»Die anderen werden von dem Brand in der Distillery gehört haben, hingefahren sein und unser Zeichen gefunden haben«, sagte Alice.

»Die werden doch gar nicht auf das Gelände gelassen«, kam es von Rufus. »Ist ein Tatort.«

Alice warf ein frei gepuhltes Moosstück fort und betrachtete den darunter liegenden, etwas helleren Streifen Stein. »Wir haben also keinerlei Plan«, fasste sie zusammen.

»Doch«, sagte Rufus. »Unseren ursprünglichen weiterzuführen. Für ein paar Tage in Deckung bleiben.«

»Hier?« Alice lachte freudlos auf. »Willst du ins Glendalough-Hotel einchecken? Unter falschem Namen? Und wie alles bezahlen? Man muss eine Kreditkarte hinterlegen. Dann sind wir wieder aufspürbar.«

»Nein, ich meine, wir pennen nachts in der Ruine und kaufen uns tagsüber an den Ständen vor dem Eingang was zu essen. Die verticken sogar Decken, hab ich eben gesehen.«

Boomer blickte in den Himmel. »Rufus hat recht. Zumindest bis morgen sollten wir hierbleiben. Vielleicht fällt uns bis dahin etwas Besseres ein. Glendalough war immer schon eine Zuflucht.« Ein angenehmer Wind fuhr durch die alten Steine und über die Gräber, als wollte er die kleine Gruppe beruhigen.

Falls ja, hatte er bei Alice keinen Erfolg. »Ihr seid ja irre! Da draußen läuft einer frei rum, der Bee angeschossen hat wie einen Hasen, der es mit ziemlicher Sicherheit auch auf uns abgesehen hat, und wir verstecken uns? Eben ist der letzte Bus gefahren, aber morgen nehme ich den ersten zurück nach Dublin, ob ihr wollt oder nicht.«

Sie ging in Richtung des Rundturms, um ein wenig allein zu sein. Das höchste und imposanteste Gebäude der Anlage war zur Wikingerinvasion 1066 errichtet worden. Der Eingang lag mehrere Meter über dem Boden. Die Guides hatten erklärt, dass früher eine hölzerne Leiter hochgeführt hatte, die man beim Anrücken der Wikinger hochziehen konnte.

Wäre es doch nur so einfach, sich zu verstecken, hatte Ciara gedacht.

Bevor die Imbissbude schloss, holte Boomer für alle Tee und Pommes, eine krude Kombination, die ihrer Situation bestens entsprach. Auch für ein paar Decken reichte das Geld. Als die Sonne hinter den Hügeln verschwand und das Tal in ein Dämmerlicht verfiel, war es menschenleer. Kein Bus mehr, kein Wagen. Glendalough konnte sich davon erholen, dass man es den ganzen Tag gefilmt und fotografiert hatte, wie ein Model, das sich nach getaner Arbeit abschminkte und im ausgeleierten Jogginganzug auf dem Sofa fläzte. Diese Entspannung ergriff auch die drei Society-Mitglieder, die sich wieder in St. Kevin's Kitchen zusammenfanden. Der Whiskey in Rufus' Flachmann, dank einer Nachlagerung in Stout-Fässern angenehm malzig, tat seinen Teil dazu, sie in den Schlaf zu wiegen.

Ein grelles Licht weckte sie mitten in der Nacht.

Alice schrie auf, Rufus brüllte, Boomer schlug um sich.

»Da seid ihr ja! Gott sei Dank!« Ciaras Stimme zitterte vor Freude.

»Nicht ins Gesicht«, knurrte Rufus, woraufhin der Schein der vier Handy-Taschenlampen auf den Boden gerichtet wurde.

Ciara und James Dean umarmten die Freunde und sagten immer wieder, wie froh sie waren, dass sie lebten.

»Was macht der denn hier?«, fragte Boomer und zeigte auf Janus.

»Und wer ist die?«, fragte Alice und deutete auf Tessa.

»Helfen«, antwortete Ciara. »Und eine … Freundin von Janus. Und von uns.«

Tessa zuckte leicht zusammen, vermutlich weil Alice das Wort »Freundin« so aussprach, als würde sie selbst nicht wissen, was es in diesem speziellen Fall bedeuten sollte. Und als hoffte Alice, dass es nicht mehr als das Übliche bedeutete. Als testete sie das Wasser, indem sie es aussprach.

Dann erklärte Alice alles ausführlicher, während Motten und andere Insekten im grellen Licht der Handys vor sich hin taumelten.

»Wir haben einen absolut großartigen Plan, wie wir den Ripper schnappen«, erklärte James Dean danach. »So haben wir den Arsch getauft. Und in den Gruften von St. Michan's werden wir ihn erwischen. Also: In Dublin schalten wir alle unsere Handys wieder ein und schreiben uns, wann wir da den dritten Mord inszenieren. Dadurch locken wir Bees Attentäter dahin. Rufus, du hast doch einen Schlüssel?«

»Sicher, aber …« Rufus schnaubte.

»Da gibt es nur einen Eingang. Sobald er drin ist, haben wir ihn!«, sagte James Dean enthusiastisch.

»Stimmt, aber …«

»Der Plan ist idiotensicher!«

»Nein, denn …«

»Lasst uns sofort losfahren!«

»Darf ich jetzt endlich mal was sagen?« Rufus griff sich eines der Handys und richtete das Licht auf sich. »James Dean, deine Idee ist kacke. Aus zwei Gründen. Zum einen ist wer immer den Täter in die Gruft lockt mit dem da unten allein. Und das könnte dazu führen, dass derjenige *stirbt*. Denn man kann sich da alles andere als optimal verstecken. Grund zwei: Wir wissen nichts über den Täter. Wie er aussieht, wie alt er ist, wie kräftig. Wenn wir Informationen hätten, könnten wir uns auf ihn einstellen.«

Stille. Hier in diesem alten Gemäuer schien sie fast aus Stein zu sein.

Es war Janus, der den Vorschlaghammer schwang. »Dann sollten wir ihn kennenlernen. Das war immer die Devise meines Vaters: Sammle Informationen über deinen Feind.« Als ihn alle fragend anblickten, ergänzte er: »Mein Vater ist Polizist.«

»Schön und gut, aber wie soll das denn gehen?« Rufus richtete den grellen Schein auf ihn. »Willst du ein Inserat aufgeben: Suchen Killer, bieten Tee und Gebäck?«

In Janus schoben sich die Gedanken schnell zusammen und ergaben ein sinnvolles Ganzes.

»Wir müssen ihn zu einem Ort locken, an dem sich viele Menschen aufhalten. Wo es keine Chance gibt, einen von uns einfach so abzuknallen, aber dafür eine Chance, einen Blick auf ihn zu werfen.«

»Warum sollte er uns an so einen Ort folgen?«, fragte James Dean, immer noch sichtlich sauer, dass seine Idee nicht einfach durchgewinkt worden war.

»Weil wir ihn glauben lassen werden, dass wir dort den Plan für den nächsten Mord vorbereiten.« Janus stand auf und vollführte mit der Hand eine große Geste. »Und weil es ein Ort sein wird, der verdammt gut zur Society passt, nein, weil es sogar der Ort sein wird, der besser zur Society passen wird als jeder andere!«

Die Medien hatten es herausgefunden: Idina Alexandra Talbot, ein Mitglied des britischen Königshauses, war ermordet worden! Glaubte man den Schlagzeilen, war sie einst der Augenstern der Queen gewesen, volksnah, überdurchschnittlich intelligent, eine Frau wie eine Heilige, eine neue Diana. Die Nachricht musste auch Deutschland erreicht haben, denn als Janus am Frühstückstisch saß, bekam er eine SMS seines Vaters:

aLles.gut.bei.dir?.in.DUBlin.Ist.wer.erMORdetworden!!!!.
binzurüc.AUS.dem.kranKEnhaus.alLES.gtu.soweit.

Immerhin etwas Gutes an diesem Tag.

Schon dich! Aber mal wirklich!,

schrieb Janus ihm zurück. Woraufhin er ein

dU.sollst.dich.Nicht.Um.miCH.sorGEN!iCH.wei?.schon.
WAS.ich.tUN.muss.

erhielt.

Seufzend aß Janus sein Frühstück weiter: Rührei mit Rashers, Baked Beans, gebratenen Champignons und Tomatenscheiben, dazu Brown Bread zum Auftunken von Bratenfett und Sauce. Er brauchte wirklich eine gute Grundlage für den Tag. Und ein wenig versuchte er auch seinen Ärger mit dem reichhaltigen Essen herunterzuschlucken. Ihm war nicht wohl dabei, dass die Society seinen Plan ohne ihn durchführte. Noch in der Nacht hatten sie ihre Handys ans Laufen gebracht und sich Nachrichten zugesandt, aus denen hervorging, dass der heutige Ausflug der Vorbereitung für den letzten inszenierten Mord der Gruppe galt. Und diesmal wollten sie alles dafür tun, dass der Ripper diese Inszenierung für seine Zwecke instrumentalisieren konnte.

Janus hatte mitfahren wollen, aber die Society hatte recht: Der Ripper wusste nichts von ihm und Tessa, es wäre fahrlässig, sich in Gefahr zu bringen. Zudem drängte die Zeit, und es galt, parallel zu arbeiten, investigatives Multitasking.

Immerhin würde er heute etwas Sinnvolles tun und nicht mit seinen Gedanken allein sein. Die erste Aufgabe hatte er bereits erledigt: im Krankenhaus anrufen, sich als ein Verwandter von Bee ausgeben und erkundigen, wie es ihr gehe. Sie war stabil, aber weiterhin im Koma.

Dann machte er sich zusammen mit Tessa an die zweite Aufgabe ihrer To-do-Liste.

Im Castle begann heute das »Dublin Whiskey Festival«. Alle Distillerys der Stadt waren anwesend sowie Konkurrenz aus Cork, dem Zentrum der irischen Whiskey-Industrie, ging man allein nach dem Output.

Und wenn das, was Phil oder Finn oder Finnegan über das Gespräch zwischen Idena Alexandra Talbot und Willem de Jong erzählt hatte, stimmte, war der Grund für die Mordserie ziemlich whiskeylastig.

»Wundert mich überhaupt nicht, dass die Taten mit Whiskey zu tun haben«, sagte Tessa, die heute ein sehr hübsches und anscheinend neues Kleid trug, wie Janus auffiel. »Das boomt, da ist viel Geld zu machen, und wo viel Geld zu machen ist, gibt es Leute, die gierig werden und die Abkürzungen suchen. Geld korrumpiert. Gestern stand in der Zeitung, dass in den USA ein paar alte Leute um insgesamt dreizehn Millionen Dollar betrogen worden sind, von jemandem, der behauptet hat, ihr Geld in wertvollen Weinen und Whiskeys anzulegen. Der Typ nannte sich Casey Alexander von England und eine seiner Firmen Windsor Jones. Der hat Renditen von bis zu vierzig Prozent versprochen.«

»Find ich tragisch«, sagte Janus, der immer noch müde von der langen Nacht war. »Whiskey ist so was Schönes. Es geht um Genuss, es geht um Tradition, es geht um Handwerkskunst.«

»Ist bei Bildender Kunst doch dasselbe, aber da wird auch gefälscht und beschissen, dass es nur so kracht. Immer gibt es einen, der denkt: Die Kunden haben eh genug Kohle, da ist es völlig okay, ihnen was davon abzunehmen. Heutzutage denkt ja jeder, dass ihm alles zusteht. Wir basteln uns alle schön die jeweils passende Moral.« Sie stupste ihn mit dem Ellbogen neckisch in die Seite. »Nicht nur ihr Kölner an Karneval!«

»Ihr Westfalen seid doch nur neidisch, dass ihr nicht aus eurer Haut könnt. Manchmal würdet ihr gerne, aber traut euch nicht.«

»Kann sein …«, sagte Tessa und blickte auf den Boden.

»War ja klar«, sagte Janus.

Als Tessa überrascht aufblickte, erkannte sie, was er meinte. Vor dem Eingang hatte sich eine ziemliche Schlange gebildet.

Janus zückte sein Portemonnaie. »Du bist eingeladen. Wir Kölner sind ja für unsere Großzügigkeit bekannt.«

»Und wir Westfalen für unsere Geizigkeit? Ich zahle!«.

Janus grinste breit.

»Das war dein Plan, oder?« fragte Tessa. »Du gerissener Hund!«

Im Innenhof des Castle waren viele Stände aufgebaut, jeder mit einem großen Banner der jeweiligen Distillery. Bons für vier Whiskeys waren im Eintrittspreis inbegriffen, wobei man für die Spitzenerzeugnisse zwei davon auf den Tisch legen musste. Auch die erst 2019 gegründete Dublin Liberties Distillery war mit dabei, die selbst vielen Dublinern unbekannt war.

Janus machte einen großen Bogen um die offenen Feuer, an denen die Küfer ihre Arbeit demonstrierten. Jede Flamme erinnerte ihn an den schrecklichen Vorfall im Gartenhaus und ließ seine Brandnarbe pochen. Er blickte sich nervös um, überlegte, wo sie anfangen sollten, und sein Blick fiel auf den Record Tower, der aussah wie ein gestauchter ernsthafter Tower, aber immer noch das Beeindruckendste am ganzen Castle war. Vor Jahren war er in Edinburgh gewesen: Das war ein Castle.

»Willst du was trinken?«, fragte Tessa. »Ich lad dich ein. Wobei, ich hab dich ja schon eingeladen.«

Janus antwortete nicht, denn er hatte Lee Byrne, den General Manager von Teeling, erkannt. Der Typ benahm sich irgendwie komisch, fummelte hastig an seinem Handy herum und ging schnellen Schrittes zum Eingang des Castle. Janus zeigte auf den auffälligen Glatzkopf mit rotem Bart, der heute allerdings kein Karo-Flanellhemd trug, sondern einen dunkelgrünen Maßanzug.

»Sieht interessant aus, findest du nicht?«

»Ein unattraktiver Mann, der vor mir wegläuft. Ja, total. Find ich super.«

»Ist der Chef von Teeling.«

»Wollen wir nicht erst einmal zusammen etwas trinken? Oder kann ein Rheinländer tatsächlich an kostenlosem Alkohol vorbeigehen?«

»Komm, sonst verlieren wir ihn.« Janus eilte ihm nach.

»Anscheinend ja«, sagte Tessa zu sich selbst. »Ich hätte nicht gedacht, dass ich darüber enttäuscht sein würde …«

Im Castle folgten sie Byrne im sicheren Abstand durch leere Gänge, bis er hinter einer Tür verschwand.

»Und jetzt?«, fragte Tessa.

Janus fuhr sich über die Stirn. »Gehst du da rein.«

»Warum ich und nicht du?«

Er wies auf ihr Kleid. »Weil du darin echt umwerfend aussiehst und dir keiner etwas übel nehmen kann.«

»Das ist so gemein von dir, ein Kompliment zu benutzen, um mich zu irgendeinem Mist zu überreden!«

»Das mit dem Kleid ist aber die Wahrheit!« Er grinste.

Tessa stampfte theatralisch auf. »Und was soll ich dann bitte schön machen?«

»Du schaust einfach nach, was da drin vor sich geht.«

»Und wenn mich jemand fragt, was ich da will?«

»Dann antwortest du, du hättest dich verlaufen. Glaubt dir sofort jeder.«

»Danke, du bist wieder so charmant, wie du nüchtern bist.« Sie hob die Hand, um zu klopfen.

»Einfach rein«, sagte Janus und öffnete die Tür.

Tessa zischte ihm etwas Unverständliches zu und ging hinein.

Kaum eine Minute später kam sie wieder heraus.

»Ist der Thronsaal«, sagte sie.

»Woran hast du das erkannt?«

»Am Thron.«

»Okay, das leuchtet ein.«

»Der steht unter einem Baldachin. Außerdem gibt es da drinnen sehr viel Gold und prachtvolle Kristalllüster.«

»Mir ging es eigentlich nicht um die Inneneinrichtung.«

»Dann lass mich halt ausreden. Da sitzen ein paar Männer und eine Frau um einen Tisch, der da sonst bestimmt nicht steht, zu modern. Insgesamt sind es fünf Personen.«

»Wie sehen die denn alle aus? Wer sind die?«

Tessa stöhnte. »Bin ich ein Amateur? Nein, bin ich nicht.«

»Was soll das heißen?«

»Da drin sitzen die Chefs der Dubliner Distillerys, das ist ihr Treffen. Kannst mir ruhig gratulieren, dass ich das herausgefunden habe.«

»Worüber reden sie?«

»Du wirst es kaum glauben, aber das haben sie mir nicht gesagt. Stattdessen haben sie mich gebeten zu gehen.«

»Wir müssen ein Fenster finden! Waren die Fenster offen? Irgendeines? Auf Kipp?«

»Was? Darauf habe ich nicht …« Tessa kniff die Augen zusammen. »Ja, waren sie.«

»Dann suchen wir uns jetzt ein Plätzchen, wo wir den fünfen ein bisschen lauschen können.«

Es dauerte länger, als es Janus lieb war, bis sie ein solches gefunden hatten. Eine männliche Stimme war zu hören.

»Dann sind wir uns ja einig: Zentral ist, die Märkte in den USA zurückzugewinnen.«

Janus war sich sicher, dass es sich um den Chef von Teeling handelte. Als er durch den Fensterspalt linste, konnte er seine Vermutung verifizieren.

»Aber es ist der völlig falsche Zeitpunkt, um als Dubliner Distillerys ins Marketing zu investieren. Diese Morde zerschießen gerade alles, die sind Gift für unser Image.«

»Vor allem, weil Willem de Jong für uns alle Whiskey ausgefahren hat! Noch hat die Presse das nicht spitzgekriegt, aber das ist nur eine Frage der Zeit. Meine Güte, sein Lkw steht immer noch um die Ecke, weil er für das Festival Ware angeliefert hat. Keine Ahnung, wer den wegfährt.«

»Aber was können wir schon tun, um uns aus dem ganzen Image-Desaster rauszuhalten?«

»Ihr seht das total falsch! Wir müssen die Morde für unsere Zwecke nutzen! Vertraut mir, nicht umsonst ist meine Distillery Teil eines Weltkonzerns.« Eine rauchige Stimme. Das musste der Manager von Roe & Co sein, die ja zum Diageo-Konzern gehörten. »Im Sinne von: Dublin ist gefährlich, unser Whiskey ist es auch.«

»Ich dachte, wir wollten weiter den Markt für Frauenwhiskeys erschließen? Ihr alle kennt die Zahlen: Das Durchschnittsalter der Genießer bei irischem Whiskey ist zweiundzwanzig bis neununddreißig, fast die Hälfte davon sind Frauen.«

»Wo ist denn da der Widerspruch?« Der Manager mit der rauchigen Stimme klang gereizt. »Auch Frauen lieben Gefahr und Abenteuer!«

Jetzt war wieder die Stimme von Lee Byrne zu hören. »Es geht um *Morde*, Kiefer! Das sind keine Abenteuer, das sind Verbrechen!«

»Ja, natürlich.«

»Dann sind wir uns ja einig.«

»Nein. Denn das bedeutet ja nicht automatisch, dass wir die Geschichte nicht nutzen können. Du bist so still, Callum.«

»Die Leute sollen bei unserem Whiskey an Tradition denken, an Handwerkskunst, an saftige irische Wiesen und ein geselliges Volk. Nicht an Morde. Sorry, Kiefer.«

Die Stimme von Lee Byrne erklang jetzt mit Nachdruck. »Je eher dieser Mörder gestellt wird, desto besser. Für die Menschen und für uns. Und jetzt Schluss mit der sinnlosen Diskussion!«

Aber der Typ namens Kiefer gab nicht nach. »Die Sache könnte dir auch helfen, Lee! Oder habt ihr etwa das Geld für eine Kampagne in Übersee, die ähnlich viel Aufsehen erregen könnte wie die Geschichte eines Whiskey-Mörders in Dublin?«

»Mach dir um unser Geld mal keine Sorgen! Ihr habt schon öfter gedacht, dass wir den Karren bald gegen die Wand fahren. Das Gegenteil ist der Fall.«

Eine weitere Stimme erklang, sie war weiblich und machte einen sehr souveränen Eindruck. Janus tippte auf jemanden von Jameson. »Falls du doch Hilfe brauchst: Wir sind eine große, glückliche …«

»Spar dir das. Und macht mal einer die Fenster zu, hier zieht es. Merkt ihr das denn überhaupt nicht?«

Janus und Tessa wichen zurück, kurz danach wurden alle Fenster geschlossen.

Sie sah ihn an. »Sackgasse.«

»Findest du?«

»Zynisches Gerede darüber, wie man das Elend anderer gewinnbringend nutzen kann. Eklig, aber nicht unerwartet. Und nichts, was darauf hindeutet, dass sie irgendetwas über die Mordserie wissen, was uns weiterhelfen könnte.«

Janus war schon losgegangen. »Lkw«, sagte er und blickte sich um.

»*Was?*«

»Willem de Jongs Lkw! Der muss hier irgendwo stehen.«

Tessa schloss zu ihm auf. »Und woran willst du ihn erkennen?«

»Keine Ahnung. Vielleicht steht irgendwas mit Whiskey drauf?«

»Hier findet gerade das *Whiskey*-Festival statt.«

»Lass uns einfach suchen. Er muss hier in der Nähe stehen, und es ist nicht so, als würden in der Innenstadt Dutzende Lkws parken. Es gibt ja kaum Plätze dafür.«

Aber ob Werburgh oder Castle Street, ob Ship Street Little oder Great, ja, sogar ob R114 oder R137: kein Lkw, ganz egal, wo sie suchten.

Janus blieb stehen. »Das kann doch nicht sein!« Er sagte es so laut, als wollte er sich bei der Welt beschweren.

»Ist wahrscheinlich abgeschleppt worden, und die Whiskey-Leute haben es noch nicht mitgekriegt.«

»Dann müssen wir dahin, wo die abgeschleppten Lkws stehen!«

»Und die lassen uns da einfach so rein?«

»Wir könnten deinen Detective um Hilfe bitten.«

»Das ist nicht *mein* Detective, aber ja, das könnten wir. Vorher trinken wir jetzt aber ein paar Whiskeys auf dem Festival, denn dafür hab ich bezahlt!«

Also gingen sie zurück, tranken Whiskeys, verglichen die Aromen, den Einfluss der Fasslagerungen, der Reifezeit, vergaßen für ein paar Schlucke den Ärger, die Anspannung, lösten das alles im Alkohol ihrer Probiergläser auf.

Als sie danach über das Gelände flanierten, eigentlich nur um sich die Beine nach dem langen Anstehen etwas zu vertreten, und um den Innenhof herumgingen, fiel ihnen etwas auf.

Ein Lkw.

Mit einem großen Thin-Lizzy-Schriftzug.

Und darunter dem Titel ihres berühmtesten Songs, dem Cover eines irischen Volkslieds: »Whiskey In The Jar«.

»Das ist jetzt nicht wahr«, sagte Janus und ließ sein Glas fallen, das auf dem Boden zersprang.

Das Führerhaus war abgeschlossen, aber bei der Beifahrertür war das Fenster nur halb hochgekurbelt.

Kurz entschlossen versuchte er hereinzukommen.

»Noch guckt keiner!«, flüsterte Tessa, die draußen stehen blieb. »Aber beeil dich!«

In Janus' Kopf dröhnte der Refrain des berühmtesten Thin-Lizzy-Songs: »Musha ring dumeding dumeda / Whack for my daddy, oh whack for my daddy, oh / There's whiskey in the jar«.

Willem de Jongs Führerhaus war sehr aufgeräumt, kein Müll auf dem Boden, kein Staub auf den Fenstern. Auf dem Handschuhfach prangten Aufkleber von etlichen Städten, in die er wohl gereist war, auf dem Armaturenbrett stand eine hawaiianische Hula-Tänzerin neben einem Wackel-Elvis, und unter der Decke war eine Lichterkette angebracht. In der Schlafkabine war das Bett frisch bezogen und Rosenblätter lagen darauf verstreut, die allerdings nicht mehr besonders frisch aussahen.

Klebestellen an den Wänden verrieten, dass hier einmal Poster gehangen hatten. In der Ecke stand ein Raumspray. *Famoser Flieder.*

»Beeil dich!«, rief Tessa. »Da kommt wer!«

Janus blickte sich hektisch um. Aber da war nichts, was ihm weiterhalf. Schnell öffnete er das Handschuhfach, in dem eine verkapselte Whiskeyflasche ohne Etikett lag. Darunter fand er ein Notizbuch, das er ebenfalls einsteckte.

Dann war er raus.

Der offiziell aussehende Mann mit Anzug und Namensschild war fast bei ihnen angekommen.

»Knutschen!« Tessa nahm sein Gesicht in die Hände und legte ihre Lippen auf seine.

Sie hörten, wie der Mann noch näher kam, so nah, dass er sie sehen musste, wie er dann schnalzte und fortging.

Tessa löste sich von Janus und lächelte verlegen.

»Das war eine … gute Idee«, sagte Janus.

Tessa nickte nur.

In diesem Moment erschien eine SMS auf Janus' Handy.

Die SMS stand am Ende von Ereignissen, die einige Stunden zuvor in einem R4 ihren Anfang genommen hatten.

»Verfolgt uns schon jemand?« Ciara traute sich nicht, den Blick von der engen Straße zu nehmen.

»Nö«, sagte James Dean, der bei jeder Kurve mitbremste. »Und das wird sich nicht ändern, egal wie oft du noch fragst, Schwesterlein.«

»Es war eine dumme Idee. Merkt euch meine Worte.« Rufus war tief in die Rückbank des Wagens gesunken, die Arme gekreuzt.

»War es gar nicht! Janus hat die Lage absolut korrekt eingeschätzt, ihr werdet sehen«, erwiderte Ciara.

»Jetzt bekomm mal deine Hormone wieder in den Griff!«, blaffte Alice sie vom Rücksitz aus an. »Seit du gehört hast, in welch glühenden Worten dich dieser Typ beschrieben hat, findest du doch alles genial, was der von sich gibt.«

»Schwachsinn! Das hat damit gar nichts zu tun.«

James Dean wies auf die Straße. »Ich habe den Eindruck, hier sind fast nur Mercedesse unterwegs. Ist das der Plural? Gibt es überhaupt einen Plural? Diese modernen Autos sehen für mich echt alle gleich aus.«

»Und was, wenn Janus' geniale Idee nicht funktioniert?« Alice schaute zum Heckfenster hinaus, aber immer noch schien ihnen niemand zu folgen.

»Dann hatten wir wenigstens einen schönen Ausflug. Aber sie wird funktionieren!« Ciara gab ein wenig mehr Gas, um ihre Entschlossenheit zu demonstrieren.

Boomer war in Dublin geblieben, um einen Plan für die Falle auszuarbeiten – und weil er nicht mit ins Auto passte. Zudem neigte er auf langen Fahrten dazu, seine Lyrik zu rezitieren, was in der Vergangenheit immer wieder zu Tumulten geführt hatte.

Endlich tauchte ein Straßenschild auf, das ihren Zielort nannte, auf Englisch wie auf Irisch: Blarney Castle / Caisléan na Blarnan. Rund 260 Kilometer, fast drei Stunden Fahrt, waren es von Dublin aus bis an die Südküste bei Cork.

Der Parkplatz des berühmten Schlosses war brechend voll. Nachdem sie durch die wunderschönen Blarney Gardens bis zum Keep, dem ehemaligen Wachturm der Burg, gegangen waren, fanden sie sich bald in einer langen, nur sehr langsam vorwärtskommenden Besucherschlange wieder und hatten viel Zeit, sich Blarney Castle genauer anzuschauen. Es war beileibe kein Zierschloss, sondern humorlos wehrhaft: dicke graue Mauern, kleine Fenster, kein großartiges Geschnörkel. An der Außenseite des obersten Wehrgangs befand sich das eigentliche Ziel dieses Ausflugs: der Blarney Stone. Auch als Stone Of Eloquence bekannt. Der Stein der Sprachgewandtheit.

»Glaubst du eigentlich daran?«, fragte Ciara den neben ihr stehenden Rufus. »Zumindest ein bisschen?«

»Dass ich durch den Kuss auf den Stein die Gabe des wortgewandten Sprechens erhalte?«

»Ja.«

»So sehr, wie ich an Leprechauns glaube.«

»Also gar nicht?«

»Ciara, Liebes, dir ist schon klar, dass deine Frage eine Beleidigung darstellt?«

»Wieso?«

»Weil ich keinen alten Stein küssen muss, um wortgewandter zu werden. Ich *bin* wortgewandt. Mal davon abgesehen, dass keiner weiß, ob es überhaupt der richtige Stein ist, den da alle abknutschen.«

Sie musste grinsen. »Ich glaub daran, dass ich nach ein bisschen Tuchfühlung mit diesem Stein sogar noch wortgewandter sein werde, auch wenn du dir das kaum vorstellen kannst.«

»Ich lass mich gerne überraschen.«

James Deans Kopf drängte sich zwischen sie. »Könnt ihr bitte mal euren Job machen? Umgucken, fotografieren, filmen.«

»Glaubst du dran?«, fragte Ciara.

»Was? Nein! Saublöder Aberglaube und pure Geldmacherei. Jetzt schaut euch unauffällig um.«

»Janus glaubt bestimmt dran«, sagte Ciara. »Er hat im Gegensatz zu euch nämlich Fantasie.«

Alice stöhnte auf. »Könnt ihr mal eine Sekunde ruhig sein? Ich überlege gerade, wie ich diese Szene in meinem Roman beschreiben soll. Ihr könnt ja das tun, weswegen wir hier sind: filmen und fotografieren.«

Sie taten genau das, so wie alle hier.

Über eine Stunde mussten sie warten.

Um einen Stein zu küssen. Nicht die Lippen einer Hollywood-Diva oder eines berühmten Fußballspielers.

Einen Stein.

Fraglos das unhygienischste Stück Stein auf der Welt.

James Dean zählte die Stufen hinauf. Es waren einhundertsiebenundzwanzig. Sie führten durch ein enges Treppenhaus mit niedrigen Decken, eine trostlose Ruine.

Oben angekommen informierte ein Schild darüber, dass man beim Küssen keine Umhängetaschen, Hüte oder Brillen tragen durfte. Außerdem sollte man mit Jacken aufpassen und sicherstellen, dass nichts aus den Hemdtaschen fiel.

Der Wehrgang lag unter freiem Himmel, die steinernen Zinnen stachen wie die Zähne eines Greises mit zweifelhafter Mundhygiene schief und krumm aus dem Mauerwerk hervor. Ein Steinbogen, an dem eine kleine Glocke aufgehängt war, stand einsam zwischen ihnen. Der Gang war extrem schmal, und nur ein schwarzes Metallgeländer verhinderte, dass die Besucher vom Turm fielen.

Alle Society-Mitglieder, auch Ciara und Rufus, hatten mittlerweile in den Ermittlermodus geschaltet: Sie achteten genau darauf, wer hinter ihnen stand, und prägten sich die Gesichter, die Kleidung, die Haltung der Menschen um sie herum ein. Die anderen Touristen tuschelten viel, zeigten auf den Stein, kicherten vor Vorfreude.

»Ein paar Kreuzritter sollen den Stein aus dem Heiligen Land mitgebracht haben«, erklärte Ciara und zeigte auf den Artikel im Display ihres Handys, als wäre er ein Beweis.

»Das ist Unsinn«, erwiderte Rufus. »Forscher haben mittlerweile festgestellt, dass der Stein schon lange vor den Kreuzrittern hier war.«

»Und Robert the Bruce …«, fuhr Ciara fort.

»Hörst du jetzt auf?«

»Okay. Aber hier steht, dass auch Winston Churchill den Stein geküsst hat.«

»Dem Mann war alles zuzutrauen.«

Ciara war die Erste aus der Society, die küssen sollte.

Eine Plastikmatte lag auf dem Boden vor dem Mauerabschnitt, wo sich der gerade einmal handtuchgroße Stein befand, ein alter Mann stand daneben und half den Besuchern dabei, sich hinzulegen. Das ganze Prozedere sah ein wenig nach Aerobic aus.

Vorsichtig ging Ciara in die Knie und ließ sich auf den Rücken sinken. Sie streckte die Arme aus, um die beiden an der Mauer installierten Metallstangen zu greifen, dann beugte sie den Kopf ganz nach hinten und in den Nacken, sodass sie mit den Lippen in die Nähe des Steins kam, der an der Stelle, die in Reichweite lag, schon sehr mitgenommen aussah, dunkel und glatt.

»Küssen!«, rief Alice. »Knutsch ihn so richtig ab, den ollen Brocken!«

Ciara drückte die Lippen auf den Stein und schmatzte dabei laut. Dann lachte sie.

Das ganze Prozedere dauerte nur wenige Sekunden, in denen unter ihr der Abgrund drohte. Nur drei dünne Metallstreben hatten ihren Sturz verhindert.

Höchstwahrscheinlich.

Nachdem die anderen drei den Stein geküsst hatten, meldete sich James Dean leise zu Wort. »Ich weiß jetzt, wer es ist! Die Mütze dahinten. Guckt unauffällig!«

Beim Hinabgehen folgten Ciara, Rufus und Alice dieser Anweisung, so gut es ging.

Und wunderten sich.

Der Mann mit der grün karierten Schiebermütze war sicher über siebzig Jahre alt, er lächelte freundlich vor sich hin und nannte einen kleinen Wams sein Eigen. Mit seiner Wachsjacke, der braunen Tweed-Weste, der Wanderhose und den Wanderschuhen sah er ganz harmlos aus.

»Bist du dir sicher?«, fragte Alice.

»Er hält sich immer in unserer Nähe auf. Gerade so in Hörweite. Und hat uns die ganze Zeit im Blick.«

»Das könnte auch Zufall sein«, sagte Ciara. »Er stand halt in der Schlange hinter uns.«

»Schwachsinn.«

Als sie aus dem Keep heraustraten und die Menschenmasse sich verteilte, wandte James Dean sich wieder an die anderen.

»Ich geh jetzt zu ihm hin. Das ist unsere Chance.«

»Nein, Brüderchen! Das wirst du nicht tun! Das war nicht der Plan!«

»Ist es aber jetzt!«

Ciara hielt ihn am Ärmel, aber James Dean hielt man nicht lange am Ärmel. Sobald er seine Masse in Bewegung brachte, riss sie alles mit.

»Hey, Sie!«

Der alte Mann drehte sich um. »Meinen Sie mich?«

»Ja, Sie.«

Der Mann lächelte. »Wie kann ich Ihnen helfen?«

»Haben Sie es auf meine Schwester abgesehen? Sie folgen uns schon die ganze Zeit und können Ihre Scheißaugen nicht von ihr lassen!«

James Dean kam ihm sehr nahe, baute sich mit all seiner hawaiihemdigen Breite vor ihm auf. Aber der Mann lächelte weiter.

»Sie müssen mich verwechseln. Ich habe ein Allerweltsgesicht. Sagt meine Frau auch immer. Ich warte auf den Tag, an dem ich sie mit einem anderen im Bett finde und sie steif und fest behauptet, sie habe gedacht, ich sei der Typ.«

James Dean packte seinen Kragen. »Willst du mich für dumm verkaufen?«

Jetzt hob der Alte abwehrend die Hände in die Höhe. »Schon gut, schon gut! Schuldig im Sinne der Anklage. Ja, ich habe mir Ihre Schwester ab und an angeschaut. Aber einfach nur deshalb, weil sie die hübscheste Frau weit und breit ist und ich ihre Schönheit bewundert habe. Glauben Sie mir bitte, das war alles. Meine Augen haben das wie von selbst gemacht. Aber ich habe sie nicht unsittlich angeschaut, wenn Sie darauf hinauswollen. Wahrlich nicht.«

»Das will ich Ihnen auch geraten haben!«

Ciara konnte es nicht fassen. Dieser alte Mann war mit Sicherheit kein Mörder, und James Dean hatte ihm gerade unfairerweise eine Heidenangst eingejagt. Sie ging zu ihm und stellte sich vor ihren Bruder.

»Es tut mir sehr leid, hören Sie nicht auf ihn. Er ist manchmal einfach aufbrausend.«

Der alte Mann lächelte wieder freundlich. »Natürlich verstehe ich das, er ist Ihr Ritter in schimmernder Rüstung. Ich wäre genauso wie er. Und entschuldigen Sie bitte, falls ich Sie belästigt haben sollte.«

»Das ist wirklich nicht nötig.«

»Doch, das ist es. Mir ist diese Angelegenheit hochgradig unangenehm. Hier, nehmen Sie diese Schokoladentafel als kleine Entschuldigung. Sie ist mit Whiskey-Geschmack. Äußerst delikat.«

»Danke, das ist sehr nett von Ihnen.«

»Ach, was, das ist doch das Mindeste. Ich wünsche Ihnen beiden noch einen schönen Tag. Und passen Sie gut auf sich auf!«

»Ja, Sie auch!« Ciara hakte sich bei James Dean unter. »Mann, bist du verrückt geworden?«

»Wieso? Ist doch gut gelaufen. Jetzt wissen wir, dass er es nicht ist. So lässig reagiert keiner, wenn er Dreck am Stecken hat.«

»Du bist unmöglich.«

Sie gingen zurück zum Parkplatz, wo sie auch den alten Mann wiedersahen, der sein Sakko auszog und es vorsichtig auf die Rückbank seiner schwarzen Mercedes E-Klasse legte.

Ciara war die Erste, die den Pistolenhalfter an seiner Schulter erblickte.

Der Mann stieg in seinen Wagen und fuhr in aller Seelenruhe davon.

Fünf Minuten später schrieb Ciara eine SMS an Janus. »Dein Plan hat funktioniert! Wir haben den Arsch sogar auf Video.«

ACHT

»Die junge Generation hat auch heute Respekt vor dem Alter. Allerdings nur noch beim Wein, beim Whiskey und bei Möbeln.«

Truman Capote

Boomers Penthouse hatte einen klaren Vorteil gegenüber allen anderen Behausungen der »Drunken Poets Society«-Mitglieder: Man konnte es in eine Festung verwandeln. Und zwar einfach, indem man die Tür zum Treppenhaus sicherte, an der sich zu diesem Zweck ohnehin drei Schlösser befanden. Von außen konnte niemand die steile Außenwand emporklettern, um durch das Fenster hineinzulinsen.

Oder zu schießen.

Seine Frau Daisy hatte Boomer samt Kimono zu ihrer Familie nach Kilkenny geschickt, wo sie hoffentlich sicher war.

»Zieh die Gardinen zu«, sagte Alice und blickte zur Fensterfront, die Richtung O'Connell Street ging.

»Das ist überhaupt nicht …« Boomer stand nicht auf.

»Zieh bitte die Gardinen zu, ja?«

»Mach es einfach«, sagte Rufus, der den Sessel in der Ecke gewählt hatte. »Auch wenn wir trotzdem alle sterben werden.«

James Dean brummte. »Äußerst hilfreich. Wie immer.«

»Einer muss die Wahrheit aussprechen. Und von euch macht es ja keiner.«

Schweigen legte sich über den Raum. Als hätte ein Rabe seine Flügel ausgebreitet, dachte Janus und stand auf, um den Vogel zu vertreiben. »Okay, lasst uns nachdenken, denn das ist aktuell das Einzige, was mir machen können. Frage eins: Sollen wir Detective Jenkins kontaktieren? Wir haben jetzt ein Foto des Täters. Tessa könnte das übernehmen.«

»Wäre kein Problem«, sagte Tessa und nickte.

»Gute Idee«, sagte Ciara und lächelte ihm aufmunternd zu.

»Nein«, kam es von Boomer, der seine Fliege gelockert und sich einen Irish Old Fashioned als Seelennahrung gemischt hatte, an dem er jetzt nippte. »Was haben wir wirklich in der Hand? Ein Foto, ja. Aber eins, von dem wir behaupten, es zeige den Ripper. Weil wir, was nicht auf den Aufnahmen zu erkennen ist, eine Waffe bei ihm gesehen haben. Leute, das ist zu wenig, echt. Und selbst wenn der Detective uns glauben würde, was dann? Er ist nicht mal mit dem Fall betraut und müsste seine Kollegen erst mal dazu bringen, sich um die Sache zu kümmern. Dann würden die irgendwann alle von uns befragen. Das Ganze würde echt Zeit in Anspruch nehmen. Und genau die haben wir nicht. Der Ripper weiß jetzt, dass wir sein Gesicht kennen. Er wird schnellstens dafür sorgen wollen, dass wir es vergessen.«

»Indem er uns umbringt«, sagte Rufus. »Denn das ist die sicherste Methode. Absolut final.«

Alice stand auf und zog an der Gardine, die noch nicht ganz das Fenster bedeckt hatte. Dann hielt sie den Zeigefinger an die Lippen und legte ihr Handy auf den Tisch, das begann, einen Song der Dubliner Band »My Bloody Valentine« zu spielen.

»Passt prima«, kommentierte Rufus. »Hebt die Laune ungemein. Ist halt nur schwieriger, sich jetzt zu unterhalten.«

»Nennt mich paranoid«, sagte Alice, »aber da der Ripper mitbekommt, was wir auf unseren Handys schreiben, traue ich ihm auch zu, dass er uns belauscht.«

James Dean nickte zustimmend und bedeutete Rufus mit einem Rucken des Kinns, sich näher zu ihm zu setzen.

Ciara ergriff das Wort. »Wir wollten den Ripper in eine Falle locken, wir werden ihn in eine Falle locken. Und zwar in die Gruft von St. Michan's. Jetzt wissen wir, wie er aussieht. Das wollten wir erreichen, und so können wir es wagen. Ihm ist zwar klar, dass wir ihn gesehen haben, aber das nimmt uns diesen Vorteil nicht weg.«

»Was meine Schwester sagt«, kam es von James Dean.

»Also tauschen wir uns über Handy über unseren Plan aus«, sagte Alice. »Beim letzten Mal haben wir ihn so gekriegt. Aber lasst es uns diesmal nicht so offensichtlich machen. Schreibt so was wie ›bei den Mumien‹ oder ›wo Stoker erwachte‹. Das wirkt dann authentischer.«

»Die Welt scheint voller guter Männer zu sein, obwohl sich Monster darin befinden«, sagte Rufus mit weihevoller Stimme.

»Keine Zitate von Stoker! Die erkennt nur, wer sie ständig von dir zu hören bekommt.«

In den folgenden Minuten besprachen sie die Details: Wie sollte die Falle genau aussehen, wer konnte welche Waffe besorgen, wann musste man wo das Licht ausschalten, wo positionierte man sich sicher vor Schüssen. Es tat allen sichtlich gut, sich in die Planungen zu vertiefen. Es gab ihnen das Gefühl, sie hätten tatsächlich etwas unter Kontrolle.

»Es gibt aber verschiedene Gruften da«, warf Rufus irgendwann ein. »Wir müssen sicherstellen, dass er die richtige betritt.«

»Es wird nur bei einer der Einstieg offen stehen, da geht er dann natürlich rein«, sagte Alice.

»Aber wir sollten schon mitbekommen, wann das ungefähr sein wird.« James Dean stand auf. Janus spürte, dass er am liebsten im Raum herumgetigert wäre, aber sie mussten ja nahe am Handy bleiben, das munter einen Song nach dem anderen abspielte.

»Dann muss sich einer vor der Krypta positionieren und die Umgebung im Blick behalten.« Ciara lehnte sich extra vor, um möglichst nahe an der Musikquelle zu sprechen.

»Sehr gefährlich«, sagte Rufus. »Einer allein draußen in der Dunkelheit, der wird doch mit Sicherheit als Allererstes umgebracht. Aber eine Person sollte draußen auf der Straße Ausschau halten und sich per Handy melden, sobald etwas Ungewöhnliches passiert.«

»Ich dachte, in der Gruft ist kein Handy-Empfang«, sagte Janus.

Rufus verzog das Gesicht, als steckte etwas zwischen seinen Zähnen, das er nicht rausbekam. »Ja, das stimmt. Aber wir haben ja schon festgelegt, dass einer von uns an der Einstiegsluke steht, da hat man noch Empfang.«

»Wer soll sich denn für diesen Höllenfahrtskommando-Job freiwillig melden? Also ich schon mal nicht.« Rufus lehnte sich zurück und verschränkte seine langen Arme.

»Lasst uns Streichhölzer ziehen!« James Dean holte eine zerknautschte Packung aus der Hosentasche und knickte ein Streichholz ab. »Kommt, wir bringen es hinter uns.« Als die anderen schwiegen, setzte er hinzu: »Das ist die fairste Methode. Wer will zuerst?«

Allgemeine Zurückhaltung.

»Mein Vorschlag: Whiskey aufmachen. Mut antrinken!«, sagte Janus und stellte die verschlossene, aber unetikettierte Flasche aus Willem de Jongs Lkw auf den Tisch.

»Was ist das für einer?«, fragte James Dean und besah sich die Flüssigkeit genau.

»Ich hatte gehofft, eure erfahrenen Gaumen bekommen das heraus. Das ist die Buddel, die wir im Handschuhfach gefunden haben.«

»Die Flasche ist von Roe & Co, aber die Farbe stimmt nicht«, sagte Boomer.

»Henkerstropfen!«, rief Rufus und holte Gläser von der Anrichte. »Wer will?«

Nacheinander gingen alle Hände hoch.

Das erste Glas reichte er James Dean, weil der am nächsten stand. Dieser schnupperte daran, setzte das Glas dann aber irritiert ab.

»Stop! Das ist kein Whiskey. Definitiv nicht. Die Farbe kam mir gleich komisch vor, so merkwürdig rötlich-braun. Und das Zeug riecht irgendwie nach Anis und … keine Ahnung, trinkt das bloß nicht.«

»Was soll es denn dann sein?« Boomer griff sich die Flasche und nahm sie in Augenschein. »Und warum ist überhaupt etwas anderes als Whiskey in dieser Flasche?«

»Und warum hat Willem de Jong sie in seinem Handschuhfach aufbewahrt?«, fragte Rufus.

»Vielleicht kann dein Freund bei der Polizei den Inhalt analysieren lassen«, sagte Janus zu Tessa gewandt.

»Er. Ist. Nicht. Mein. Freund.«

»Aber er könnte es analysieren lassen?«

Tessa biss sich auf die Unterlippe. »Ich frage ihn.«

»Lass mir ein bisschen davon hier.« Rufus schüttete sich etwas in ein Glas. »Ich habe einen Kumpel, der würde riechen, wenn es, keine Ahnung, Flüssigsprengstoff oder so ist.«

»Ich habe noch anderen Whiskey hier«, sagte Boomer. »Wie wär's mit einem Connemara? Der hat ordentlich Torfgeschmack.«

»Das ist unirisch!«, gab James Dean zu bedenken. »Du musst auf jeden Fall zuerst ziehen, weil du uns keinen Pot Still angeboten hast!«

Boomer ließ die mächtigen Schultern sacken, zog dann aber ein Streichholz, wobei seine Hand zitterte.

»Gott sei Dank!«

Jetzt mussten auch die anderen ran.

Und schon die nächste Hand, die sehr langsam ein Streichholz aus James Deans Faust zog, erwischte das kurze.

Und ließ es vor Schreck fallen.

Alle hielten den Atem an.

Die Person, die es gezogen hatte, blickte das abgebrochene Streichholz auf dem Boden an, als handelte es sich um eine optische Täuschung.

Nur fünf Euro kostete die Fahrt mit dem DART nach Howth. Ein Schnäppchen, denn man wechselte für diese Summe in kaum einer halben Stunde die Welten. Ciara trat diese Reise am nächsten Nachmittag an – und saß bald schweigend in ihrem Sitz, während die Ansagerin Haltestelle um Haltestelle auf Irisch ansagte, obwohl auf den Schildern zuoberst die englischen Namen standen. Janus leistete ihr beim Schweigen Gesellschaft.

Als sie an der Endhaltestelle ausstiegen, streckte Ciara die Arme aus und nahm einen tiefen Zug der gesalzenen Luft. Dann drehte sie sich zu Janus um, ein Mona-Lisa-Lächeln auf ihrem Gesicht.

»Bei Ebbe wirkt Howth Head doppelt so groß wie bei Flut. Als würde es uns zweimal am Tag vor Augen führen wollen, wie viel verborgen liegt, direkt vor unseren Augen.«

Janus sah sie lange an, dann lächelte er auch. »Kluge kleine Halbinsel, oder?«

»Aber so was von.«

Der größte Ort der Insel, Howth, schien nur aus Fischlokalen und -geschäften zu bestehen, so als wären alle Fische, die in der irischen See gefangen wurden, hier unterwegs.

Was alle Möwen der irischen See zu wissen schienen.

»Komm, oben am Rand der Klippen läuft ein Pfad entlang, mit irre schönem Blick runter aufs Meer. Wir schaffen es sicher, zur goldenen Stunde oben zu sein.«

Das Salz in der Luft und der Geruch von Tang rieben Janus' Lunge ein, der zu dem Punkt hinaufblickte, den Ciara meinte.

»Goldene Stunde? Wird da ein helles Bier gezapft?« Er zwinkerte ihr zu.

Sie grinste, nahm seine Hand und zog ihn zum Weg.

»Willst du mir von deinem aktuellen Buchprojekt erzählen?«, fragte Janus.

»Eigentlich nicht«, antwortete Ciara. »Ich will einfach nur den Tag genießen. Darum sind wir schließlich hier.«

Janus betrachtete Ciaras Locken, bewunderte, wie sie um ihr schönes Gesicht wehten, es liebkosten und dann übermütig wie kleine Geißböcke davonsprangen, nur um sich Sekunden später wieder an ihre Wangen zu schmiegen.

»In einer halben Stunde bekommst du etwas sehr, sehr Eindrucksvolles zu sehen.«

»Willst du über das reden, was du machen …«

»Nein, darüber ganz bestimmt nicht. Lass uns einfach losgehen.

Und zusammen noch ein bisschen schweigen. Es ist schwer, Menschen zu finden, mit denen man gut schweigen kann. Wenn man gut zusammen schweigen kann, dann kann man auch gut zusammen reden. Und manchmal sogar mehr.«

Mit einem Lächeln besiegelten sie dieses Schweigegelübde.

Nach einer halben Stunde kam ein weißer Leuchtturm am südöstlichen Ende der Halbinsel in Sicht, der aussah wie der steinerne Wächter einer längst vergangenen Welt.

»›Baily Lighthouse‹, oder besser ›Teach Solais Dhún Criofainn‹«, brach Ciara das Schweigen.

»Darf ich jetzt auch wieder sprechen?«, fragte Janus schmunzelnd.

»Ja. Du hast ganz offiziell bewiesen, dass du mit mir schweigen kannst. Ab jetzt ist Reden wieder erlaubt.«

»Über alles?«, fragte Janus, während eine scharfe Bö ihn fast umwarf.

»Über … alles«, sagte Ciara nach kurzem Zögern.

»Weil ich muss das sagen, sonst platze ich.«

»Das will ich ganz bestimmt nicht.« Sie schürzte die Lippen. »Würde sicher Flecken auf meinem Kleid machen.« Ciara lachte.

Aber Janus blieb ernst und trat zu ihr, ergriff Ciaras Hände.

»Du musst es nicht machen, das weißt du.«

»Ja, ich weiß.« Sie drückte seine Hände.

»Dein Bruder würde die Aufgabe übernehmen, Boomer genauso … und ich auch.«

»Das ist eigentlich gar nicht deine Sache, Janus. Du bist da mit reingezogen worden und machst schon viel mehr für uns, als irgendeiner von dir erwarten dürfte.« Sie schaute wieder aufs Meer, das sanft vor sich hinglitt, als gälte es, die Welt zu beruhigen. »Und was Boomer und James Dean betrifft, die haben halt eben nicht das kurze Streichholz gezogen.«

»Aber …«

»Kein Aber!«, sie löste die Berührung. »Meinst du, ich würde es mir je verzeihen, wenn einer der beiden meinen Job übernimmt und dann verletzt wird? Oder sogar getötet? Obwohl ich an ihrer Stelle hätte sein müssen?«

Janus blickte ihr in die Augen. »Das würdest du nicht.«

»Nein. Nie.« Sie ging wieder ein paar Schritte, atmete tief ein und breitete dabei die Arme aus, als wollte sie die Luft umarmen. »Hast du gerade die Robbe gesehen?«

»Nein, ich hab … woandershin geschaut.«

»Wir in Irland glauben, Robben sind die Seelen Verstorbener. Mich hat der Gedanke immer getröstet. Auch jetzt tut er das. Da ist sie wieder!« Sie stellte sich ganz nah zu ihm und zeigte auf das Meer. »Und zack, ist das Köpfchen schon wieder unter Wasser.«

»Ich dachte immer, ihr würdet denken, Robben wären eigentlich Meerjungfrauen.«

»Du meinst Selkies, so nennen wir die Meerjungfrauen. Ganz traurige Wesen. Sie sehnen sich im Meer nach einem Mann an Land, den sie lieben können, und an Land zurück ins Meer. Ihr ganzes Leben ist deshalb unerfüllte Liebe. Kein Wunder, dass Geschichten über solche Wesen hier in Irland existieren, wo so viele verhungert oder ausgewandert sind. Da kam es oft genug vor, dass eine Liebe unerfüllt blieb.« Sie sah ihn mit gesenktem Kopf an, aber dann schnell wieder fort. »Wie ist es bei dir? Mit der Liebe, meine ich.«

»Schweres Thema.«

»Schönes Thema«, sagte Ciara. »Schönstes Thema.«

»Geht beides. Schön und schwer.« Er blieb stehen. »Wieso wolltest du, dass ich dich nach Howth fahre und nicht dein Bruder?«

Ciara ging weiter. »Kannst du dir das nicht denken?«

»Doch, das kann ich.«

»Und du hast dich bereit erklärt, mich zu fahren.« Sie drehte sich um und ging so langsam rückwärts weiter, dass Janus sie mit wenigen Schritten einholen konnte.

»Ja, das habe ich.«

»Was ist das mit dir und Tessa?«, fragte Ciara. »Ich frage für eine Freundin, weißt du.«

»Ach so, für eine Freundin.«

»Eine gute Freundin«, sagte Ciara. »Wir stehen uns ausgesprochen nahe.« Sie zeigte mit Daumen und Zeigefinger wie nahe.

»Tessa ist auch eine gute Freundin.«

»Nur eine gute Freundin? Weißt du, in Sachen Beziehungen muss man präzise sein. Das solltest du als Schriftsteller doch wissen.«

Er ging ein Stückchen näher auf Ciara zu, während sie einige verwehte Haarsträhnen hinter ihre Ohren strich. Nun spielten sie nicht mehr Fangen über ihren Lippen.

»Nur eine gute Freundin«, sagte Janus, aber er spürte, dass ihm die Worte kaum über die Lippen wollten. Dabei stand er hier mit einer atemberaubenden Frau in einer atemberaubenden Kulisse, wo sie ihn sicher atemberaubend küssen würde.

»Nur eine gute Freundin? Das wird meine gute Freundin freuen.« Ciara wurde langsamer.

»Ja? Wie heißt denn deine Freundin?«

»Ich darf ihren Namen nicht laut aussprechen, das musste ich ihr versprechen. Du musst leider ganz nah kommen, dann flüstere ich ihn in dein Ohr.«

Janus lächelte, aber ging nicht sofort zu ihr. Erst als Ciara sein Lächeln erwiderte, trat er auf sie zu.

»Du musst mich nicht küssen, wenn du Angst hast, dass ich bald nicht mehr da sein werde«, sagte Ciara sanft.

»Ich muss niemanden küssen«, erwiderte Janus. »Und ich habe keine Angst, dass du bald nicht mehr da sein wirst. Ich weiß, dass du alles schaffen kannst.«

»Küss mich, du Schwätzer.« Ciara lachte keck.

Die Sonne schüttelte ihr güldenes Licht über Howth Head aus und die magische Stunde begann.

Janus musste an Tessa denken. Und wie sie ihn grinsend Rheinländer nannte.

»An Garda Síochána« hieß die Polizei der Republik Irland offiziell. Wörtlich übersetzt bedeutete das »Die Hüter des Friedens«. Aber natürlich war der Name viel zu lang, um stets im Ganzen ausgesprochen zu werden, deswegen redete man normalerweise von den Gardaí oder den Guards. Ihr Headquarter fand sich in Dublins Phoenix Park, aber Detective Jenkins, eigentlich Detective Sergeant Jenkins, arbeitete in der Bridewell Garda Station. Drei Stockwerke, Flachdach, zum Teil ummauert, ein wenig vergittert, aber nicht so, als würde man es wirklich ernst meinen. In großen Buchstaben stand darüber: »Fiat justitia ruat caelum«. »Lass Gerechtigkeit geschehen, wenn der Himmel fällt.«

Ein Volk von gläubigen Pessimisten, dachte Tessa, als sie sich am Empfang meldete und nach Jenkins fragte.

»Und Sie sind?«

»Tessa Droste.«

»In welcher Angelegenheit möchten Sie Detective Sergeant Jenkins sprechen?«

»Ich … « Sie blickte den Garda mit offenem Mund an. Auf diese Frage war sie nicht vorbereitet. » … habe Informationen für ihn?«

»Ist das eine Frage?«

»Nein?« Sie räusperte sich. »Nein. Es ist dringend. Es geht um Leben und Tod.« Sagte man doch so, oder?

»Natürlich.« Der Garda räusperte sich, dann rief er Jenkins an und erklärte ihm, dass Tessa ihn sprechen wolle.

»Soll ich sie wieder …«, sagte er ins Telefon. »… in Ordnung, Ihre Entscheidung.«

Als Jenkins Minuten später auftauchte, war er außer Atem und lächelte nicht. Er nickte dem Garda zackig zu. »Ab hier übernehme ich.« Dann packte er Tessa fest am Oberarm und führte sie zu ihrer Überraschung nicht in sein Büro, sondern raus auf die Straße.

»Mensch, Tessa, du solltest mich doch anrufen, wenn was ist!«

»Aber ich muss dir was geben. Wieso bist du so komisch drauf?«

Jenkins blickte sich nervös um. »Lass uns ein paar Schritte gehen.« Er löste seinen Griff von ihrem Arm.

»Komm ich gerade ungelegen?« Tessa rieb sich die Stelle, an der er so fest zugepackt hatte. »Selbst wenn, hättest du mich nicht so …«

»War zu deinem eigenen Schutz. Ich versuche dich aus den Ermittlungen der Kollegen rauszuhalten, denn wenn du einmal in den Fokus gerätst, kommst du so schnell nicht wieder aus der Nummer raus. Und wenn du Pech hast, verlierst du als Ausländerin auch noch deine Aufenthaltserlaubnis.«

»Ich bin EU-Bürgerin, ich brauche keine …«

Wieder unterbrach er sie. »Es gibt immer Wege, unerwünschte Personen loszuwerden. Glaub mir.« Seine Stimme wurde sanfter. »Ich mache mir halt Sorgen um dich, das ist alles. Tut mir leid, dass ich gerade so harsch zu dir war.« Er streichelte ihr mit dem Daumen über die Wange. Dann blieb er abrupt stehen. »Weißt du, Tessa, ich mag dich wirklich. Vielleicht mehr, als gerade sinnvoll ist.«

»Ob man jemanden mag oder nicht, hat doch nie etwas damit zu tun, wie sinnvoll das ist.« Sie blickte auf den Bordstein. »Leider.«

Dann küsste Jenkins sie, einfach so, es ging ganz schnell. Tessa kam gar nicht dazu, darüber nachzudenken, ob sie diesen Kuss wollte, ob sie ihn jetzt wollte und ob sie das wollte, was durch einen solchen Kuss begann. Sie spürte seine Lippen auf ihren, und weil sie so überrumpelt war und der Kuss so angenehm und gekonnt, küsste sie mit.

»Das wollte ich schon seit Langem machen«, sagte Jenkins und lächelte.

Tessa lächelte auch, aber sagte nichts. Bei ihr war das ganz anders. Es gab einen anderen Mann, den sie küssen wollte, der sich aber leider kein bisschen für die Beschaffenheit ihrer Lippen interessierte.

»Lass uns ein paar Schritte gehen.« Jenkins legte einen Arm um Tessas Schultern. »Ich hab heute den ganzen Tag nur gesessen. Am besten, wir gehen Richtung Liffey, das hier ist wirklich nicht die schönste Ecke Dublins.« Er zog sie spielerisch näher zu sich. »Und dabei kannst du mir etwas über dich erzählen. Ich weiß noch so wenig über dich.«

»Eigentlich bin ich hier, weil ich…«

»Lass uns erst ein bisschen miteinander reden, bitte.« Er lächelte sie an. »Erzähl mir ein Geheimnis über dich!«

Tessa kontrollierte den Sitz des Haargummis um ihren neongelben Pferdeschwanz. »Ich … lese gerne Krimis.«

»Das ist ein Geheimnis? Viele lesen gerne Krimis.«

»Ja, aber ich bin Germanistin, und da liest man eher anderes, Literarischeres. Aber ich mag Krimis wirklich gern, und zwar die englischen aus dem Goldenen Zeitalter. Das erzähle ich nie jemandem. Ich bin komisch, ich weiß. Jetzt du.«

»Ich bin …«, er legte eine dramatische Pause ein, »Hobbyarchäologe.«

»Echt jetzt? Wie cool ist das denn!«

»Davon wissen nicht mal meine Kollegen. Passt einfach nicht zu meinem Image. Manches behält man besser für sich.«

»Wo buddelst du denn?«

»Aktuell in der Nähe von Dublin, ist alles ganz hochprofessionell. Wenn du magst, nehme ich dich mal mit. Oder geht dir das jetzt zu schnell?«

Tessa schüttelte den Kopf. »Nein, ist schon gut.«

»Das find ich total schön. Echt.« Er küsste sie auf die Wange. »Okay, dann erzähl mal, warum du mich sehen wolltest.«

»Ich möchte dich um einen Gefallen bitten.«

»Im Zusammenhang mit einem der Morde? Du greifst Janus also weiterhin bei seinen Ermittlungsversuchen unter die Arme? Halt dich da lieber raus, Tessa, er bringt sich unnötig in Gefahr, und dich jetzt auch. Die Garda kümmert sich schon um alles. Vertrau mir.«

Tessa sah zu ihm. »Dir vertraue ich, aber die Garda kann sich gerade nicht richtig kümmern, weil sie nicht alles weiß. Und sie würde uns nicht glauben.«

Jenkins zog sie zur Seite. »Pass auf.«

Ein Irish Wolfhound kam ihnen an der Leine entgegen. Tessa trat ein paar Schritte zur Seite.

»Könntest du etwas für uns, also für mich, untersuchen lassen? Um herauszufinden, um was es sich handelt?«

»Könntest du dich ein wenig klarer ausdrücken?«

»Könntest du etwas in euer Labor geben und es bestimmen lassen? Ohne dass es irgendeinen Ärger gibt, egal, um was es sich handelt?«

»Um was denn zum Beispiel?«

»Sprengstoff zum Beispiel.«

Sie kamen an eine Ampel, an der ein paar Passanten warteten, was für Dublin eher ungewöhnlich war. Ampelsignale wurden keineswegs als verbindlich interpretiert, sie waren höchstens optionale Verkehrshinweise. In den meisten Fällen schien ihre einzige Funktion, verhangenen Tagen etwas leuchtende Farbe zu schenken. Jenkins schwieg, bis es grün wurde, und ließ die anderen vorgehen.

»Ja, ginge. Im Labor ist ein guter und verschwiegener Kumpel.«

»Das ist gut«, sagte Tessa. »Dann machst du es?«

»Ja«, antwortete Jenkins. »Aber nur für dich.«

Tessa schob ihn in eine menschenleere Gasse. Dann öffnete sie den Reißverschluss ihres grellroten Rucksacks und holte eine große Plastiktüte hervor. »Hier. Darum geht es. Also um den Inhalt.« Sie reichte Jenkins die Whiskeyflasche.

Zögerlich nahm er sie. »Whiskey?«, fragte er.

»Nein, ist es nicht. Riech mal dran.«

Jenkins öffnete den Verschluss und schnüffelte. »Kein Whiskey.«

»Was dann?«

»Ich weiß es nicht.«

»Aber du wirst es herausfinden?«

Jenkins nickte. »Aber ich muss jetzt los. Pass gut auf dich auf.« Dann ließ er sie in der Gasse stehen. Ohne einen weiteren Kuss.

* * *

Die Stadt ist uns zum Feind geworden. Die Stadt, deren Dichter
wir ehren, die Stadt, deren Blutzellen wir sind.
Sie verflucht uns. Sie hasst uns. Sie jagt uns.
Aber nun wissen wir endlich, was dahintersteckt.
Welcher Treibstoff den Motor der Maschinerie versorgt.

Boomer hat eine Probe des Inhalts der Whiskey-Flasche analysieren lassen, hat den Namen der Flüssigkeit in Erfahrung gebracht, die wir für Sprengstoff, für ein Gift gehalten haben. Auf gewisse Weise ist sie beides, und doch ist sie ein Versprechen auf Glück. Wenn auch auf gefährliches und zerstörerisches Glück, unfrei machendes Glück. Boomers Freund musste nur kurz daran riechen, um zu erkennen, wie wertvoll die Flasche war.

Und welche kriminelle Energie nötig gewesen war, um sie zu erzeugen.

Boomers Freund sagte nur ein Wort.

Es lautete »Ecstasy«.

Wir hörten es, bevor wir uns auf zur St. Michan's Church machten.

Nun hatte die Dunkelheit einen Namen. Und auch den seiner Familie kannten wir.

Roe & Co. Von dort stammte die Flasche.

Der neue Stern an Dublins Whiskey-Himmel bezog seine Energie aus der Dunkelheit.

Zuerst würden wir den Ripper überwältigen. Mit Messern, Knüppeln, Schaufeln, denn mehr hatten wir nicht auftreiben können. Wir kamen uns vor wie die Dorfbewohner, die Frankensteins Monster jagten.

Es wird reichen müssen.

Danach werden wir uns Roe & Co vorknöpfen.

Dahinter steht ein Riesen-Konglomerat mit nahezu unbegrenzten Geldmitteln.

Aber wer nicht kämpft, der hat schon verloren.

Ausschnitt aus dem Roman »Der Doppelmord von Dublin«

***

AUDIOTAGEBUCH

Ist das Ding jetzt schon … ja, leuchtet rot, also … Wer immer St. Michan's Church im 17. Jahrhundert errichtet hat, es ist ihm ganz sicher nicht darum gegangen, dass dieses Gotteshaus einladend auf die Gläubigen wirkt. Nein, dieser hässliche Klotz sieht eher aus wie eine … Festung Gottes. Uneinnehmbar für Tod und Teufel.

Die Bebauung der Umgebung in den Jahrhunderten danach hat St. Michan's auch nicht gerade gutgetan, die Gegend ist eine der unattraktivsten Dublins. Es sieht wirklich aus, als hätte man hier die ödesten Hausentwürfe der unfähigsten Architekten des ganzen Landes verwirklicht.

St. Michan's steht an einer hässlichen Straßenecke, direkt vor den Eingang zur Kirche hat man eine Bushaltestelle hingeflanscht. Innen ist es nicht viel besser. Ich war vor Jahren mal drin, weil ein alter Schulfreund mich besucht hat und die Gruft sehen wollte. Der Kirchenraum ist schmucklos, es gibt eine Galerie aus dem gleichen dunklen Holz wie bei den Bänken, dazu eine große Orgel. Die schmucklose weiße Flachdecke ist viel niedriger, als man von außen erwarten würde. Ich fand es deprimierend. Aber vielleicht soll St. Michan's ja genau das sein. Eine Kirche, die einem mit ihrer Einrichtung sagt, dass das Leben auf Erden kein Spaß ist und egal, was im Himmel auf einen wartet, nur besser sein kann. Christliches Marketing, hat in früheren Jahrhunderten sicher super gezogen.

Ich steh gerade auf der anderen Straßenseite und gucke, ob einer von den Society-Spinnern Ausschau nach mir hält. Glauben die echt, ich wüsste nicht, dass das hier eine Falle ist? Habe ich in meiner Verkleidung als verarmter Landadeliger am Blarney Castle so einen bescheuerten Eindruck gemacht?

Na ja, dann war ich erfolgreich.

Je exzentrischer man in diesem Land ist, umso weniger fällt man auf. Aber, das muss ich mir wohl echt eingestehen, ich war nicht vorsichtig genug.

Weshalb nun alle von ihnen dran glauben müssen.

Die Patronen haben natürlich sämtlich meine exklusive Whiskey-Behandlung erhalten.
Natürlich bin ich tagsüber schon ein paarmal an der Kirche vorbeigefahren – mit einem Mietwagen, meine E-Klasse würden die ja wiedererkennen. Ich hab auch gecheckt, ob die Garda jemanden geschickt hat. Was mich allerdings sehr gewundert hätte. Die Society hat schließlich keinerlei Beweise, nur Vermutungen. Und selbst wenn sie auf Blarney Castle ein Foto von mir geschossen haben: Ich finde mich in keiner Polizei-Kartei wieder. Da habe ich immer aufgepasst. Egal, welche Schweinerei man anrichtet, hinterher wird aufgeräumt! Das hat mir meine Mutter beigebracht … nein, streichen … »eingebläut« trifft es besser.
Heute trage ich übrigens einen hippen Hoodie, über die Stirn gezogen, passend dazu eine weite Turnhose und Sneaker. Auch mein Gang passt. Also mein Schlurfen. Dazu rauche ich stilecht. Ich hab mir das am lebendigen Beispiel abgeschaut, was kein Problem war, denn so Sozialwracks laufen einem ja ständig entgegen.
Diese Tintenkleckser erwarten einen alten Mann und bekommen einen Typen im Skaterlook!
Sie haben Boomer abgestellt, um die Straße im Blick zu behalten.
Schlechte Wahl. Sekunde …
…
…
Bin an ihm vorbei. Hat mir kaum einen Blick geschenkt, passe halt nicht in sein Beuteschema. Und als ich durch das Kirchentor geschlendert bin, hat er sogar in die andere Richtung geschaut. Es war unverschlossen, netter Service.
Ich gehe jetzt rechts an St. Michan's vorbei, obwohl der kürzere Weg zu den Eingängen der berühmten Grüfte linksherum liegt. Aber ein bisschen Überraschung muss schon sein.

Ab jetzt volle Konzentration.
Die Dunkelheit stört mich nicht, meine Augen haben sich längst dran gewöhnt. Ist mir lieber so als im Rest von Dublin, wo es nie wirklich dunkel ist, als hätte die Stadt Angst vor der Schwärze. Immer lässt sie irgendwo eine Straßenlaterne, eine Ampel oder eine Reklame an. Wenn New York die Stadt ist, die nie schläft, ist Dublin die Stadt, die beim Schlafen das Licht anlässt.
Ich blicke mich um, sehr intensiv, denn vielleicht haben sie ja Kameras installiert, die alles aufzeichnen. Da will ich sichergehen. Vor einiger Zeit habe ich nachgerüstet und mir eine Handy-App besorgt, die angibt, ob irgendwo eine Kamera in der Nähe ist. Gab es sogar kostenlos!
Sie schlägt nicht an. Vermutlich haben sie die Kameras unten in der Gruft montiert, in der sie auf mich warten? Es gibt insgesamt fünf Grüfte, sie werden eine davon mit Leben füllen, damit ich auch ja meinen Weg in ihre lächerliche Falle finde.
Vorsichtig ziehe ich die Latexhandschuhe an und taste dann nach meiner Waffe, meine Finger umfassen den Griff, der sich angenehm in meine Hand schmiegt. Die Pistole fühlt sich nicht wie ein Fremdkörper an, sondern wie eine natürliche Erweiterung meines Körpers. Mein Puls wird ruhiger, als ich den Lauf hebe, mein Atem tiefer, ich bin wieder vollständig.
Als ich, den Lauf der Pistole voraus, um die Ecke linse, sehe ich jemanden.
Es ist Ciara.
Sie steht in einem strahlend weißen Kleid vor dem offenen Eingang zur Gruft und sieht sich ängstlich um. Unschuldig wirkt sie, wie ein Lamm, das zur Schlachtbank geführt wird. Ich stelle mir vor, wie sich ihr rotes Blut auf dem weißen Kleid ausbreiten wird, Seen, die stetig über die Ufer treten. Sie soll die anderen wohl warnen, wenn Gefahr droht.

Wenn ich drohe.
Früher haben Bergleute Vögel mit unter Tage genommen, bevorzugt Kanarienvögel. Atmete der Vogel Luft ein, die zu sehr mit Kohlenmonoxid belastet war, starb er. Das Gas blockierte schon in geringer Konzentration das Hämoglobin im Blut, wodurch es zu akutem Sauerstoffmangel kam. Den Bergleuten blieb dann noch genügend Zeit, sich in Sicherheit zu bringen.
Der Tod war also die eigentliche Aufgabe, die Erfüllung dieser Vögel.
Deshalb sollte auch Ciara jetzt ein solches Ende finden.
Ein Schuss in den Kopf, sauber und schnell. Das Vöglein soll nicht leiden. Ich bin kein Unmensch.
Ich muss kurz Pause machen, um in Ruhe zu zielen.
...
Verdammt! Ciara hat mit einem Mal ein Handy am Ohr gehalten. Dann ist sie rasend schnell durch die offene Klappe gestiegen und hat sie donnernd hinter sich zufallen lassen.
Sie muss mich wohl gehört haben. Scheiße gelaufen.
Ich warte ab, was passiert.
Aber es passiert nichts.
Sie haben es sich wohl überlegt. Die Falle hat Angst vor der Beute bekommen.
Ich trete vor die Gruft, schieße dreimal gegen das Metall. Natürlich dringt keine Patrone hindurch, aber bei jedem Schuss werden die Pisser um ihre armseligen Leben fürchten.
Sie haben mit mir gespielt, nun spiele ich mit ihnen.
Aus meiner Tasche ziehe ich einen silbernen Kugelschreiber und einen kleinen gelben Post-it-Block.
Dann lasse ich ihnen eine Nachricht zurück.
Die Waffe im Anschlag, gehe ich Richtung Ausgang.
Und hoffe, dass Boomer mir entgegentritt, damit heute Nacht wenigstens eine Kugel ihr Ziel trifft.

Ciara blickte nach links, wo drei Mumien in offenen Särgen aufgebahrt lagen, von der Zeit wie mit dünnem Leder bezogene Skelette, hohl die ausgetrockneten Augenhöhlen, eingefallen die Wangen, spindeldürr Arme und Beine. Als wären sie hier elendig verhungert.

Licht kam nur von der Lampe ihres Handys, und der Akku würde nicht ewig halten. Wie bei den anderen Mitgliedern der Society auch. Dann müssten sie die Finsternis mit den namenlosen Leichnamen teilen.

»Ich habe es jetzt in allen Ecken versucht!« James Dean tauchte neben ihr auf und schüttelte sein Handy, als wäre es dessen Schuld. »Hier bekommt man echt nirgendwo Empfang!«

»Das wussten wir doch«, erwiderte Rufus vom Ende des engen Gangs. »Und auch, dass das Ganze hier ein Selbstmordkommando ist. Ich erinnere an dieser Stelle gerne daran, dass ich dafür war, Janus und Tessa darüber zu informieren, dass die Sache heute Nacht schon stattfindet, anstatt sie zu belügen.«

»Das ist doch alles Schnee von gestern. Die Frage ist, was wir jetzt machen sollen.« Alice versuchte sich so weit entfernt von den Mumien aufzuhalten wie irgend möglich, was hier unten, wo es nur einen engen Gang und links wie rechts abgetrennte Grabräume gab, niemals weit genug war.

»Halten wir fest: Unser Plan ist krachend gescheitert. Der neue Plan heißt abwarten«, sagte Rufus. »Irgendwann wird der Ripper wieder gehen. Spätestens wenn es hell wird und der Gärtner kommt. Der macht als Erstes immer eine Runde um St. Michan's.«

»Und was ist, wenn er jetzt gerade ein Schweißgerät holt, um hier reinzukommen? Oder ein Stemmeisen?« Ciara blickte in Richtung Einstiegsklappe, von der sie sich fernhielten, seit die Schüsse dagegengeknallt waren. »Und dann kommt er rein und schießt uns einen nach dem anderen ab wie Moorhühner. Wir sitzen in der Falle!« Ihre Stimme hatte sich weiter heraufgeschraubt, und zum Schluss hatte Ciara fast geschrien. »Ich halte das nicht aus! Ich will nicht darauf warten, dass ich hingerichtet werde! Ich geh jetzt da hoch.«

»Ciara, nicht!« James Dean packte ihren Arm.

Seine Schwester riss sich los. »Und habt ihr mal drüber nachgedacht, was mit Boomer ist? Warum ist er noch nicht aufgetaucht? Vielleicht liegt er da oben angeschossen und verblutet gerade.«

James Dean ließ ihren Arm los. »Du hast recht.«

»Natürlich hab ich recht!«

James Dean schob sich zwischen Ciara und den Eingang. »Aber lass mich ein guter großer Bruder sein. Ich geh vor.« Ohne eine Antwort abzuwarten, nahm er die Stufen hoch zur metallenen Einstiegsklappe. »Bleibt weit hinter mir, falls er schießt. Und verriegelt sofort wieder, sobald ich draußen bin.« Er holte tief Luft. »›Kommt einen Schritt näher, Jungs. Das wird es leichter machen.‹« Die letzten Worte des irischen Dichters Robert Erskine Childers vor seiner Hinrichtung am 24. November 1922.

Ciara schloss die Augen und wandte sich um.

Aber als sie hörte, wie James Dean die Klappe entriegelte, rannte sie zu ihm. »Gemeinsam«, sagte sie atemlos.

James Dean nickte und warf beide metallenen Lukenflügel mit voller Wucht auf, dabei brüllte er wie ein Wahnsinniger. So schnell es ging, stieg er hinaus, grölte weiter und schlug in der Dunkelheit wild um sich. Ciara schrie ebenfalls, ließ aber das mit dem Schlagen sein.

Als sich auch nach einiger Zeit keine Kugeln in ihre Körper bohrten, blickten sie sich mit etwas mehr Ruhe um.

Kein Pistolenlauf wurde auf sie gerichtet.

Sie fielen sich in die Arme und konnten nicht anders, als die ganze Anspannung aus ihren zitternden Körpern herauszulachen.

Die anderen beiden kamen aus der Gruft herausgeklettert und leuchteten mit den Handys die Gegend ab. Es war Rufus, der den Zettel entdeckte, auf dem in Großbuchstaben etwas geschrieben stand. Er hielt ihn in den Schein seiner Taschenlampe.

BLUT IST LEBEN!
ICH HOLE MIR JEDEN VON EUCH EINZELN.
JEDEN TAG WIRD EINER STERBEN.

»Nur die erste Zeile ist von Bram Stoker«, sagte Rufus und widerstand dem Drang, den Zettel zu zerknüllen und wegzuwerfen. »Aber immerhin werden wir von jemandem umgebracht, der mal ein Buch gelesen hat.«

»Wovon redest du?«, fragte James Dean, der zu ihm getreten war.

»Von dieser Nachricht, die überraschenderweise nicht mit Blut geschrieben ist.« Er zeigte sie den anderen. »Eine Grußbotschaft für den Weg Richtung Jenseits.«

Nacheinander lasen alle den Text, Entsetzen breitete sich aus wie eine zähflüssige Lache Öl.

»Da ist wer!«, sagte Ciara plötzlich und zeigte Richtung Eingang der St. Michan's Church. James Dean fing wieder an zu brüllen, die anderen warfen sich auf den Boden.

»Ich bin's!«, rief Boomer, kurz bevor ihn James Dean zu Boden riss und unter sich begrub.

»Und wir sind es auch«, kam es von Janus, der mit Tessa hinter ihm stand. »Geht es euch allen gut?«

Er half James Dean wieder hoch, danach Boomer, der sich den Dreck von der Kleidung strich. Auch die anderen rappelten sich wieder auf.

»Wir leben alle noch«, sagte Ciara. »Aber wir haben ihn nicht erwischt.«

»Das wissen wir«, sagte Boomer und gab James Dean einen freundschaftlichen Schubser. »Ich wollte gerade zu euch, da kam der Typ mir entgegen. Die Waffe im Anschlag. Ich bin erstarrt, einfach erstarrt.«

Alice musterte ihn ängstlich. »Hat er dich irgendwo …?«

»Nein, aber nur dank der beiden hier.«

»Wir kamen einfach im richtigen Moment«, sagte Janus und legte ihm eine Hand auf die Schulter. »Boomer hatte uns Bescheid gegeben, was ihr ja nicht für nötig gehalten habt, ihr totalen Vollidioten.«

»Als wir gesehen haben, wie jemand mit einer Waffe auf Boomer zuging, hat Janus gerufen: Hände hoch und die Waffe fallen lassen!« Tessa wischte etwas Dreck von Boomers Rücken. »Da ist der Ripper gerannt.«

»Bevor ihr fragt«, ergänzte Janus, »wir sind direkt hinterher, aber dann hat er einmal in unsere Richtung geschossen. Da haben wir es lieber bleiben lassen.«

Ein leises Ping erklang, und obwohl es ein heller, freundlicher Ton war, erschien es allen wie die erste Note eines Countdowns, an dessen Ende ein Unglück stehen würde.

Janus blickte auf sein Handy, dessen Display zeitgleich mit dem Ton aufgeleuchtet hatte.

»Eine Nachricht von …« Janus runzelte die Stirn. Aber der Name blieb. »… von Gordon.«

»Wer ist Gordon?«, fragte Ciara.

»Unser Mitbewohner.«

»Mach dein Handy aus, wir haben hier Wichtigeres zu regeln als irgendwelche WG-Streitigkeiten«, sagte Rufus, der nervös Richtung Straße wies.

»Du verstehst das nicht, Gordon schreibt nie. Und erst recht nicht so was hier.« Janus las vor.

Hey Januuuuuuus,
da ich dich in unserer Wohnung die letzten Male leider verpasst hab, jetzt per Handy: Ich hab da eine irre Death-Metal-Band namens MORBID AQUA VITAE gefunden, die sind echt der Killer! Und da du Death Metal genauso liebst wie ich, musst du die dir unbedingt anhören. Hab dir ihre neue Single angehängt. Sie heißt »Devilish Insanity«.
Rock on, dein Gordon

Janus sah sich die Absenderadresse noch mal genau an, doch es schien alles zu stimmen.

»Na, und?«, fragte Boomer. »Ganz normales Gespräch unter zwei Death-Metal-Kumpeln.«

»Aber«, sagte Janus, und seine Stimme war so fahl wie sein Gesicht, »wir sind keine Death-Metal-Kumpel. Ich höre Britpop und Alternative Rock, Gordon Elektro. Wir haben niemals über Death Metal gesprochen.« Er hielt das Handy empor wie einen Beweis. »Und auch der Rest ist komisch. Die Anrede ist völlig überdreht. Und dann das mit Aqua Vitae, ›Wasser des Lebens‹, auf Irisch Uisce beatha. Davon leitet sich das Wort Whiskey ab.«

Ciara nahm sein Handy und blickte auf die Nachricht. »Hast du mit ihm über die Mordserie gesprochen? Über die Verbindung in die Whiskey-Szene?«

Janus schüttelte den Kopf und blickte zu Tessa, die ebenfalls den Kopf schüttelte und sich gegen die Mauer lehnen musste.

»Wieso schickt er dir dann so was?«, fragte Ciara und reichte ihm das Handy zurück.

»Vielleicht weil jemand seine Nachricht mitliest und er deshalb nicht frei sprechen kann«, erwiderte Janus. Er schluckte und hatte den Eindruck, einen Tennisball durch seine Gurgel zu drücken. »Was bedeuten würde, dass der Mörder von Idina Alexandra Talbot und Willem de Jong weiß, dass ich etwas mit euch zu tun habe, wahrscheinlich auch, dass Tessa euch unterstützt. Und er sich Gordon geschnappt hat, um an uns ranzukommen.«

»Scheiße …« Tessa kniete sich hin und umklammerte ihre Beine.

»Oder er ist einfach nur high und hat dich verwechselt!«, sagte James Dean, während er das Eingangstor der Kirche aufstieß. »Und er hat gerade Death Metal für sich entdeckt. Nimm doch nicht immer gleich das Schlimmste an.«

»Spiel den Track ab«, forderte Alice.

Janus' Finger senkte sich auf das Play-Zeichen. Die Minutenanzeige begann zu laufen.

Ein animalisches Grölen drang aus dem kleinen Lautsprecher des Handys. Es klang, als würden jemandem die Eingeweide durch die Nase herausgezogen. Das Schlagzeug setzte ein, laut und brutal: Der Drummer schien erpicht darauf, es möglichst schnell in seine Einzelteile zu zerlegen.

»Death Metal«, konstatierte Rufus. »Wie aus dem Bilderbuch.«

»Falscher Alarm«, sagte Tessa und entspannte sich. »Keine Ahnung, was mit Gordon los ist, aber es ist nichts, worüber wir uns Sorgen machen müssen.« Sie stand auf. »Aber wenn er das nächste Mal aus seinem Zimmer kommt, sollten wir über seinen Musikgeschmack reden.«

Auch Janus entspannte sich und wollte gerade den Stop-Button drücken, als das Musikstück abbrach und eine männliche Stimme zu hören war. Extrem dumpf, wie aus einem nassen Pappkarton. Auch Autogeräusche erklangen.

»Darf ich noch mal rekapitulieren, wie harmlos alles angefangen hat, bevor du dich entschieden hast, alles zu versauen?«

»Ist nicht nötig«, erwiderte eine andere männliche Stimme, die etwas höher, etwas leiser und vor allem sehr kleinlaut klang.

»Ich glaube doch! Und weißt du, wieso? Weil ich mich immer wieder gefragt habe, warum sich das alles so entwickeln konnte. Und ob ich etwas hätte anders machen können.«

»Es war nicht …«

»Halt! Deine! Verfickte! Schnauze! Darf ich jetzt weiterreden? Ist das genehm?«

Die Stimme des anderen wurde noch leiser. »Ja, klar, ist es.«

»Gut. Das freut mich sehr. Also, das Ganze fing damit an, dass dieser Boomer bei uns rumgeschnüffelt hat und du herausfinden solltest, warum er das tut.«

»Das hab ich …«

»Lass mich gefälligst ausreden!«

»Ja, klar.«

»So klar scheint es nicht zu sein, sonst hättest du jetzt nicht deine dumme Schnauze aufgemacht!« Stille, sekundenlang, aufgeladen mit der Androhung noch mehr aggressiven Gebrülls. Doch dann fuhr der Mann ganz ruhig fort. »Diesen Auftrag hast du schnell erledigt und herausgefunden, dass diese Trottel von Schreiberlingen einen Whiskey auf den Markt werfen wollen. Eine richtig beschissene Idee, nebenbei bemerkt. Dann solltest du checken, ob sie etwas von unseren besonderen Aktivitäten mitbekommen haben. Das ist dir nicht geglückt, aber was du gesehen hast, ist, dass sie Verkleiden spielen und so tun, als würden sie Leute umbringen. Ein glücklicher Zufall, denn das hat uns erlaubt, uns zuerst von Idina und dann von Willem zu lösen, die auf die charmante Idee gekommen waren, mich zu erpressen, um größere Stücke vom Kuchen zu bekommen. Obwohl ihre ohnehin schon viel zu groß waren! Wir konnten es praktischerweise so aussehen lassen, als steckte die Society dahinter. Bis dahin lief alles noch wunderbar. Dann taucht da dieser Deutsche auf, und ich bitte dich zu klären, was es mit dem Typen auf sich hat. Deutsche Polizei? Konkurrenz? Eine wirklich einfache Aufgabe, oder?« Die Aufnahme wurde schlechter, das Rauschen verschluckte einige Wörter, oder die Stimmen klangen kurzzeitig nach Roboter. »Doch wenn ich dich eben richtig verstanden habe, hast du seine komplette WG verwanzt, seine Festplatten gespiegelt, seinen Mitbewohner bedroht und nebenbei ein Mitglied dieser Schriftstellervereinigung umgebracht. Nachdem du, und auch das war so nicht abgesprochen, eine Distillery in die Luft gejagt hast. Zugegeben, das war ein positiver Kollateralschaden. Ein bisschen weniger Konkurrenz, aber zu viel Aufsehen, viel zu viel Garda, viel zu viele Ermittlungen, viel zu große Gefahr, dass irgendeiner mitbekommt, was wir außer Whiskey …« Ein statisches Rauschen gemischt mit leisen Pfeiftönen erklang, als würde man einen Radiosender mit einem alten Weltempfänger suchen. »… wirst dich um diesen Misthaufen kümmern, und zwar schnell und endgültig! Und ich sage dir jetzt genau, was wir tun werden, und mit wir meine ich dich. Du wirst morgen …«

Nur noch Rauschen.

Dann endete die Aufnahme.

Alle sahen sich an.

»Spiel's noch mal ab«, forderte Rufus. »Vielleicht haben wir beim ersten Mal etwas überhört, das uns helfen kann.«

Sie hörten sich alles noch viermal an. Sie verglichen die Stimmen mit den Stimmen der Manager Dubliner Distillerys, so wie sie sie in Erinnerung hatten. Vor allem mit der des Managers von Roe

& Co, konnten sie aber nicht eindeutig zuordnen. Schließlich versuchten sie Gordon zu erreichen, aber der ging nicht an sein Telefon.

»Ist das jetzt endlich genug, um zur Garda zu gehen?«, fragte Alice.

»Wenn das nicht genug ist«, antwortete ihr Tessa, »stimmt mit der Garda etwas ganz gewaltig nicht!«

NEUN

»Ich verstehe nicht, weshalb man so viel Wesen um die Technik des Komödienschreibens macht. Man braucht doch nur die Feder in ein Whiskey-Glas zu tauchen.«

Oscar Wilde

Die schwach beleuchtete Church Street erschien der kleinen Truppe hell wie ein Fußballstadion im Flutlicht, als sie auf den Bürgersteig vor St. Michan's traten. Janus konnte den Mitgliedern der Society ansehen, wie sehr sie es alle genossen, freien Blick zu haben und dadurch sichergehen zu können, dass gerade niemand eine Schusswaffe auf sie anlegte.

Größtenteils sicher.

Ab und an fuhren Wagen über die Straße, wie kraftlose Tiere, die träge durch die Stadt schlichen. Janus versuchte unentwegt, Gordon zu erreichen, aber der ging weder ans Telefon, noch reagierte er auf Chatnachrichten, SMS oder Mails.

»Lasst uns etwas trinken gehen«, sagte James Dean. »Etwas Starkes!«

»Und Irisches!«, ergänzte Boomer.

»Von mir aus könnte es auch aus der Mongolei stammen, ich brauche dringend etwas für meine Nerven.« Alice schaffte es schon wieder zu grinsen.

Rufus räusperte sich so laut, dass alle schwiegen. »›Das Prinzip der Schöpfung ist einfach: Einer frisst den anderen.‹ Das hat Brendan Behan gesagt. Wenn wir jetzt nicht tun, was getan werden muss, werden wir diejenigen sein, die gefressen werden.«

Alice rieb sich müde die Augen. »Worauf willst du hinaus, du altes Zitate-Lexikon?«

»Darauf, dass eine wichtige Frage in dieser Nacht noch gelöst werden kann. Nein, sie muss noch in dieser Nacht gelöst werden!«

»Meine Kehle ist schrecklich trocken«, sagte Ciara. »Und ich möchte bitte feiern, dass ich überlebt habe. Da war ich mir vor wenigen Minuten nämlich nicht so sicher.«

»Meine Schwester hat recht«, sagte James Dean. »Hat sie leider fast immer. Also mach hin, Rufus. Was willst du?«

»Jemand muss diese Nacht noch bei Roe & Co einbrechen, um handfeste Beweise dafür zu finden, dass die Flasche mit dem Ecstasy aus Willem de Jongs Lkw von dort stammt und die Jungs von der Distillery sich mit Drogenhandel oder -schmuggel eine schöne Stange Geld nebenher verdienen. Ein kleiner Trupp, der wenig Aufsehen erregt. Zwei Personen.«

»Das kann ich mit Janus übernehmen«, sagte Ciara und hakte sich bei ihm unter.

»Nein, das macht er mit Tessa.« Rufus zündete sich seine Zigarette mit einer Routine an, die andere nur beim Atmen an den Tag legten. »Wir als Society müssen unsere Köpfe zusammenstecken, und wir müssen überlegen, was wir gegen den Ripper noch unternehmen können. Jetzt, da er weiß, dass wir ihm eine Falle gestellt haben.«

»Wir machen es«, sagte Tessa.

»Ihr müsst das nicht tun.« Alice nahm Rufus die Zigarette aus dem Mund und zog selbst lange daran. »Wir reden hier von Einbruch, und wenn ihr erwischt …«

»Wir machen es.« Janus tippte an seine Schläfe. »Stoßt euch die Köpfe nicht, wenn ihr sie zusammensteckt. Und passt auf euch auf, ja?« Er blickte zu Ciara.

»Machen wir«, antwortete sie. »Ihr aber auch.«

»Aber klar. Wir brechen ja nur in eine Distillery ein, ohne genau zu wissen, wonach wir suchen.« Er lachte trocken, aber keiner lachte mit.

Zu Fuß wäre es nur eine gute Viertelstunde zu Roe & Co gewesen. Doch als ihnen ein Taxi entgegenkam, hob Janus die Hand, denn seine Knie waren noch weich vom soeben Erlebten. Er hätte die Weichheit herauslaufen können, aber er wollte sie lieber heraussitzen. Vielleicht etwas Musikgedudel aus dem Radio hören, etwas Normalität schnuppern, zumindest für ein paar Minuten.

»Ach, du bist das, Süßer!«, sagte eine weibliche Stimme, als er sich mit Tessa auf die Rückbank setzte. Die Taxifahrerin drehte sich zu ihm um. »Wieder in Sachen Whiskey unterwegs?«

So viel zum Thema Normalität. »Nein, wobei du uns wieder in der Nähe von Roe & Co rausschmeißen kannst.«

»So eine kurze Fahrt? Magst du nicht länger bei mir bleiben?« Sie schaute zu Tessa. »Oder willst du ihn nicht mit mir teilen?«

Tessa hob abwehrend die Hände. »Du kannst ihn gern ganz allein für dich haben. Soll ich aussteigen und euch ein bisschen Zeit zu zweit schenken?«

Die Taxifahrerin lachte schallend. »Du kannst ruhig mitbekommen, wie ich die kleine Sahneschnitte mit meinen Worten bezirze! Hört euch das an, ist mir gerade erst eingefallen!«

Immerhin sah sie wieder auf die Straße. Es war zwar wenig los, aber das bedeutete ja nicht, dass man das Wenige konsequent umfahren musste.

»Ich fahr so gerne Taxi / ob Mini oder Maxi / Die Gäste sitzen hinten fest / Ich sitz hier vorn in meinem Nest / Jeden Tag hör ich Geschichten / Von Müttern, Brüdern und auch Nichten.«

Janus wartete, ob noch mehr aus ihr heraussprudelte. Als nichts mehr kam, klatschte er Beifall, während Tessa ihr Gesicht abwendete.

»So was habe ich noch nie gehört.«

»Ist ja auch von mir! Könnte auch ein Liedtext werden.«

»Könnte es auch sein. Ja. Könnte vieles sein.« Unter anderem der Text auf einem Zettel, den man dem Feuer anvertraute.

»Spürst du schon, wie du dich in mich verknallst?«

»Ja, es fängt gerade in den Schuhsohlen an.«

»Wunderbar! Ein guter Beginn! Nächstes Mal wandern wir dann etwas höher.« Sie lachte wieder dreckig. »Und da sind wir schon.« Eine Zahl erschien auf der kleinen LED-Anzeige. Janus gab großzügig Trinkgeld. »Für die Lyrik.«

»Charmeur! Das gefällt mir!«

Sie warf Janus einen Luftkuss hinterher, dann fuhr sie rasant davon.

»Ihr scheint euch ja sehr nahzustehen …«

»Ja, wahnsinnig.« Immerhin hatte sie ihn tatsächlich für ein paar Minuten abgelenkt und schmunzeln lassen.

»Auch Rheinländerin? Der Text klang zumindest wie von einem eurer Karnevalslieder.«

»Das hast du völlig recht. Die drehen sich auch alle um Taxifahrten. Danke, dass du es mir ganz allein überlassen hast, ihr verlogene Komplimente zu machen.«

»Ich habe Jenkins währenddessen die Audiodatei geschickt und ihm gesagt, dass er Gordon fragen soll, wie er daran gekommen ist.«

»Hast du ihm auch das Foto vom Ripper gemailt?«

»Ne, es ist ja nicht hundertpro sicher, dass er es ist. Zu vage Informationen könnten zum jetzigen Zeitpunkt unsere Glaubwürdigkeit lädieren.«

Ohne es zu merken, waren sie bis vor das geschlossene Tor der Roe & Co Distillery gegangen, hinter der das rot geziegelte ehemalige Kraftwerk sich mit seinen beiden Schornsteinen in den Nachthimmel streckte.

»Und jetzt?«, fragte Janus. »Die von der Society schienen davon auszugehen, dass man hier nachts einfach reinspazieren kann.«

»Oder dass einer von uns beiden weiß, wie man einbricht.«

»Das da oben sieht nach einer teuren Alarmanlage aus.« Janus deutete auf eine Kamera, die in regelmäßigen Abständen rot blinkte. »Wir sollten um das Gebäude gehen und nachsehen, ob wir vielleicht irgendwo einsteigen können.«

Tatsächlich fanden sie eine Möglichkeit. Die Tür des Hintereingangs war defekt und mit einem Fahrrad-Zahlenschloss am Rahmen befestigt.

»0000?«, schlug Tessa vor.

»Versuch's.«

Schnell stellte sie die Ziffern ein, aber als sie das Schloss auseinanderziehen wollte, gab es nicht nach. »Wir sollten die Society anrufen, vielleicht hat einer von denen ein Werkzeug, mit dem wir das Ding knacken könnten.«

»Das würde aber wertvolle Zeit kosten.«

Tessa zuckte mit den Schultern. »Tja, ich kann es nicht aufbeißen. Du vielleicht? Ihr Kölner trinkt ja auch so merkwürdiges Bier, euch ist alles zuzutrauen.«

Janus sah sich um. Häufig wählte man die Zahlenkombi für ein Schloss spontan und ließ sich dabei von der Umgebung inspirieren. Aber hier war nichts zu sehen, außer die Wände der Distillery.

»Versuch 1926, das war das Jahr, in dem die ursprüngliche Distillery geschlossen wurde. Würde thematisch passen. Zumindest wenn George Roe das Ding hier angebracht hat.«

Schnell stellte Tessa die neuen Zahlen ein.

Das Schloss öffnete sich klackend.

»Rein mit dir«, sagte Janus und blickte sich noch einmal um.

Im Inneren machten sie kein Licht, auch nicht mit den Handys. Sie tasteten sich mehr als sie gingen durch einen schmalen Gang.

»Wir sind gerade wirklich in ein Gebäude eingebrochen«, flüsterte Tessa. »Jetzt sind wir ganz offiziell Kriminelle.«

»Du hast das Schloss geknackt«, sagte Janus. »Ich bin nur hinter dir her, um dich zu überzeugen, dass der Einbruch ein Fehler ist. Deckst du meine Geschichte?«

»Auf keinen Fall! Du wirst mit mir hängen.«

Kurze Zeit später standen sie im Distillery-Shop mit seinen Whiskeys und den bequemen Sofas. Etwas Licht fiel von den Straßenlaternen durch die Fenster hinein.

»Hier werden wir nichts finden«, sagte Janus. »Wir müssen in die Büros.«

»Weil da Ordner mit dem Titel Drogenschmuggel offen rumliegen?«

Janus runzelte die Stirn. »Warum bist du mitgekommen, wenn du dachtest, wir finden nichts?«

Tessa ging zu einer Kleiderstange und hielt sich ein T-Shirt mit dem Distillery-Logo an. »Steht mir gut, oder?«

»Hände hoch, ihr Diebe!«, rief eine Stimme, die Janus bekannt vorkam. Aber er konnte nicht sagen, von wo sie kam, denn der Raum hallte zu sehr. Dann erkannte er, wie sich ein Schatten von einem der Sofas erhob. Als dieser eine große Stabtaschenlampe anschaltete, sah er allerdings nichts mehr außer schmerzhaft grellem Licht.

»Bist du das, Janus? Und wer ist das? Deine Freundin? Was macht ihr hier? Willst du mit einem Einbruch bei ihr punkten? Wollt ihr beiden hier etwa …?«

»Ja«, sagte Tessa und stellte sich neben Janus, einen Arm um seine Hüfte geschlungen. Ihre Stimme klang mit einem Mal, als wäre sie betrunken. »Es war eine total dumme Idee, aber ich dachte, es ist voll das große Abenteuer hier …«

»Nein«, sagte Janus und löste Tessas Hand. »Das ist nicht der Grund.«

»Ich habe eine Waffe!«, sagte George. Da er den Lichtstrahl der Taschenlampe nicht mehr direkt auf Janus hielt, konnte dieser sehen, wie er eine Waffe aus seinem Hosenbund nestelte.

»George, ich weiß, dass dir diese Distillery echt am Herzen liegt.«

»Deswegen werde ich euch auch der Polizei übergeben!« Er fuchtelte mit der Pistole vor ihnen herum.

»Du würdest nie Drogen in ›Roe & Co‹-Flaschen schmuggeln oder das zulassen, habe ich recht?«

»Was redest du? Natürlich nicht! Das hier ist das stolze Erbe meiner Familie.«

»Dann guck dir mal ein Foto auf meinem Handy von einer eurer Flaschen an, mit der ganz eindeutig was nicht stimmt.«

»Willst du mich reinlegen?« Roe richtete seine Waffe auf Janus. »Überwältigt mich dein Freudenmädchen dann?«

»Ich leg das Handy hier auf den Boden und gehe weg, dann kannst du dir das Bild in Ruhe anschauen. Meine … Freundin auch. Okay? Schau es dir an. Bitte!« Janus hob die Hände, und Tessa tat es ihm gleich.

»Ich trau euch nicht!«

»Schau es dir einfach an.«

George legte die Taschenlampe auf den Boden und hob zögerlich das Handy auf, als könnte es ihm einen Schlag verpassen oder explodieren. »Das ist eine unserer Flaschen. Aber … die Farbe der Flüssigkeit darin stimmt überhaupt nicht! Keiner unserer Whiskeys hat so eine Farbe. Hat nie einen gegeben.«

»Auf dem nächsten Foto kannst du in der Großaufnahme sehen, dass die Flasche original verschlossen ist.«

George wischte über das Display und sah es sich an. »Was ist da drin?«

»Ecstasy. Wir haben die Aussage eines Experten, die das belegt.« Hoffentlich fragte er nicht nach, wer dieser Experte war. ›Ein Freund von einem Freund‹ klang überhaupt nicht vertrauenswürdig. »Das Zeug wird in euren Flaschen geschmuggelt.«

George warf das Handy auf den Boden. »Aber sicher nicht von uns!«

»Wegen der Sache sind Tessa und ich hier. Wir haben Beweise gesucht, dass ihr dahintersteckt. Die Garda ist auch schon an der Sache dran, die werden morgen früh hier auftauchen und alles auf den Kopf stellen.«

»Ich muss mich setzen.«

George ließ sich auf eines der Sofas sinken, wo auch ein Kopfkissen und eine Decke lagen. Er schüttelte unentwegt den Kopf. »Da will uns einer reinreiten! Uns fertigmachen!« Er sah mit einem Mal ganz blass aus. »Dahinter steckt sicher Jameson, denen sind wir ein Dorn im Auge. Die wollen als die Dubliner Distillery gelten, dabei sitzen sie ja eigentlich in Midleton. Ihre Distillery hier ist reine Show! Die ziehen die Leute ab, nur weil die ursprüngliche Distillery 1780 hier gegründet worden ist. Eine große Show, eine tolle Show, aber eine Show.« Er sah zu Janus. »Wir schmuggeln nicht, das musst du mir glauben! Da kann ich meine Hand für ins Feuer legen. Ich hätte mitbekommen, wenn hier einer ein Ding dreht.«

»Weil Sie hier schlafen?«, fragte Tessa.

»Nur ausnahmsweise, wegen der kaputten Hintertür. Einer muss ja aufpassen.« George erhob sich schwankend und trat zu Janus. »Ich lass euch laufen, damit ihr die Schweine dranbekommt, die meiner Familie so ein Verbrechen in die Schuhe schieben wollen!« Er lehnte sich vor und sprach direkt in Janus' Ohr. »Aber wenn ihr jemals wieder hier auftauchen solltet, um rumzuknutschen, könnt ihr euch auf was gefasst machen. Klar?«

»Klar«, sagte Tessa und unterdrückte ein Lachen.

»Wir werden woanders rumknutschen.« Janus hob sein Handy auf, dessen Display nun ein Spinnennetzmuster aufwies.

»Ich schau mal, was möglich ist«, sagte Tessa und kniff Janus spielerisch in die Wange.

Kurz danach standen sie wieder draußen vor dem Haupteingang. Es fühlte sich an, als hätten sie gerade frisch geduscht.

»Glaubst du ihm?«, fragte Janus.

»Auch wenn wir hier in Irland sind, der Insel der Heiligen: Ich habe meinen Glauben verloren. So ergeht es, glaube ich, allen Freudenmädchen irgendwann.«

Um sich in dieser Nacht kein weiteres Gedicht anhören zu müssen, beschlossen Janus und Tessa, zu Fuß zu ihrer Wohnung zu gehen. Die Dämmerung kroch so langsam über Dublin, als wollte sie niemanden verschrecken, der lange gefeiert hatte.

»Ich hätte ja gern einen Whiskey getrunken«, sagte Tessa. »Für die Nerven, weißt du.«

»Weiß ich. Nerven gehören in Alkohol eingelegt. Wie Pflaumen. Hat mein Großvater immer gemacht.«

»Mit Pflaumen oder mit seinen Nerven?«

»Mit beidem.«

Tessa lachte. »Du bist lustig. Also für einen Rheinländer. In Westfalen würdest du damit keinen Blumentopf gewinnen, aber die Kölner sind ja genügsam.«

»Dafür sind sie weltweit bekannt.«

Tessa zog den Kragen ihrer schwarzen Lederjacke zurecht. »Hast du zwischendurch auch Zweifel wegen der ganzen Sache? Ist schon ganz schön gefährlich, was wir hier machen.«

»Die ganze Zeit. Und du?«

»Auch. Aber irgendwie stecken wir da jetzt drin.«

»Und zwar tiefer, als es gut ist.« Janus kickte einen Zigarettenstummel auf die Straße. »Gordon genauso. Er hat auf keinen meiner Kontaktversuche reagiert.«

»Du weißt, wie er ist.«

»Ja, er redet lieber mit seinem Wellensittich als mit uns.«

Sie bogen in ihre Straße ein.

»Es wird sich alles klären«, sagte Tessa. »Wir sind viele, und der Ripper ist nur einer.«

»Ist er das? Auf der Aufnahme waren zwei zu hören. Und für so eine Schmuggelnummer brauchst du noch mehr Leute. Wobei die Mittäter vielleicht gerade aus dem Weg geräumt werden, weil die Sache beendet wird. Alle Spuren beseitigen. Wir sind jetzt ja auch welche.« Er blickte auf seine Schuhe, die feuchte Abdrücke auf dem Beton hinterließen, weil er eben durch eine Pfütze gegangen war.

»Whiskey als Absacker?«, fragte Tessa und schloss die Haustür auf.

»Mit Gordon, der wird jetzt geweckt.«

Sie machten kein Licht im Treppenhaus, als sie bis unter das Dach stiegen. Nach dem Aufschließen trat Tessa an Gordons Zimmertür, um anzuklopfen.

Die Tür stand einen Spalt offen.

»Gordon?«, fragte sie.

Janus drückte die Tür auf. Das Zimmer war leer. Nervös sah er sich die Tür an, das Schloss war intakt. »Hier hat sich keiner gewaltsam Eintritt verschafft.«

»Das beruhigt mich.« Aber Tessa sah nicht so aus, als ob sie beruhigt wäre. Sie griff sich das Laserschwert, das bei Gordon über dem Bett hing. Es war nur aus Plastik, aber immerhin aus hartem Plastik. Und es leuchtete blau, was man von den meisten Schwertern nicht sagen konnte.

»Gordons Handy liegt auf dem Schreibtisch. Sein Portemonnaie auch.« Tessa schluckte. »Und das Asthmaspray.«

Janus griff sich das Keyboard des Computers als Waffe. »Ich geh vor.«

Langsam schlich er in den Flur und dann zum Badezimmer, dessen Tür er sachte öffnete. Niemand darin.

Auch in Janus' Zimmer befand sich niemand, genauso wenig in Tessas.

Blieb noch die Küche.

Aus der Licht in den Flur fiel, das nicht aussah wie von der zaghaften Morgensonne.

Janus hob das Keyboard schlagbereit empor, als er in den Raum lugte.

Auf dem Tisch stand ein Teller mit halb aufgegessenem Toast, auf den dick Nuss-Nougat-Creme geschmiert war. Daneben ein Senfkristallglas mit Mandarinensaft.

»Er hat in der Küche gegessen? Aber das macht er doch nie ...« Tessa biss sich auf die Unterlippe.

»Gordon hat auf der Bank gesessen. Aber auch einer der Stühle ist vorgezogen.« Janus ging um den Tisch und musterte alles genau. Alles sah ganz normal aus, nichts war unordentlich, es gab kein Zeichen für einen Kampf, kein Blut.

»Mit wem auch immer er hier gesessen hat, es war niemand, vor dem er Angst hatte.« Tessa wagte es nicht, den Stuhl anzufassen. »Sonst hätte Gordon nicht die Ruhe gehabt, etwas zu essen.«

Janus setzte sich auf die Bank und legte das Keyboard neben sich. »Was ist hier bloß passiert?«

Tessa beugte sich neben ihm über den Tisch. »Da ist ein Flecken neben dem Teller, aber Gordon macht nie ...« Sie hob ihn hoch und stutzte. Unter dem Teller fanden sich sechs Buchstaben, die Gordon mit Nuss-Nougat-Creme geschrieben haben musste.

I'm a dog

»Was soll das bedeuten?« Tessa suchte weitere Buchstaben, aber da waren keine.

Auch Janus war ratlos. »Vielleicht hat ihn sein Entführer gezwungen, das zu schreiben?«

Tessa schüttelte den Kopf. »Dann hätte er es nicht verstecken müssen. Das ist eine Nachricht an uns! Ich ruf sofort Jenkins an. Wenn wirklich der Ripper Gordon hat, ist er in großer …« Sie schaffte es nicht, das Wort auszusprechen.

In der Stille der Küche hörte Janus das Freizeichen aus Tessas Handy. Dann erklang undeutlich Jenkins' Stimme.

Tessa ließ ihn nicht aussprechen.

»Gordon ist entführt worden! Oder … Schlimmeres. Er ist nicht mehr hier, aber sein Handy, sein Portemonnaie und sein Asthmaspray schon. Du musst eine Fahndung einleiten!« Sie atmete schwer. »Schick sofort deine Kollegen raus!« Wieder ein Atemzug, als würde sie Sauerstoff aus der Luft beißen. »Ich will mich aber nicht beruhigen! Hier ist etwas Schreckliches passiert. Wir müssen Gordon und seinen Entführer schnell finden.« Tessa zog das Haargummi aus ihrem neongelben Pferdeschwanz und wickelte es sich um den Daumen. »Welche Beweise brauchst du denn noch? Du hast die Audioaufnahme von mir bekommen und den gefälschten Whiskey. Die Kriminaltechnik hat doch sicher schon etwas an der Flasche gefunden! DNA oder so? Fingerabdrücke? Also, abgesehen von unseren.« Plötzlich krampfte sich Tessas Hand um das Handy. »Was?!«

Sie stellte es auf laut.

»Die Probe ist weg«, erklang Jenkins' Stimme. »Tessa, es hängen noch viel mehr Leute in der Sache drin, als uns klar war. Bei der Garda muss einer ein falsches Spiel spielen. Ich bin selbst in großer Gefahr. Irgendwen müssen sie geschmiert haben.«

»Wen denn? Du musst doch eine Vermutung haben!«

»Ich will keine Kollegen … also, ohne handfeste Beweise.«

»Jack, hier geht es um das Leben meines Mitbewohners! Du musst ja nicht offiziell vermuten, aber vielleicht inoffiziell?«

»Scheiße, Tessa.«

»Jack, bitte!«

»Keine Selbstjustiz! Ich bin dran an der Sache. Den Namen nenne ich dir nur, damit du vorsichtig bist, wenn sie …«

»Sie?«

»Dr. Christina Spilsbury aus der Gerichtsmedizin. Ich habe die Interne Ermittlung bereits auf sie angesetzt. Sie hat sich die ganze Zeit schon komisch verhalten und war wenig hilfsbereit. Und niemand hätte die Probe so leicht verschwinden lassen können wie sie. Ich muss los, pass auf dich auf, ja? Ich würde das von letztens gerne bald wiederholen.«

»Pass du auch auf dich auf!« Tessa beendete das Gespräch und sah Janus an. »Es war nichts. Also zwischen Jenkins und mir.«

»Geht mich nichts an.« Janus schob das Kinn vor.

»Ich weiß. Wollte ich trotzdem sagen.«

»Lass uns die Society anrufen. Die müssen Bescheid wissen. Und wir müssen wissen, ob sie einen Plan haben, der schnell Ergebnisse bringt. Und damit meine ich, dass wir Gordon wiederfinden.«

»Lebendig!«

»Ja.« Janus' Mund wurde trocken. »Lebendig.«

Von: Alice
An: Drunken Poets Society
Morituri te salutant, Arschloch! Wir haben eine Einladung für dich.

Von: Boomer
An: Drunken Poets Society
Ja, du bist gemeint. Mr Englischer-Landadeliger-Look. Mr Unauffälliges-Auto. Mr Ich-Schreib-Gern-Zettel-Mit-

Morddrohungen. Du sabotierst gerade mit Tücke und Gewalt ein Projekt zum Stolz Irlands, seiner Dichterinnen und Dichter und vor allem seines Whiskeys!

Von: Rufus
An: Drunken Poets Society
Und was ist, wenn der Ripper nicht mitliest? Wenn er sich die Mühe jetzt spart und gerade mit einem Zielfernrohr auf einen von uns anlegt?

Von: Ciara
An: Drunken Poets Society
Das würde er sicher gern. Aber das kann er nicht. Selbst wenn er uns über unsere Handys orten kann, hilft ihm das nichts, denn wir sind an einem sicheren Ort. Einer uneinnehmbaren Festung. Blöd für dich, Arschloch, was?

Von: James Dean
An: Drunken Poets Society
Wir haben uns eine Falle für dich überlegt. Bist du überrascht, dass ich das so offen sage? Es ist reiner Pragmatismus, du unmoralisches Wrack. Du weißt, wer wir sind, wir wissen, wer du bist und was du willst. Und dass du mitliest. Also Karten auf den Tisch. Wir sagen dir jetzt, was wir an einem ganz besonderen Ort machen werden.

Von: Boomer
An: Drunken Poets Society
An einem Ort des Stolzes Irlands! An dem es darum geht, was uns als Nation groß macht. Das Wort! Der Geist!

Von: Alice
An: Drunken Poets Society
Mann, Boomer! Das hier ist keine PR-Konferenz. Wir

werden uns am Leabhar Cheanannais versammeln. In der Sprache der Engländer: am Book of Kells.

Von: Boomer
An: Drunken Poets Society
Es beinhaltet die vier Evangelien und wurde um das Jahr 800 im legendären Kloster Iona hergestellt. Wusstest du das, Ripper? Oder kennst du nur Bram Stoker?
Das Book of Kells ist ein Meisterwerk in Wort und Bild. Welche Schönheit, welche Handwerkskunst! Zu Recht zum Weltdokumentenerbe erklärt. Das berühmteste mittelalterliche Manuskript der Welt! Und wo befindet es sich? In Dublin!!!

Von: Ciara
An: Drunken Poets Society
Morgen um 14.35 Uhr. Ja, Boomer, du darfst auch erklären, warum wir uns zu dieser Uhrzeit treffen.

Von: Boomer
An: Drunken Poets Society
Ich mach das hier nur, damit wir später der Presse davon erzählen können. Gute Story! Vor allem für die verdammten Engländer :-D Also: Im Jahr 1435 wurde ein Gesetz erlassen, das es irischen Dichtern und Musikern verbot, sich in anglo-irischen Gegenden aufzuhalten! Das muss man sich mal vorstellen! Es ist längst überfällig, an dieses Unrecht zu erinnern!!!

Von: Ciara
An: Drunken Poets Society
Du wirst dich sicher fragen, Ripper, warum du auf unsere Einladung eingehen solltest. Eine Einladung an einen so öffentlichen Ort. Was ist der Köder?, überlegst du vielleicht

gerade. Und ist er mir schmackhaft genug? Mein Bruder, der tatsächlich schon mal geangelt hat, ist auf die Idee für deinen Köder gekommen.

Von: Alice
An: Drunken Poets Society
Ich muss echt zugeben, das hier macht mir Spaß. Als würden wir in einen dunklen Wald rufen, um den Wolf herauszulocken.
Während wir draußen mit Stöcken auf ihn warten. ☺

Von: Rufus
An: Drunken Poets Society
Wölfe sind schlaue Tiere! Und sie jagen im Rudel. Vielleicht kommen ein paar von ihnen schon von der anderen Seite. Ich sag's nur.

Von: James Dean
An: Drunken Poets Society
Klappe, Rufus, jetzt wird erst mal Feuer im Wald gelegt. Also: Wir werden morgen um 14.35 Uhr am Book of Kells für einen Tumult sorgen. Wir werden Plakate deines Konterfeis aufhängen, lieber Ripper, mit dem einprägsamen Wort KILLER darauf. In Blutrot. Wir werden die Aktion live filmen und ins Netz stellen. Eine große Sache. Und es wird sogar noch mehr zu sehen sein! Auch die Fotos deiner letzten Opfer werden wir hochhalten: Idina Alexandra Talbot und Willem de Jong. Auch ein Bild von Bee, die immer noch nicht wieder zu Bewusstsein gekommen ist!

Von: Boomer
An: Drunken Poets Society
Zwei davon sind gestorben, weil sie mit deinem dreckigen Drogenschmuggel zu tun hatten. Und Bee liegt im Kranken-

haus, weil du zynischer Wichser Freude am Morden hast. Jede dieser Taten ist unverzeihlich, und du wirst morgen dafür zur Rechenschaft gezogen!

Von: Rufus
An: Drunken Poets Society
Er antwortet nicht. Hab ich euch ja gesagt. Wieso sollte er uns auch live überwachen? Wahrscheinlich liest er sich erst abends alles durch, was seine Wanzen und der ganze Kram aufgezeichnet haben.

Von: Ciara
An: Drunken Poets Society
Aber wenn wir nicht wissen, ob er es gelesen hat, ziehen wir die Sache dann trotzdem durch?

Von: James Dean
An: Drunken Poets Society
So oder so!

Von: Alice
An: Drunken Poets Society
Aber dann bleibt die Falle leer, und wir haben keinen Köder mehr für eine neue.

Von: James Dean
An: Drunken Poets Society
Wenn wir es verschieben, geht er uns durch die Lappen. Er wird es lesen, er wird kommen. Und wir werden es durchziehen. Für Bee!

Von: Ciara
An: Drunken Poets Society
Für Bee!

Von: Boomer
An: Drunken Poets Society
Für Bee und für Irland!

Von: Alice
An: Drunken Poets Society
Für Bee und die Gerechtigkeit!

Von: Rufus
An: Drunken Poets Society
Für Bee und die Wahrheit!

Von: James Dean
An: Drunken Poets Society
Er wird nicht antworten. Er will uns im Unklaren lassen.
So sind Wölfe. Zeigen sich erst, wenn es zu spät ist.

Von: Unbekannter Absender
An: Drunken Poets Society
Wir haben eine Verabredung.
Und es ist längst zu spät.

Über zweihunderttausend Bücher schliefen in der alten Bibliothek des Trinity College. Durch den hoch zum Himmel strebenden Long Room zu wandeln, fühlte sich an, wie durch eine Kathedrale des geschriebenen Wortes zu schreiten. Die Regale, an deren Enden Büsten berühmter Geister interessiert auf die Besucher blickten, waren wie Pfeiler aus edlem poliertem Holz. Auch die älteste Harfe Irlands, benannt nach Brian Boru, dem ersten und einzigen irischen Hochkönig, befand sich in dem fünfundsechzig Meter langen Raum.

Das Licht der Welt traute sich kaum in den Long Room hinein und schien nur zum Teil der realen Welt anzugehören.

Janus stand mitten in diesem Saal, einem der schönsten, den er je in seinem Leben betreten hatte, und konnte sich nicht sattsehen.

Jedes der ledergebundenen Bücher hätte er am liebsten in die Hand genommen und durchgelesen.

Aber es war schon 14.20 Uhr.

»Wir müssen«, sagte Tessa und strich ihm sanft über den Rücken.

»Meinst du, er hat eine Pistole dabei? Oder ein Messer?«

»Beides«, antwortete Tessa umgehend, woran Janus merkte, dass sie schon eingehend darüber nachgedacht hatte. »Wahrscheinlich ein Messer für die ersten Opfer, und dann eine Pistole, wenn Panik ausbricht und es schnell gehen muss.«

»Er könnte auch ein Gas benutzen, das uns alle betäubt. Und uns dann ganz in Ruhe die Kehle durchschneiden.«

»Darauf war ich noch nicht gekommen. Danke für diesen Gedanken.«

Janus drehte sich zu ihr um. »Es wird alles gut gehen.«

»Das sagt man zu Kindern, wenn sie Angst haben. Du kannst genauso wenig wissen, dass alles gut geht, wie ich. Du hoffst es nur. Aber es geht nicht immer alles gut, sonst wäre die Welt insgesamt in besserer Verfassung.« Sie blickte auf ihre Armbanduhr. »Lass uns gehen.«

Normalerweise betrat man zuerst die Ausstellung zum Book of Kells, dann einen abgedunkelten Raum, der das wertvolle Weltdokumentenerbe beherbergte, bevor es über Treppen hoch in den Long Room der Library ging. Die Mitglieder der Society waren alle unten beim beleuchteten Kubus mit dem Book of Kells geblieben, Janus hatte es dort allerdings nicht ausgehalten und noch einen Augenblick in der Gesellschaft von Büchern gebraucht. Schließlich gingen Tessa und er wieder nach unten zu den anderen.

Eine Verkleidung hatten sie sich alle gespart, angesichts des knappen Lichts wäre die auch verschenkt gewesen.

Janus wandte sich an Tessa. Ihnen beiden war die Aufgabe zugefallen, den Täter, den sie nur von Fotos kannten, zu identifizieren und alles zu filmen.

»Wusstest du, dass Dichtkunst einst eine olympische Disziplin war und dass auch ein Ire mal gewonnen hat?«

»Soll mich das von dem Grauen ablenken, das vor uns liegt?«

»Ja. Das war der Plan.«

»Da hat der Poitín vorhin besser gewirkt.«

Sie hatten sich zusammen mit der Society auf dem Fellows' Square vor der Bibliothek getroffen, auf Bees Gesundheit angestoßen und sich Mut angetrunken. Irischer Poitín brennt die Angst weg, hatte Boomer gesagt. Der Poitín hatte gefühlt aber auch noch einiges andere in der Speiseröhre weggebrannt.

Unter anderem die Speiseröhre.

Janus ging rückwärts, bis er eine Wand im Rücken spürte. Dann sondierte er den Raum, wartete darauf, dass seine Augen sich auf die Lichtverhältnisse einstellten. Damit jeder einen Blick auf das berühmteste Buch des Landes werfen konnte, das jeden Tag umgeblättert wurde, sodass immer zwei andere Seiten zu sehen waren, wurde immer nur eine bestimmte Anzahl an Touristen eingelassen.

Die Society hatte sich im Raum verteilt.

Janus blickte auf die im Dunkeln leuchtenden Zeiger seiner Armbanduhr. Schon 14.33 Uhr. Wo war die Zeit nur hin?

Falls der Ripper die Aktion verhindern wollte, würde er nun zuschlagen müssen. Sonst sähe bald die ganze Welt sein Antlitz.

Er begann, mit seinem Handy zu filmen.

Eine leichte Unruhe entstand am Eingang zum Raum, sie glich einer zarten Welle auf einem spiegelglatten See, wenn der Wind sanft darüber blies.

Dann wurde die Dunkelheit noch schwärzer, denn der Zugang zur Library wurde geschlossen.

Die Society drängte sich zum Book of Kells und zog die mitgebrachten Fotoplakate unter der Kleidung hervor.

»Wir sind die Drunken Poets Society!«, rief Boomer.

Eine Flamme raste quer durch den Raum. Als sie klirrend auf dem Boden auftraf, schoss Feuer in die Höhe. Schon flog der nächste Molotowcocktail.

Der Ripper wollte sie verbrennen.

Janus erstarrte, schaffte es kaum mehr, Luft in seine Lungen zu pumpen, schaffte es kaum zu stehen. Die Brandnarbe an seinem Hals pulsierte. Mit einem Mal war er wieder sieben Jahre alt und stand im brennenden Gartenhaus. Janus hörte die Schreie seiner Mutter.

Weitere Schreie erklangen. Schreie von Stimmen, die er kannte, die aber jetzt verzerrt waren, verzogen wie brennendes Holz.

»Janus!«, brüllte jemand. Kein Hilferuf, sondern einer aus Sorge. »Janus!!!« Sogar Liebe lag darin, unter der Panik, wie ein Fundament, das dem Ruf Kraft verlieh.

Es war Tessas Stimme.

Dieser Ruf zog ihn zurück ins Hier und Jetzt, löste die Sperre in seinen Gliedern, ließ ihn mit zitternden Beinen in die Richtung gehen, aus der er gerufen worden war.

Dann sah er, wie jemand aus dem Dunkeln Benzin auf die Mitglieder der Society spritzte.

Tessa stürzte in die Mitte des Raumes, wo Rufus Feuer gefangen hatte, riss sich die Jacke vom Leib und versuchte damit, die auf ihm lodernden Flammen zu löschen. Aber die in Panik umherirrenden Menschen rissen sie um.

Dann brannte Boomer. Dann Alice.

Und der Sockel des Book of Kells.

Janus begriff, dass er immer noch filmte, anstatt zu helfen, und steckte das Handy weg. Er versuchte, sich zu den Feuern durchzukämpfen, aber es herrschte die nackte Panik, alle wollten nur weg von hier, rempelten ihn an, schoben ihn fort. Janus kam sich vor, als würde er gegen eine rollende Lawine angehen.

Dann stand er vor dem Inferno. Das Feuer hatte sich rasend schnell den Sockel hochgefressen und war nicht mehr weit vom Book of Kells entfernt. Drumherum standen und lagen die Society-Mitglieder, alle versuchten, die Flammen, die an ihnen leckten, auszuschlagen, während aus dem Dunkel immer wieder Benzin auf sie gespritzt wurde. Stets nur kleine Mengen, damit das Feuer nicht bis zum Schützen zurückrasen konnte.

Er konnte nicht allen gleichzeitig helfen. Janus sah zu Ciara, musste an ihren Kuss denken. Und dass er in dem Moment, als ihre weichen Lippen sich auf seine legten, unwillkürlich überlegt hatte, ob Ciara die Frau wäre, der er irgendwann in ferner Zukunft die Frage stellen würde.

Es war eine total bescheuerte Frage, geradezu albern. Trotzdem hatte Janus das Gefühl, die Antwort würde ihm verraten, ob die Frau die richtige für ihn war. Die Frage lautete: Liest du mir ein Buch vor, das als unlesbar gilt? Liest du mir den gesamten »Ulysses« vor? Janus hielt diese Frage für so entscheidend, weil er die eine glückliche Liebe eigentlich für genauso unmöglich hielt wie die Lektüre dieses Buchs. Aber wenn das eine glückte, könnte es das andere auch.

Aber nach dem Kuss zu Beginn der goldenen Stunde war Janus klar geworden, dass er Ciara diese Frage niemals stellen würde. Zu seiner großen Überraschung. Und dann auch wieder nicht. Denn ein Teil von ihm wusste längst, dass eine andere Liebe sein Herz ausfüllte und seine Gefühle für Ciara nur Schwärmerei gewesen waren. Die kam gegen Liebe nicht an. Sie verhielt sich zu ihr wie eine frische Brise zu einem Sturm, der einen von den Füßen riss.

Er kniete sich neben Tessa und schlug die Flammen, die auf ihr tanzten, mit den bloßen Händen aus. Als er sich dabei verbrannte, zog er hektisch sein Hemd aus, griff mit den Händen in den Stoff und schlug weiter auf das Feuer ein. Plötzlich spürte er etwas Flüssiges auf seinem Rücken, dann große Hitze. Janus warf sich auf den Boden, wälzte sich.

Ein Schuss knallte durch den Raum.

Neben ihm fiel ein Mensch auf den Boden. Janus robbte zu dem leblosen Körper, um Erste Hilfe zu leisten, drehte den Mann schnell auf den Rücken, blickte in tote Augen, auf ein blutverschmiertes Gesicht und eine Wunde im Schädel, aus der weiter Blut quoll.

Er erkannte den Toten sofort, obwohl er nur ein Foto gesehen hatte, auf dem er wie King Charles' Jagdhundführer ausgesehen hatte.

Es war der Ripper.

»Das Buch!«, brüllte jemand. »Unser Buch!«

Als Janus aufschaute, sah er, dass die Glasvitrine, in der sich das Book of Kells befand, zersprungen war. Die Flammen züngelten nach dem Buch, ließen das Gold glänzen und seine herrlich bunten Tierzeichnungen erstrahlen wie seit Jahrhunderten nicht mehr. Es war nur eine Frage von Sekunden, bis sie es verschlingen würden.

Janus dachte nicht nach, er trat einfach gegen den Sockel, mit voller Wucht. Die ganze Konstruktion stürzte zusammen, und das Book of Kells wurde in den Raum geschleudert.

»Ich habe es!«, rief jemand. »Ich habe das Buch gerettet!«

Janus sah sich nach Tessa und den anderen um. Lebten sie noch? Das Licht sprang an, grell und erbarmungslos. Die Türen wurden geöffnet, und die Menschen rannten hinaus.

Jenkins tauchte neben der Leiche des Rippers auf. Eine Pistole auf sie gerichtet, trat er gegen den Oberkörper des Mannes.

»Er ist tot«, sagte Janus.

Jetzt kniete sich Jenkins zum Ripper und legte zwei Finger an dessen Halsschlagader. »Dieses Arschloch muss den Feueralarm ausgestellt haben. Woher auch immer er wusste, wie das geht.«

»Jack?« Tessa tauchte plötzlich neben dem Detective auf. »Was machst du hier? Ich hab dir doch extra nichts von unserem Plan erzählt. Hast du etwa mein Handy …?«

»Ist mein Job. Tut mir leid. Aber war ja gut so. Als ich eben im Licht des Feuers den Ripper erkannt habe, habe ich geschossen, bevor er dich und die anderen töten konnte.«

In Janus' Gehirn verkantete sich etwas. »Aber du wusstest doch gar nicht, wie der Ripper aussieht. Wir haben dir nie das Foto gezeigt. Oder, Tessa?«

»Nein. Nie.« Sie trat einen Schritt von Jenkins zurück.

»Ich … habe selbst Recherchen angestellt.«

»Du hast gezögert«, sagte Tessa.

Jemand zog Jenkins' Arme auf dessen Rücken.

Ein Klacken erklang.

Metallisch und satt.

»Hey, was soll das?« Jenkins wand sich, aber seine Gelenke steckten in Handschellen.

Hinter ihm trat eine langbeinige, extrem gut gekleidete Schönheit vor, die an diesem Ort des Chaos merkwürdig deplatziert wirkte. Sie packte Jenkins' Gesicht, bohrte ihre Finger tief in seine Wangen.

»Sie brauchten überhaupt kein Foto zu sehen, nicht wahr, Jenkins? Weil Sie ihn ja gut kannten. Schließlich arbeitet er auch für Ihren Gönner. Aber er lief nicht mehr richtig in der Spur, erregte zu viel Aufsehen. Und Aufsehen ist ganz schlecht fürs Geschäft. Also haben Sie ihn aus dem Weg geräumt und sich gleichzeitig als Held aufgespielt. Clever, das muss ich Ihnen lassen.« Sie löste ihren Griff und wischte sich die Hand an einem Taschentuch ab.

»Was reden Sie da? Was soll das? Was machen Sie überhaupt hier?«

Die Frau würdigte Jenkins keines weiteren Blickes, sondern schaute zu Janus, Tessa und den Mitgliedern der Society, die ihre Haut nach Verbrennungen absuchten. Alice hatte anscheinend eine Erste-Hilfe-Box gefunden, die an einer der Wände angebracht gewesen war, und versorgte ihre Freunde.

»Ich glaube, Sie haben eine Erklärung verdient. Mein Name ist Christina Spilsbury, ich bin von der Gerichtsmedizin der Garda. Jenkins ist vor ein paar Tagen mit einer haarsträubenden Geschichte bei mir aufgetaucht, wollte etwas über den Fall Beatrice Flowa wissen, ein Fall, mit dem er nichts zu tun hatte. Praktischerweise ließ er mir Fingerabdrücke auf einem Plastikbeutel da, und ich stellte fest, dass die in unserer Datenbank von ihm hinterlegten gefälscht waren. Ja, mehr noch, dass seine echten Fingerabdrücke diejenigen waren, die wir bei einigen Rauschgiftdelikten nicht zuordnen konnten. Ich habe das der Internen Ermittlung gemeldet, aber die wollten erst noch eine zweite Meinung einholen – weil man ja wisse, dass Jenkins mich habe abblitzen lassen, und ich mich vielleicht an ihm rächen wolle. Ha!« Sie musterte Jenkins von oben bis unten. »Nie im Leben würde ich mich mit einem wie dir abgeben, du Lurch.« Sie blickte wieder in die fragenden Gesichter vor ihr. »Ich wollte nicht warten, bis die Interne so weit ist, und habe Jenkins überwacht. Bis hierhin. Und jetzt ist Schluss. Ihr müsst alle mit zum Revier kommen, ich brauche eure Aussagen. Aber vorher machen wir einen Stopp im Krankenhaus, damit ihr versorgt werdet. Draußen werden sicherlich schon ein paar Kollegen sein, die euch in Empfang nehmen.«

Bevor Spilsbury dazwischengehen konnte, trat Tessa zu Jenkins und versetzte ihm eine Ohrfeige. »Du mieses Schwein, ich würde dich am liebsten …«

»Genug!« Die Gerichtsmedizinerin ergriff Tessas Hände. »Ich kümmere mich um ihn. Los geht's, wir haben keine Zeit zu verschwenden.«

»Augenblick!« Janus baute sich vor ihr auf. »Unser Freund Gordon ist entführt worden, und wir müssen ihn finden, sonst …«

»Ihr meint, Jenkins hat ihn gekidnappt?«, fragte Dr. Spilsbury.

»Er oder der Ripper.«

»Ich kenne den Ripper nicht«, kam es jetzt von Jenkins. »Hab ihn nie zuvor gesehen. Aber er erscheint mir nicht wie ein Mann, der jemanden entführt. Eher wie jemand, der andere Menschen umbringt.«

Janus trat wutentbrannt auf ihn zu. »Wo ist Gordon?«

»Wenn ich wüsste, wo er ist, was ich natürlich nicht tue, würde ich seinen Standort nur für einen verdammt guten Deal mit der Garda verraten.«

Janus spuckte ihm ins Gesicht. »Du Schwein!«

Jenkins lächelte. »Solange ihr nicht den Kopf der Schlange habt, zuckt der Körper weiter. Altes Sprichwort. Das hier ist noch nicht vorbei.«

»Doch«, sagte Dr. Spilsbury. »Für Sie schon.« Sie blickte in die Runde. »Und um die Sache mit eurem Gordon wird sich gekümmert. Aber erst brauchen wir eure Aussagen. Beeilung jetzt. In eurem eigenen Interesse.«

Sie stieß Jenkins vor sich her und verließ den Raum, gefolgt von der Society.

Nur Janus und Tessa blieben zurück.

»Das ist nicht gut genug«, sagte Janus. »Nicht schnell genug. Der Typ hat eben quasi gestanden, Gordon entführt zu haben!«

Tessa stellte sich vor ihn und richtete seine Kleidung. Oder was davon noch übrig war.

»Du hast mich eben gerettet«, sagte sie, ihre Stimme ganz sanft.

Janus strich seine Haare zurück, die verbrannt rochen. »Hättest du auch für mich gemacht.«

Tessa lächelte. »Ja, das hätte ich.« Sie trat noch näher, und dann küsste sie ihn einfach. Sie tat es sehr lange. Und es war ein sehr guter Kuss. Als sie wieder von ihm abließ, fuhr sie ihm mit den Fingerspitzen über die Lippen. »Weil ich in dich verliebt bin, du Dummkopf. Und zwar seit Monaten.«

»Und ich …«

»… auch in mich. Aber du hast verdammt lange gebraucht, um das zu begreifen.«

»Wir Rheinländer sind manchmal etwas schwer von Begriff.«

»Ich wünschte, diese Aussage von dir hätte ich auf Band!«

ZEHN

»Whiskey bringt alles zum Vorschein.
Er zeigt dir, wer echt ist und wer nicht.«

Peaky Blinders

Als Janus und Tessa vor die Old Library traten, reichte man ihnen Decken. Die Mitglieder der Society standen bereits bei den Einsatzwagen der Garda und wurden eingehend befragt.

»Wie konnte ich mich nur so in Jenkins täuschen?« Tessa starrte auf den Einsatzwagen, auf dessen Rückbank der Detective saß. »In wem täusche ich mich noch? Kann ich meinem Instinkt überhaupt noch vertrauen?«

»Gordon«, sagte Janus. »Wir müssen ihn finden. Alles andere später, egal, wie schwer es gerade ist.«

»Du hast recht.« Tessa nickte lange. »Du hast natürlich recht.« Sie drehte die Spitze ihres Schuhs auf dem Pflasterstein, als träte sie eine Zigarette aus. »Aber wie? Die Garda wird Jenkins' Wohnung und sein Büro gerade auf den Kopf stellen und sein Handy tracken. Was könnten wir mehr tun?«

Janus zog sie fort von den Dienstfahrzeugen der Garda mit den Mitgliedern der Drunken Poets Society und in Richtung Regent House, hinter dem die College Street lag. »Jenkins wird gewusst haben, dass seine Kolleginnen und Kollegen all das machen, falls sie ihn erwischen. Deshalb werden sie auch nichts finden.« Sein Handy vibrierte, und er blickte auf das Display. »Meine Happy-Pet-App hat sich aktualisiert? Ich hab überhaupt keine … verdammt!«

»Was ist los?«

Janus zeigte ihr das Display. »Ich glaube, ich habe gerade eine Nachricht von Gordon erhalten.«

»Du hast was? Ist das ein Handy-Spiel?«

Er deutete auf den Hund, der wedelnd über das Display sprang. »Das ist eine App, mit der man sein Haustier orten kann. Die bekommen dafür einen Chip implantiert.« Er scrollte herunter. »Siehst du? Da ist ein Foto. Der Chip ist so groß wie ein Reiskorn und kommt unter die Haut. Egal ob bei Katze oder Hund.«

»Ja, und? Was bedeutet das denn jetzt … verdammt!« Sie hielt sich die Hände vor den Mund. »I'm a dog!«

»Er hat sich so ein Ding implantieren lassen, falls er entführt wird.« Janus tippte auf die App. »Ich wusste ja, dass Gordon paranoid ist, aber damit hätte ich echt nicht gerechnet. Wir müssen jetzt nur noch …« Er stockte.

»Was ist?«

»Der Sender ist außer Reichweite! Die App sagt, damit das Ganze funktioniert, muss der Hund sich in einem Umkreis von fünf Kilometern befinden.«

»Läuft das nicht über Sendemasten oder so?«

»Keine Ahnung, vielleicht Bluetooth, ich weiß es nicht. Aber wir können Dublin nicht in einem Fünf-Kilometer-Raster absuchen. Das würde ewig dauern.« Janus ließ das Handy sinken.

»Lass uns zu Jenkins' Wohnung fahren! Er hat mir mal seine Kontaktdaten geschickt. Für … alle Fälle. Vielleicht hat er Gordon da in irgendeinem Keller untergebracht.« Sie versuchte ein aufmunterndes Lächeln. »Hätte er ihn umbringen wollen, wäre das schon bei uns in der Wohnung passiert.«

»Was nicht heißt, dass Jenkins ihn nicht zwischenzeitlich …«

»Heißt es doch!«

»Okay. Ich beuge mich deiner westfälischen Logik.«

»Immer eine gute Idee.«

Aber auch bei Jenkins' Wohnung empfing die App kein Signal.

Obwohl sie um den ganzen Häuserblock gingen.

»Du kennst Jenkins doch gut«, sagte Janus. »Hat er dir …«

»So gut kenne ich ihn gar nicht«, unterbrach Tessa ihn.

»Auf jeden Fall besser als ich. Hat er dir irgendetwas erzählt, was uns weiterhelfen könnte? Über ein Jagdhaus seiner Eltern, über einen guten Kumpel, über ein Hobby?«

Tessa kniff sich nervös ins Ohrläppchen. »Nein, eigentlich nicht. Wir haben fast immer nur über den Fall gesprochen. Ganz wenig über Persönliches. Eigentlich nur einmal …« Sie blickte Janus durchdringend an. »Jenkins ist Hobbyarchäologe! Er hat gerade ein Projekt in der Nähe von Dublin.«

»Dann lass uns hinfahren!« Janus klatschte in die Hände. »Wo ist es genau?«

»Keine Ahnung. Aber vielleicht weiß das Internet Rat, da finden sich doch bestimmt sämtliche archäologischen Ausgrabungsstätten Dublins. Schließlich findet man da auch eine Liste der hundertzweiundrolfzig Inuit-Worte für Schnee oder eine mit Läden, die Whiskey-Eis am Stiel anbieten.«

»Es gibt Whiskey-Eis am Stiel?«

Tessa antwortete nicht, sondern tippte die Suchanfrage ein. Sekunden später stöhnte sie auf.

»Zwölf.«

»Was zwölf?«

»Zwölf Ausgrabungsstätten.«

»Alle von Amateuren?«

»Ach so, ja, warte. Vielleicht kann ich ja …« Wieder tippte sie schnell in ihr Handy. So fix bekam Janus das nicht mal an seinem Notebook hin.

»Sieben! Also sieben sind professionell beziehungsweise staatlich oder werden von Museen betrieben. Fünf sind von Amateuren.« Sie sah zu Janus. »Aber auch fünf sind zu viel.«

»Wie weit sind sie denn entfernt? Und wie weit außerhalb von Dublin?«

»Unterschiedlich. Die können wir nicht alle abfahren.«

»Doch, können wir.« Janus nahm ihr Handy. »Müssen wir. Und

wir fangen bei denen an, die am nächsten liegen.« Er trat an die Straße. »Hoffen wir nur, dass unser Taxifahrer ohne Lyrik-Rezitationen auskommt.«

Kam er. Der Fahrer war von der traditionellen Sorte: das Gesicht ein Kraterfeld großer Poren, die Nase rot und knollig wie eine unförmig gewachsene Tomate, die Augenbrauen so buschig und ausufernd, als planten sie, in naher Zukunft das gesamte Gesicht zu bedecken. Er rauchte bei offenem Fenster und sagte nichts. Außer »Fuck!«, wenn eine Ampel zu früh auf Rot umschlug oder zu spät.

Die erste archäologische Grabungsstätte befand sich in Dublin selbst, an einem Ort, wo nach dem Abriss eines Wohnhauses die Fundamente einer katholischen Kirche aus dem Jahr 1709 aufgetaucht waren. Aber: kein Hundesignal.

Die zweite stellte sich als offenes Feld heraus, auf dem außer der Absperrung nichts zu sehen war. Die dritte war ein Wikingergrab im Stadtteil Kilmainham. Auch bei diesen: kein Hundesignal.

Die vierte lag eine halbe Stunde südlich des Stadtzentrums – und der Fahrer weigerte sich, sie ganz ranzufahren.

»Für kein Geld der Welt«, raunte er. »Ich bin nicht abergläubisch, aber da bekommt mich keiner hin.«

»Was meint er?« Janus sah Tessa an, die während der Fahrten ständig auf ihrem Handy herumgetippt hatte, um Informationen zu den Grabungsstätten zu erhalten.

»Auf dem Montpelier Hill befindet sich ein Gebäude, das bei den Dublinern als Hellfire Club bekannt ist. Es gilt als das Gebäude Irlands, in dem es am meisten spukt. Ursprünglich befand sich auf dem Gelände ein uraltes Hünengrab, das als Eintrittstor in die Welt der Naturgeister galt. Einer der reichsten Männer des Landes zerstörte es aber 1725, um ein Jagdschlösschen darauf zu errichten.«

»Schlechte Idee?«

»Sehr schlechte Idee. Kurz nach Fertigstellung zerstörte ein Sturm das Dach der Hunting Lodge – obwohl das Gebäude eigentlich geschützt stand. Nach dem Tod des Erbauers traf sich hier dann der Irish Hellfire Club, eine amoralische Vereinigung, interessiert an sexuellen Ausschweifungen, Alkohol und wohl auch schwarzer Magie. ›Tu, was du willst‹ war ihr Motto. Der Präsident wurde ›König der Hölle‹ genannt und trug einen Helm mit Hörnern. Katzen und Menschen sollen dort geopfert worden sein.«

»Jetzt hör aber auf.«

»Das sagen die Legenden! Und heute weiß niemand mehr, was davon stimmt und was nicht. Es gibt etliche Geschichten um den Hellfire Club. Und über die Geister, die nachts in dem Gebäude ihr Unwesen treiben.«

Der Fahrer drehte sich zu ihnen. »Dort soll es komisch riechen, und die Geräusche da, die klingen nicht, als stammten sie von Tieren ...« Er stoppte das Taxameter. »Sie müssen jetzt schon zahlen. Ich warte eine halbe Stunde, wenn Sie dann nicht zurückgekommen sind, bin ich weg. Vielleicht bin ich auch schon früher weg, wenn ... Also ich kann für nichts garantieren!«

Tessa reichte ihm die auf dem LED-Display angezeigte Summe und legte noch zwanzig Euro drauf. »Wir sind schnell wieder zurück, ja?«

Er brummte.

Als sie ausstiegen, kam Janus der Nachthimmel schwerer vor als je zuvor, als wäre er kein samtenes Tuch, sondern zäher Teer, der drohte, sie beide zu erdrücken.

»Was sagt deine Hunde-App?«

»Hab noch gar nicht geschaut.« Janus schaltete sie ein. »Komisch.«

»Was ist komisch?«

»Ich hab eine Fehlermeldung. Wegen irgendwelcher Interferenzen. Aber wo sollen die hier bitte herkommen? Hier sind weder Funkmasten noch Hochspannungsleitungen.« Er schaltete das Handy wieder aus. »Ist es noch weit bis zur Grabungsstätte?«

»Die ist genau an der Hellfire-Club-Ruine.«

»Oh, wie idyllisch.«

»Und es sind noch ein paar Schritte.«

»Wir sollten die Handy-Taschenlampen aber besser auslassen, um Akku zu sparen, oder?«

Tessa blickte in die sich vor ihnen verdichtende Dunkelheit. »Ja, sollten wir lieber …«

»Habe ich dir eigentlich schon erzählt, dass man nicht singen und gleichzeitig Angst haben kann? Ist was Biologisches.«

»Ich hätte schon Sorge, dass wir etwas überhören, wenn wir jetzt losträllern.«

»Okay.«

Aber in seinem Kopf sang Janus: »There Is a Light That Never Goes Out« von den Smiths. Passte thematisch, war noch dazu eines der größten je geschriebenen Lieder, und er liebte es sehr. Es streichelte seine Seele und tröstete. Zumindest ein bisschen.

Aber als die ausgebrannte und verlassene Hunting Lodge vor ihnen auftauchte, die mit ihren grauen und von der Zeit geschwärzten Steinen wie eine mittelalterliche Kirche erschien, zeigte selbst dieser Song keine Wirkung mehr.

»Nachdem der Sturm das Dach abgetragen hatte, haben sie das neue aus Steinen gebaut«, erklärte Tessa leise.

Die Ruine wirkte wie eine menschengemachte Höhle. Und zwar eine, die von entflohenen Irren errichtet worden war, denn wer deckte schon ein Dach mit Steinen?

Janus und Tessa wurden langsamer, je näher sie der Ruine kamen, achteten verstärkt auf Geräusche und auch auf Gerüche. Jedes Zirpen schien aggressiv, jeder Duft wie ein Versuch, Gestank zu kaschieren.

Die Ruine war komplett von mannshohen Baugittern eingefasst, zusätzlich befand sich polizeiliches Absperrband darum. Doppeltes Band.

»Wir könnten hier richtig sein«, sagte Janus.

»Gordon?«, rief Tessa. Erst zögerlich und leise, als dürfte man die Stille der Nacht und das, was in ihr verborgen lag, nicht stören. Aber dann rief sie wieder und wieder, jedes Mal lauter und drängender.

Eine Antwort blieb aus.

»Wir müssen rein«, sagte sie. »Hast du irgendwo einen Eingang gesehen?«

Janus schüttelte den Kopf, griff sich eines der Gitter und stemmte es in die Höhe. Nur ein wenig, aber Tessa konnte darunter durchkriechen.

»Und du?«, fragte sie.

»Ich suche mir einen anderen Weg.«

»Quatsch! Unterschätze nie eine Westfälin! Vor allem nicht eine Ostwestfälin!« Sie packte das Gitter und hob es ebenfalls empor. Nicht so hoch wie Janus, aber hoch genug, dass er darunter durchpasste. Als sie es krachend wieder herunterfallen ließ, musste sie schwer schnaufen, hob aber die Augenbrauen so lässig, als wäre das Ganze ein Leichtes für sie gewesen.

Tessas Hochgefühl hielt nicht lange an, denn nun stand nichts mehr zwischen ihnen und den kalten Steinen der Hunting Lodge. Als hätte das Gitter zuvor nicht das Gebäude geschützt, sondern sie vor dem Gebäude.

»Du darfst ruhig vorgehen«, sagte Tessa. »Ich sichere dich dann nach hinten ab …«

Janus nickte und schaltete seine Handy-Taschenlampe ein. Dann trat er in das Gebäude, und sofort schienen alle Geräusche von draußen aus der Natur zu verstummen, sofort änderte sich die Luft und es roch muffig. Er fuhr mit dem Lichtstrahl die Wände ab. Sie waren vermost, mit Graffitis besprüht, und überall fehlten Steine, klafften Löcher wie Wunden. Wie bei geschundener, vernarbter Haut, dachte Janus. Der Boden war festgetrampelte Erde, auf der sich allerlei Müll fand, Zigarettenpackungen, Bierdosen, Alugrillschalen und verkohlte Holzreste.

Sie hörten ein unheimliches Heulen und fuhren zusammen.

»Bestimmt eine Eule«, sagte Janus.

»So klingen keine Eulen.«

Wieder das Geräusch, tief und lang.

»Und auch keine Wölfe oder Füchse oder sonst irgendwas«, sagte Tessa.

»Willst du lieber wieder gehen?«

»Ja.«

»Dann geh, ich schau nach, was das Geräusch macht.«

»Und ich soll dich allein lassen? Das hättest du wohl gern! Aber ich habe keine Lust, mir das die nächsten Jahre anzuhören.«

Janus musste lächeln, weil sie von Jahren sprach. Klang gut in seinen Ohren.

Das Geräusch war lauter, als sie es das nächste Mal hörten. Aber auch kürzer, kraftloser.

Stufen führten hinunter in eine noch dichter gewobene Dunkelheit, die vom Schein ihrer Handys nur durchlöchert wurde, aber nicht vertrieben werden konnte.

»Gordon?«, rief Tessa nochmals.

Wieder das Geräusch. Näher jetzt.

Hektisch fuhren sie mit den Lampen die Wände und den Boden ab. Alles wirkte abweisend, als wollte dieses Gebäude sie nicht in sich haben.

»Lass uns wieder gehen«, sagte Tessa. »Bitte!«

»Okay, lass uns gehen.« Er leuchtete zurück zur Treppe.

Was als Nächstes passierte, sah er zuerst nur aus den Augenwinkeln.

Etwas stieß gegen Tessas Bein, und sie schrie auf, trat um sich, rannte Richtung Treppe, stürzte, rappelte sich wieder auf und stolperte die Stufen empor.

Janus widerstand dem unbändigen Drang, ihr zu folgen, und richtete das Licht auf die Stelle, an der Tessa eben gestanden hatte.

Der Boden schien hier merkwürdig uneben.

Und er bewegte sich.

Janus erkannte ein Bündel Stoff, unförmig, dunkel, bedrohlich, sich windend, als wären Schlangen darin gefangen.

Er hielt inne, sein Herz raste, dann stürzte er sich auf das Bündel. »Gordon!«

Schnell zog Janus ihm den Stoff vom Kopf und dann das mit einem Schal fixierte Knäuel aus dem Mund.

Gordon rang nach Luft, spuckte auf den Boden, verrenkte den Kiefer, als müsste er erst wieder seinen richtigen Platz finden.

Tessa kam zurück und half Janus dabei, die straff gebundenen Kabelbinder um Beine und Arme zu lösen, indem sie ihren Haustürschlüssel als Säge benutzte. Gordon stank nach Alkohol. Genauer: nach Whiskey. Es strömte aus den Poren seines Gesichts, den Stoppeln seines Barts, dem Stoff seines Hemds, seiner Hose. Gordon war wie in Whiskey getränkt.

»Wer seid ihr?«, kam es lallend aus ihm.

Janus richtete das Licht auf sein Gesicht. »Deine WG.«

»Er kann jeden Moment …!«

»Jenkins ist in Haft. Er kann gar nichts mehr.«

Gordon versuchte aufzustehen, aber Beine und Arme versagten ihm den Dienst.

Tessa schloss ihn in die Arme und strich ihm sanft über den Rücken. »Warte, bis wieder Blut in deinen Gliedern ist.«

Gordon kamen die Tränen. »Er hat mir all die Geschichten über diese Scheißruine erzählt und mich dann hier liegen lassen!« Er holte tief Luft. »Ich hab noch nie in meinem Leben solche Angst …« Wieder ein Schwall Tränen, angesammelt in Stunden der Angst.

»Es tut mir so leid, Gordon!«, sagte Janus. »Wenn ich geahnt hätte, dass so etwas passieren könnte. Dass du …« Dann gingen ihm die Worte aus.

»Was wollte dieser miese Arsch von Jenkins?«, fragte Tessa.

»Wissen, was ich weiß und wem ich was erzählt habe.«

»Aber du wusstest: Wenn du ihm irgendwas erzählst, hat er keinen Grund mehr, dich am Leben zu lassen?«

Gordon nickte. »Deshalb hat er mich getreten und geschlagen und mir Whiskey eingeflößt. Er hat mir die Nase zugehalten und Unmengen in mich reingeschüttet. Dabei trink ich doch gar keinen Alkohol!«

Tessa löste die Umarmung und kramte in ihren Jackentaschen. Sie fand eine kleine Dose mit Hustenbonbons. »Hier, nimm dir eins, gegen deine … also, wird dir guttun.«

Janus stand auf und leuchtete den Rest des Raums ab.

Keine drei Meter von Gordon entfernt war ein Bereich mit aufgewühlter Erde, den die Archäologen augenscheinlich bereits durchgearbeitet hatten und nicht mehr anrühren würden.

Darin war ein Grab ausgehoben.

Gut anderthalb Meter tief und lang genug für Gordon.

Schnell leuchtete Janus woandershin, damit Gordon es nicht sah.

Etwas blitzte im Schein seiner Lampe auf. Janus ging zu der Stelle und fand einen großen metallenen Flachmann, der in der Ecke stand.

Als er ihn aufhob, merkte er, dass sicher ein Liter darin Platz fand. Janus drehte den Verschluss auf und roch daran: Whiskey. Kurz entschlossen nahm er einen Schluck. Es war, als träfe ihn eine Faust, die mit rotem Samt ummantelt war. Der Whiskey hatte Fassstärke, und nicht zu knapp, sicher über sechzig Umdrehungen. Ein ganzer Früchtekorb roter Beeren war zu schmecken, vermutlich weil der Whiskey in einem Rotweinfass nachgelagert worden war. Dazu kamen Malz, Gerste und etwas Holz. Am Gaumen gab er sich sehr cremig mit Anklängen an weißen Pfeffer.

Janus konnte sich nicht an viele Whiskeys erinnern.

Aber an diesen schon.

Denn sein Geschmack hatte ihn so beeindruckt wie der von keinem Whiskey zuvor.

Das Zeug war verdammt teuer.

Definitiv kein Whiskey, den man üblicherweise benutzte, um jemanden betrunken zu machen. Denn dafür würde auch der billigste Dreck reichen.

So einen Whiskey benutzte man dafür nur, wenn man ihn in großen Mengen besaß. Weil man ihn sehr günstig bekam oder sogar geschenkt.

Janus setzte die Flasche ab und verschraubte sie wieder.

Dann trat er zu Tessa.

»Ich weiß jetzt, welches Schwein hinter allem steckt.«

Drei Tage später.

Ganz Irland sollte die Wahrheit erfahren – bei der Open-Air-Abschlussveranstaltung des »Dublin Whiskey Festival«.

Im Innenhof des Castle war eine große Bühne errichtet worden, die von zwei Lichttraversen erleuchtet wurde. Über dreihundert Zuschauer saßen auf Stühlen davor. In den ersten Reihen fanden sich die Ehrengäste, alle angemessen herausgeputzt: schwarze Anzüge, Abendkleider. Darunter Dublins Bürgermeisterin Aishwarya Rai, zwei berühmte Fußballer, eine olympische Kunstturnerin, die schauspielenden Brüder Brian und Domhnall Gleeson, Bono sowie die Manager sämtlicher Dubliner Distillerys. Die Whiskey-Szene feierte sich selbst. Für das Ende des Abends war ein Feuerwerk in den Farben Irlands geplant.

Auf der Bühne traten eigentlich nur Musiker und Comedians auf. Als die »Drunken Poets Society« angekündigt wurde, führte das zu Stirnrunzeln im Zuschauerraum. Niemand kannte sie, aber der Society war es gelungen, die Veranstalter mit einer von Gordon erstellten Power-Point-Präsentation inklusive Drohnenflug-Videos und Musik so zu beeindrucken, dass man ihnen immerhin zehn Minuten für die Vorstellung ihres Whiskey-Projekts eingeräumt hatte.

Diese Präsentation würde es heute Abend allerdings nicht zu sehen geben.

In einer Nacht- und Nebelaktion und unter wechselnder Zuhilfenahme von Tessas stärkstem Kaffee und Boomers Lieblingswhiskeys hatte die Society eine andere Art von Vorstellung erdacht.

Janus rollte ein leeres Whiskeyfass auf die Bühne, während Tessa einen Pappmaché-Baum aufstellte und einen Vollmond auf einem großen Stativ im Zentrum der Bühne platzierte.

Rufus, ganz in Schwarz, sogar einen schwarzen Stetson tragend, setzte sich auf das Fass und versuchte, sich seinen Schuh zuzubinden.

Das Publikum wurde unruhig. Manche begriffen bereits, was hier gespielt wurde, sie pfiffen und johlten. Andere rutschten unruhig auf ihren Stühlen, als hätte jemand die Temperatur der Sitzflächen hochgedreht.

Boomer trat auf, gekleidet wie ein Landstreicher.

In diesem Augenblick war er aber nicht Boomer, sondern Estragon aus Samuel Becketts berühmtestem Theaterstück »Warten auf Godot«. Und Rufus gab Wladimir, die zweite Hauptfigur.

WLADIMIR (gibt es auf, seine Schnürsenkel zu binden):
Nichts zu machen.
ESTRAGON: Komm, wir gehen!
WLADIMIR: Wir können nicht.
ESTRAGON: Warum nicht?
WLADIMIR: Wir warten auf Good Dope.

Janus war auf das Wortspiel gekommen: »Good Dope« klang so schön nach »Godot«, und Dope konnte ja auch für Stoff im Sinne von Whiskey stehen. Aber ihm war klar, dass man das erst mal begreifen musste.

Einige Lacher erklangen.

Dann Applaus, der anschwoll. Janus stand lächelnd neben der Bühne, von der aus er das ganze Publikum im Blick hatte.

Der Plan funktionierte.

Zumindest für den Anfang.

ESTRAGON: Ach ja. Bist du sicher, dass es hier ist?
WLADIMIR: Was?
ESTRAGON: Wo wir warten sollen?
WLADIMIR: Er sagte, auf der Bühne vor dem Dublin Castle.
Beim Dublin Whiskey Festival.

Wieder Lachen. Diesmal von mehr Zuschauern.

ESTRAGON: Er müsste eigentlich hier sein.
WLADIMIR: Er hat nicht fest zugesagt, dass er kommt.

ESTRAGON: Und wenn er nicht kommt?
WLADIMIR: Kommen wir morgen wieder.
ESTRAGON: Und dann übermorgen.
WLADIMIR: Vielleicht.

Janus hielt den Atem an. Jetzt kam der Moment, an dem das Stück eine Abzweigung nahm, von der niemand im Publikum etwas ahnte.

ESTRAGON: Es kann natürlich auch sein, dass die Garda ihn gefasst hat.
WLADIMIR: Wen?
ESTRAGON: Den, der uns das Good Dope bringt. Vor allem Ecstasy.
WLADIMIR: Wieso macht der Typ das eigentlich?
ESTRAGON: Er hat sich das vielleicht von den Jungs abgeschaut, die in Champagnerflaschen Drogen schmuggeln. Gibt es auch. Und Whiskey ist ja nicht schlechter als Champagner!
WLADIMIR: Nein.

Im Zuschauerraum wurde getuschelt. Handys wurden in die Luft gehalten, um das Geschehen zu filmen.

ESTRAGON: Er wartet jetzt sicher darauf, was wir sagen.
WLADIMIR: Wer?
ESTRAGON: Der mit dem Good Dope. Er sitzt im Publikum. Und fragt sich, ob wir seinen Namen nennen. Und das werden wir natürlich.
WLADIMIR: Du kennst kein Erbarmen.
ESTRAGON: Er auch nicht. Drei Menschenleben hat er auf dem Gewissen. Fast ein viertes, und wer weiß, wie viele durch die Drogen verreckt sind, die er geschmuggelt hat.
WLADIMIR: Auch wahr. Kein Erbarmen also. Bist du sicher, dass es heute Abend war?

ESTRAGON: Was?

WLADIMIR: Dass wir warten sollten. Und dass er warten sollte.

ESTRAGON: Er sagte, am Abschlussabend des Festivals. Dadurch hatten wir Zeit, Beweise zu finden, die ihn eindeutig belasten.

WLADIMIR: Wo?

ESTRAGON: Im Digitalen. Weißt du, dass Dinge auch im Digitalen Spuren hinterlassen? Obwohl es da keine Abdrücke von Schuhsohlen oder Autoreifen gibt. Aber andere Spuren.

WLADIMIR: Zum Beispiel?

ESTRAGON: Ein Freund, er heißt Gordon, ist sehr gut mit Computern. Und er hat nicht nachgelassen, bis er etwas gefunden hat.

WLADIMIR: Etwas?

ESTRAGON: Viel. Weißt du, es motiviert sehr, wenn man beinahe ermordet wurde, weil jemand anders sein Geld mit Drogen macht.

WLADIMIR: Was hat er denn genau gefunden?

ESTRAGON: Vor allem Chats, die eigentlich schon gelöscht waren. Widersprüche in Frachtpapieren, Telefonlisten, Nachrichten auf digitalen Anrufbeantwortern.

WLADIMIR: So viel?

ESTRAGON: Wenn man weiß, wo man suchen muss, dann findet man auch. Es ist wie bei einem Wollknäuel: Hat man einmal den richtigen Faden und zieht daran, löst sich alles auf.

Jeder Muskel in Janus' Körper war angespannt. Seine Augen hielten sowohl das Publikum im Blick, vor allem eine bestimmte Person, die nicht aufstehen durfte, wie auch Rufus und Boomer, die ihren Text in kürzester Zeit hatten lernen müssen.

Jetzt gab er Gordon das Zeichen.

Auf den weißen Bühnenhintergrund wurde ein Live-Bild der ersten Besucherreihe projiziert.

Estragon trat an die Bühnenkante und zeigte auf sie.

ESTRAGON: Auf eine dieser Personen warten wir.
WLADIMIR: Warum sind sie jetzt hinter uns so groß zu sehen?
ESTRAGON: Damit es auffällt, wenn eine davon geht. Die anderen werden nämlich ganz sicher bleiben, weil sie wissen wollen, wer den guten Ruf des irischen Whiskeys zerstört. Wer auch immer aufsteht, der ist es.
WLADIMIR: Und falls jemand auf die Toilette muss?
ESTRAGON: Wird er sich das jetzt verkneifen. Es gibt auch keinen Anruf, der so dringend ist, dass man jetzt aufstehen müsste. Nichts ist gerade so dringend.
WLADIMIR: Das ist kein Theaterstück mehr, Estragon?
ESTRAGON: Doch. Und es ist eines von den guten, bei denen es um die Wahrheit geht.

Sie setzten sich auf den Bühnenrand und ließen die Beine baumeln.

WLADIMIR: Erzähl mir die Wahrheit, Estragon. Obwohl ich sie eigentlich nicht mag. Sie ist ein stacheliges Ding.
ESTRAGON: Unser Schmuggler …
WLADIMIR: Der Begriff klingt so romantisch und schön. So nach Abenteuer und Freiheit.
ESTRAGON: Ja, ich weiß. Wollen wir einen anderen Begriff nehmen?
WLADIMIR: Gerne.
ESTRAGON: Dann sagen wir … die Spinne. Denn sie zog alle Fäden und bekam die Beute. Ist das gut?
WLADIMIR: Ja.
ESTRAGON: Dann also die Spinne. Sie hatte einen Garda im Sack, von der Abteilung für organisiertes Verbrechen und Drogenhandel. Was perfekt passte. Dann erfuhr die Spin-

ne, dass eine Gruppe von Schriftstellerinnen und Schriftstellern in ihrer Distillery rumschnüffelte, die »Drunken Poets Society«. Und die Spinne wollte wissen, was es damit auf sich hat. So was war natürlich unter der Würde eines Garda, dessen zentrale Aufgabe in dieser Sache darin bestand wegzuschauen, also besorgte sich unsere Spinne einen konventionellen Mörder, einen Ripper. Und der verfolgte die Society, der steckte eine Distillery in Brand, der erschoss eine Autorin beinahe. Nachdem er zuvor zwei Menschen umgebracht hatte, die den Drogenschmuggel durchführten, aber plötzlich mehr Geld haben wollten.

WLADIMIR: Das geht natürlich nicht. Denn Geld hat man ja nie genug.

ESTRAGON: Eben.

Janus blickte auf die Spinne im Publikum. James Dean und Tessa hatten sich rechts neben der ersten Reihe postiert, Alice und Ciara links. Aber ob das bei einer Flucht reichen würde, war unklar. Sie hatten die Garda nicht überzeugen können herzukommen.

ESTRAGON: Es kann dauern, bis man ein Spinnennetz erkennt. Die Sonne muss hell scheinen, der Winkel genau richtig sein und man selbst nah genug dran. Auch die Society brauchte mehrere Dinge, bis sie klarsah.

WLADIMIR: Erzähl mir davon, Estragon.

ESTRAGON: Man nennt es Indizien. Ein Freund hat gelauscht und gehört, wie diese Herrschaften hier, und diese Dame natürlich, die Dublins Distillerys leiten, sich darüber unterhalten haben, dass es sehr viel Geld braucht, um einen neuen Whiskey am Markt zu etablieren. Sie schienen zu denken, dass eine der Distillerys eigentlich nicht genug davon haben konnte für all ihre Marketing-Aktivitäten. Aber einen Sponsor gab es nicht. Merkwürdig, oder?

WLADIMIR: Ja, Estragon. Sehr merkwürdig.

ESTRAGON: Noch ein anderes Indiz: Eins der Mitglieder der Society hat im Lager der Spinne gearbeitet. Dort war es unglaublich wichtig, welcher Kunde in welchem Land welche Charge genau erhielt. Als da einmal etwas schiefging, war der Teufel los und der zuständige Mitarbeiter wurde entlassen. Wegen einer Lappalie. Denn eigentlich hätte ja in jedem Karton der gleiche Whiskey sein müssen.

WLADIMIR: Merkwürdig. (Er blickt ins Publikum.) Ist doch merkwürdig, oder? (Er springt von der Bühne.)

ESTRAGON: Und dann hat ein Deutscher, ich betone das hier, weil es ein Ire hätte sein sollen, beim von Detective Jack Jenkins entführten Gordon W. Hickley einen Whiskey entdeckt, der ihm eingeflößt wurde, um Antworten zu erhalten. Und der stammte von der Distillery der Spinne. Sehr viele Zufälle, oder?

WLADIMIR: Ja. (Er baut sich vor den Managern von Jameson, Roe & Co, Pearse Lyons, Teeling und der Dublin Liberties Distillery auf.)

ESTRAGON: So viele Zufälle, dass wir nach weiteren gesucht haben und schließlich handfeste Beweise fanden.

WLADIMIR: Aber wer ist denn nun die Spinne? Auf wen warten wir hier? Wer hat das Good Dope?

ESTRAGON: Die Flasche stammte von … Roe & Co.

Kiefer Kavanagh von Roe & Co zuckte zusammen, die Menge saugte die Luft ein.

ESTRAGON: Aber das war Ablenkung! Falls einer der Kartons entdeckt werden würde. Dann wäre die Konkurrenz schuld.

WLADIMIR: Sehr schlau.

ESTRAGON: Absolut. Und weißt du, was auch schlau ist?

WLADIMIR: Nein, das weiß ich leider nicht. Wusste ich nie, werde ich nie wissen.

ESTRAGON: Dass in diesem Moment die Distillery der Spinne von engagierten Bürgerinnen und Bürgern Dublins durchsucht wird.

Janus nickte Gordon ein weiteres Mal zu, der sich in den Videofeed der Distillery klinkte und ihn auf die Bühnenwand warf. Dort sah man Charles aus dem ›Sweny's‹, die dichtende Taxifahrerin, Boomers Frau und weitere Freunde und Bekannte der Society, sicher zwei Dutzend Menschen, die sich mit Schlüsseln, die Boomer hatte nachmachen lassen, Zutritt zur Distillery verschafften.

Einige der Zuschauer erkannten die Distillery direkt, andere fragten ihre Nachbarn, es wurde laut. Ein Mann erhob sich, sein Gesicht rot wie ein lange im Portweinfass nachgelagerter Whiskey.

»Das ist eine Unverschämtheit! Ich schaue mir diese unfassbaren Unterstellungen nicht länger an!«

Er wollte fortstampfen, aber Rufus / Wladimir packte ihn. Doch die Spinne riss sich wieder los und warf Rufus zu Boden, der sein Bein ergriff und so heftig daran zog, dass der Mann neben ihm auf der Erde landete.

WLADIMIR: Darf ich vorstellen: Dublins Spinne. Lee Byrne von Teeling. Herausragender Whiskey-Produzent und internationaler Drogendealer!

Byrne versuchte wieder, sich loszureißen, aber Rufus drehte ihm einen Arm auf den Rücken. Andere Gäste, vielleicht Freunde von ihm oder Mitarbeiter von Teeling, versuchten Byrne zu helfen. Aber von den Seiten kamen die anderen Society-Mitglieder und Tessa, sie bildeten einen Kreis um Rufus und Byrne.

Janus rief über sein Handy die Garda. Jetzt gab es hier einen Tumult, jetzt mussten sie kommen. Und Gordons Nachforschungen zufolge war ihr Eingreiftrupp bei Teelings mittlerweile schon auf Hinweise gestoßen.

ESTRAGON (spricht laut, über den Lärm hinweg): Wir mussten Lee Byrne nicht dazu bringen, zu gestehen. Wir mussten ihn nur dazu bringen, hierzubleiben. Denn in der Zwischenzeit wurde bei Teeling ja alles auf den Kopf gestellt, was ihm niemand mitteilen konnte, denn wir haben ja verhindert, dass er an sein Handy geht. Wir sind nichts als ein Ablenkungsmanöver, Wladimir.

WLADIMIR (muss nun auch rufen): Oh. Wir arbeiten für die Garda?

ESTRAGON: Nein, wir arbeiten für unser Land, die schönste grüne Insel auf dem ganzen Globus.

WLADIMIR: Und warum haben wir die Aufklärung dieser Mordserie auf der Bühne inszeniert?

ESTRAGON: Weil wir die verdammte »Drunken Poets Society« sind!

Applaus. Zögerlich. Dann lauter. Schließlich tosend.

»D'Éirinn!«, brüllte Boomer, was »Für Irland« bedeutete, und verbeugte sich.

Janus ging zu Gordon, der an seinem Notebook saß. »Hast du alles aufgezeichnet?«

Gordon nickte. »Wird gerade hochgeladen. Es ist endlich vorbei, oder? Kein Grund mehr für Todesangst?«

»Nein. Nur wegen des ganz normalen Wahnsinns in der Welt.«

EPILOG

»Jedes Mal, wenn du mich küsst,
ist es wie Sonnenschein und Whiskey.«

Frankie Ballard

Ein gutes Jahr später.

Der »The Winding Stair Bookshop« hatte in seiner Geschichte noch nie einen solchen Menschenauflauf erlebt. Von der grünen Fassade waren nur noch der oberste Teil und der Name in Serifenschriftzug zu erkennen. Denn vor der kleinen Fensterfront und der gläsernen Eingangstür drängten sich die Menschen, weil drinnen kein Platz mehr war. Ein Fernsehteam hatte es tatsächlich fertiggebracht, im winzigen Bookshop eine Kamera aufzubauen, Radiosender hielten große Mikrofone in der Hand, dazu kamen Vertreter der Presse, die ihre Fotoapparate im Anschlag hielten.

Außerdem waren einige persönlich eingeladene Gäste da, aus Irland wie Deutschland.

Es gab Kleinigkeiten aus dem Restaurant in der ersten Etage zu essen. Smoked Haddock, Black Pudding oder Boxty Potato Cake, alles in Tapasgröße und so angerichtet, dass man es essen konnte, ohne nachher mit fettigen Fingern die Bücher in den Regalen anzutatschen.

Wie auf einen geheimen Befehl hin traten sieben Gestalten aus dem Hinterraum in die Buchhandlung, schwarz gekleidet und mit Motorradmasken.

Die größte von ihnen sprach mit so tiefer Stimme, als wäre sie gerade einer Gruft entstiegen und noch mit Erdreich bedeckt.

»›Und ich hab gedacht na schön er so gut wie jeder andere und hab ihn mit den Augen gebeten er soll doch nochmal fragen ja und dann hat er mich gefragt ob ich will ja sag ja meine Bergblume und ich hab ihm zuerst die Arme um den Hals gelegt und ihn zu mir niedergezogen daß er meine Brüste fühlen konnte wie sie dufteten ja und das Herz ging ihm wie verrückt und ich hab ja gesagt ja ich will Ja‹.«

Ein älterer Mann lehnte sich zu dem ganz rechts stehenden Maskierten, bei dem ein Vollbart die Motorradmaske ausbeulte. »Was bedeutet das, Janus?«

»Wart's ab, Vater. Er erklärt es gleich.«

»So endet«, fuhr der große Maskierte fort, »der letzte Satz in James Joyce' ›Ulysses‹. Ein Satz über fünfundsiebzig Seiten ohne Satzzeichen. Wir haben dieses Ende auf das Etikett unseres Whiskeys gedruckt, den wir »Writers' Laughter« genannt haben. Manchmal mögen Schriftsteller und Schriftstellerinnen vielleicht weinen, aber genauso oft lachen sie. Vor allem, wenn sie aus Dublin stammen.«

Eine schlanke, maskierte Gestalt trat neben ihn.

»Ist sie das?«, fragte Janus' Vater ihn. »Die gestorben ist. Also nicht in echt. Mit der alles anfing?«

»Ja, das ist Ciara.«

»Unser erster Whiskey ist gesourct«, erklärte Ciara. »Und das passt gut zu uns. Denn jeder, der schreibt, nimmt sich etwas von anderen Autorinnen und Autoren und verschmilzt es zu etwas ganz eigenem. Genauso haben wir es mit dem Whiskey gemacht. In drei Jahren wird es dann unseren ersten eigenen ungesourcten geben.«

»Lassen Sie uns anstoßen!«, sagte eine Gestalt, bei der ein Hawaii-Hemd mit rosa Flamingos unter dem schwarzen Pullover hervorlugte. »Und lassen Sie uns die Maske lüften!«

Damit zogen alle Mitglieder der »Drunken Poets Society« ihre Masken unter Applaus ab. Auch Bee war darunter, die ihr Bewusstsein, ihre Gesundheit und ihre gute Laune wiedererlangt hatte. Was vor allem daran lag, dass sie sich an die Nacht, in der sie angeschossen wurde, nicht mehr erinnern konnte.

Die Mitglieder der Society verteilten den auf silbernen Tabletts in Gläser eingeschenkten Whiskey. Im Hintergrund, geschützt durch ein Bücherregal, schaute Gordon zu, der es sich nicht hatte nehmen lassen, heute mit dabei zu sein.

»Ein Teil davon ist der Whiskey, durch den wir den Drahtzieher überführen konnten«, sagte Janus zu seinem Vater, als er ihm ein Glas reichte. »Die Distillery war so nett und hat ihn gespendet. Er bringt die beerige Note mit.«

Es gab nur wenige Hundert Flaschen, denn Boomer hatte sich entschieden, keine finanzielle Unterstützung seiner Familie anzunehmen. Er fand, es hätte den ganzen Ansatz des Whiskeys ad absurdum geführt: von Autorinnen und Autoren mit Geld geschaffen, das sie mit ihren Werken verdienten.

Janus' Vater roch skeptisch daran. »Also riechen tut er schon mal gut. Gefällt mir auf jeden Fall besser als dein Bart. Muss das denn wirklich sein?«

»Muss sein.« Er grinste. »Steht so in meinem Mietvertrag. Tessa lässt sich deshalb jetzt auch einen wachsen.«

Als alle ein Glas in der Hand hielten, trat Alice nach vorne, die sich am Hals ein neues Tattoo mit dem »Book of Kells« hatte stechen lassen.

»Wir dürfen heute noch zwei weitere Werke präsentieren. Meinen Kriminalroman ›Der Doppelmord von Dublin‹. Und das autobiografische Buch von Janus Rosner, in dem er beschreibt, wie er einen falschen Mord beobachtet und schließlich einen echten löst. Es trägt den Titel ›Ein Schuss Whiskey‹.«

Das Cover von Alices Buch zeigte die Nahaufnahme einer Patrone. Sie war von dem Kaliber, das der Ripper benutzt hatte. Wer genau hinsah, konnte erkennen, wie das Metall, das mit Whiskey begossen war, glänzte. Janus hatte sich bei seinem Buch für ein Cover entschieden, das ein Glas Whiskey und eine Schusswaffe kombinierte.

Der große Dubliner Verlag, bei dem Alices Roman erschien, veröffentlichte erfreulicherweise auch Janus' Buch. In Deutschland erschien es zeitgleich bei einem Verlag, der zu Janus' besonderer Freude in Köln beheimatet war – was er Tessa bei jeder sich bietenden Gelegenheit unter die Nase rieb. Leider hatte sie zwischenzeitlich herausgefunden, dass er von der Schäl Sick stammte, also rechtsrheinisch geboren war, und damit als Ostrheinländer zu gelten hatte – was sie ihm als Ostwestfälin bei jeder sich bietenden Gelegenheit unter die Nase rieb.

Alice und Janus lasen kurze Passagen aus ihren Büchern.

»Eins war uns beiden wichtig«, erklärte Janus zum Schluss. »In beiden Büchern finden sich Epiloge. Aber alle Leserinnen und Leser, die wissen wollen, wer der Täter ist, und nach hinten blättern, um es direkt zu Beginn ihrer Lektüre herauszufinden, werden im Epilog keinen Hinweis darauf finden. Dafür muss man schon die ganzen Bücher lesen!«

Applaus und Lachen, aber auch scherzhafte Buhrufe.

Als alles verebbte, bat Alice um Ruhe und verkündete, wem Janus und sie ihre Bücher gewidmet hatten: Beatrice »Bee« Flowa.

Es wurde ganz still im »The Winding Stair«.

Alice und Janus erhoben ihre Gläser. »Angels' Tears«, sagte Janus, »wird der Anteil am Whiskey genannt, der bei der Reifung aus den Fässern entschwindet. Wir hoffen, dass alle Tränen unseres Whiskeys den Weg der Engel Irlands gefunden haben, damit Bee jetzt nie wieder angeschossen wird und hundert Jahre alt. Mindestens! Auf dich, Bee!«

Sie stießen an, Bee konnte nicht anders, als die Tränen rollen zu lassen.

Danach trat Janus zu seinem Vater und stieß auch mit ihm an. Er hatte schon ein Exemplar des Buches bekommen. Um genau zu sein, war es das allererste, das Janus selbst erhalten hatte. In der Danksagung fand sich eine ganze Seite darüber, was sein Vater ihm bedeutete. Janus hatte seinen Vater natürlich nicht darauf hingewiesen, weil er ihm die Überraschung nicht verderben wollte.

»Ich hab versucht, dein Buch zu lesen«, sagte Janus' Vater nun. »Aber weißt du, diese langen, komplizierten Sätze, diese ganzen Vergleiche und dein Humor. Das ist nichts für mich. Ich hoffe, du bist mir nicht böse.«

Janus trank schnell einen Schluck Whiskey. »Nein, Vater, alles gut.« Er bleckte kurz die Zähne. »Wirklich alles gut.«

»Aber ich wollte dir noch etwas sagen.« Er nahm Janus' Hand in seine. »Nämlich, dass ich sehr stolz darauf bin, wie du dich bei dieser Mordermittlung geschlagen hast. Ich habe jeden Zeitungsartikel darüber gelesen und auch mit einem Kollegen von der Dubliner Garda gesprochen. Jetzt bist du doch noch in meine Fußstapfen getreten. Das hatte ich gar nicht mehr zu hoffen gewagt.« Er lächelte.

Es war etwas, das Janus nur sehr selten bei ihm sah. Das machte es so wertvoll.

Tessa hakte sich bei ihm unter. »Alles gut bei euch?«

»Ja, jetzt schon.«

Sie lehnte ihren Kopf an seine Schulter und flüsterte in sein Ohr. »Hast du deinem Vater schon erzählt, dass du dich jetzt auf True Crime verlegen willst?«

»Es würde ihn nicht interessieren. Und das ist okay für mich. Denn die Bücher werde ich nicht für ihn schreiben, sondern für mich. Weil es das ist, was ich schreiben will.«

Tessa gab ihm einen Kuss. »Find ich gut.« Sie grinste. »Obwohl dir das auch völlig egal sein müsste.« Dann verschwand sie im Getümmel.

Ein Mann trat auf Janus zu. »Hey, ich wollt dir noch mal für die persönliche Einladung danken, hat mich echt gefreut!«

Janus hatte keine Ahnung, wer der adrett gekleidete Mann mit dem souveränen Auftreten eines Hedgefonds-Managers war. Dieser reichte ihm nun die Hand. »Ich heiße übrigens Phileas.«

»Janus«, sagte Janus, dem jetzt erst klar wurde, dass dies Finn/Phil/Finneas war. Er hatte ihn nie zuvor nüchtern gesehen. Phileas schien jetzt ein völlig anderer Mensch. Dr. Whiskey und Mr High Tea, dachte Janus schmunzelnd.

Auch Charles von »Sweny's« war gekommen, gekleidet wie Oscar Wilde. Er gab gerade ein paar Smash Hits des Viktorianischen Zeitalters auf seiner Gitarre zum Besten.

Eine ältere Dame trat zu Janus und umarmte ihn so fest, dass Janus die Luft wegblieb. Wieder hatte er keinen Schimmer, wen er vor sich hatte.

»Zur Feier des Tages«, erklärte die Frau, während sie einen Zettel aus ihrer Handtasche kramte und auseinanderfaltete, »habe ich ein kleines Gedicht verfasst.« Sie räusperte sich. »Aus Deutschland kam ein junger Mann / der trinken und auch schreiben kann / Mein Taxi fuhr ihn überallhin / einen Mord aufzuklären hatte er im Sinn / Eines Tages wird er küssen meine Lippen / Und auf der Rückbank wippen.« Sie kicherte. »Ist ein wenig anzüglich, aber das mögen meine Fahrgäste.« Sie reichte ihm den Zettel. »Darfst du haben, ein Geschenk für dich.« Sie drückte ihm einen Schmatzer auf die Wange, bevor sie sich auf den Weg machte, um ihr leeres Glas in ein volles zu verwandeln.

Mit einem Mal stand Tessa wieder neben ihm.

»Eifersüchtig?«, fragte Janus.

»Wie Bolle.«

Rufus schlug auf eine große Schiffsglocke, die er dafür extra mitgebracht hatte. »Die Prozession beginnt!« Er ging vor und schritt aus dem Bookshop hinaus, durch die davor wartende Menge.

»Wohin geht es?«, fragte Tessa, als Janus sich ihm anschloss.

»Wir gehen zur Liffey, schießen einer Schaufensterpuppe in den Kopf, die so gekleidet ist wie Ciara damals, und schmeißen sie in den Fluss. Denn damit hat alles angefangen und damit soll alles enden.«

»Ihr seid total krank, das wisst ihr schon, oder?«

»Wir sind Schriftstellerinnen und Schriftsteller. Das gehört dazu. Die Frage ist, ob du dich langfristig daran gewöhnen könntest?«

Tessa kaute auf ihrer Unterlippe, aber dann nickte sie. »Wir Westfälinnen sind ja sehr leidensfähig.«

»Und dass ich mich zukünftig weiter mit Mord und Totschlag beschäftigen werde, ist auch okay?«

»Solange du beides nicht zu Hause praktizierst, ist das völlig okay.«

»Sag mal, Tessa.«

»Ja? Was soll ich sagen?«

Janus zögerte. »Würdest du mir den ›Ulysses‹ vorlesen?« Seine Welt verlief für einen Augenblick in Zeitlupe.

»Klar«, sagte Tessa. »Wird eine Weile dauern. Wird auch nicht immer einfach sein. Aber sicher lustig. Also wenn du das willst: gerne.«

»Ja«, sagte Janus. »Ich will.«

HOMEPAGE DER »DRUNKEN POETS SOCIETY«

DAS WHISKEY-GLOSSAR

(Darf nur mit einem Glas irischem Whiskey in der Hand gelesen werden!)

ANGELS' SHARE

Wörtlich: der Anteil der Engel. Pro Jahr verdunsten zwischen 0,5 und 2 % der Flüssigkeit im Fass. Dieser Anteil am Whiskey, der sich durch die Fassreifung verflüchtigt, ist für die Engel. Irland ist deshalb bevorzugtes Urlaubsziel vieler himmlischer Wesen.

BARLEY

Barley, zu deutsch Gerste, ist das Ausgangsprodukt von Malt Whiskeys. Ihre Provenienz hat weit weniger Einfluss auf die Qualität eines Whiskeys, als man annehmen möchte. Sie stammt oft von irgendwo auf der Welt. Ein neuer Trend besteht darin, lokale Gerste zu verwenden. Wenn es sogar die selbst angebaute Gerste der Distillery ist, spricht man in Kombination mit dem → *New Make* vom »Grain to Glass«- oder »Farm to Glass«-Prinzip.

BLENDED WHISKEY

Ein *Blended Whiskey*, oder kurz »Blend«, besteht nicht ausschließlich aus → *Malt Whiskeys*. Nein, für einen Blend werden → *Malt Whiskeys* mit den günstigeren → *Grain Whiskeys* wie auch → *Pot Still Whiskeys* (allerdings nur in Irland!) vermählt. Dabei kann ein Blend aus Whiskeys verschiedener Distillerys bestehen. Wobei in der Regel mehr *Grain* als *Malt Whiskey* verwendet wird. Durch unsere *Pot Still Whiskeys* haben wir Iren übrigens viel mehr Kombinationsmöglichkeiten als die Schotten!

BOURBON CASK

Korrekterweise Ex-*Bourbon-Cask*, denn in so bezeichneten Fässern reifte zuvor Bourbon. Sie sind die am häufigsten genutzten Fässer für *Irish Whiskey*. Je häufiger ein Fass benutzt wird, umso weniger Aromen gibt das Holz ab. Manche werden deshalb von Küfern wiederaufbereitet.

CASK STRENGTH

Fassstärke. Ein Whiskey hat Fassstärke, wenn er ohne Verdünnung mit Wasser vom Fass bzw. den Fässern auf Flaschen gefüllt worden ist.

COOPER

Küfer. Er produziert, bereitet auf und repariert Fässer und Bottiche.

DARRE

Die keimende Gerste wird im Produktionsprozess getrocknet – und damit der Keimvorgang gestoppt. Dafür wird sie auf einem perforierten Boden in der sogenannten *Darre* ausgebreitet. Von unten strömt dann Rauch aus einem Torffeuer oder heiße Luft ein.

DUBLIN

Welthauptstadt des Irish Whiskey!

DRUM MALTINGS

Die moderne und zugleich sehr effektive Art des Mälzens wird in einer sich drehenden Trommel durchgeführt. Im Gegensatz zu traditionellen → *Floor Maltings.*

FÄRBEN

Schauen Sie mal genau auf das Etikett Ihres Whiskeys. Sehr häufig ist dort eine Zutat namens »Zuckerkulör« verzeichnet. Es dient der einheitlichen Farbgebung. Ohne Zuckerkulör wären Whiskeys nicht nur sehr unterschiedlich dunkel, sondern vor allem insgesamt viel heller. Lange dachte man, nur → *Blended Whiskeys* seien gefärbt, dabei trifft das auch für die meisten → *Single Malts* zu.

FINISHES/FINISHING

Whiskeys reifen in der Regel in gebrauchten Ex-Bourbon- oder Ex-Sherry-Fässern. Werden sie nach der eigentlichen Reifezeit noch in ein anderes Fass gelegt, nennt man dies ein *Finish* bzw. *Woodfinish*, momentan ein großer Trend in der Whiskeywelt. Diese zweite Reifungsphase ist allerdings deutlich kürzer, sechs Monate sind nicht unüblich, aber auch zwei Jahre kommen vor. Die Fässer können vorher Portwein enthalten haben, Madeira, Cognac, süßen Wein aus dem Bordelais, Rotwein aus dem Rioja, Cidre, gutes irisches Bier, möglich ist einfach alles. Die Whiskeys mit zweiter Reifung sind in der Regel teurer als normale Abfüllungen und können komplexer und ausgesprochen faszinierend sein – wenn auch weniger typisch. Aufpassen muss man bei den *Finishes* einiger → *Unabhängiger Abfüller.* Bietet ein Whiskeyfass wenig Ausdruck, poliert man den Inhalt manchmal mit einem wohlklingenden *Finish* auf. Doch ein schwacher Whiskey bleibt ein schwacher Whiskey.

FIRST FILL

Fässer, die erstmals mit Whiskey befüllt werden. Ein relativ neuer Trend in der Whiskeywelt ist das Setzen auf Fässer, in denen zuvor kein anderes alkoholisches Getränk gereift ist, die also frisch vom Küfer kommen. In dem Fall spricht man von »*New Oak*«.

FLOOR MALTING

Die traditionelle Form, in der das → *Mälzen* stattfindet (im Gegensatz zu den modernen → *Drum Maltings*). Dabei werden die Gerstenkörner auf einem Boden (*Floor*) zum Keimen gebracht – und werden dadurch zu Malzkörnern.

GRAIN WHISKEY

Grain Whiskey kann aus so ziemlich jedem Getreide hergestellt werden, meist werden jedoch Weizen, Roggen, ungemälzte Gerste oder – in Irland sehr üblich – Mais verwendet. Sie werden in einer → *Patent Still* destilliert. Selten gibt es einzeln abgefüllte Whiskeys dieser Spielart – also *Single Grain Whiskeys* (Teeling oder Kilbeggan erzeugen aber welche) –, da sie fast ausschließlich in → *Blended Whiskeys* Verwendung finden. *Grain Whiskey* fällt im Geschmack leichter aus als *Malt Whiskey*.

GRIST

Das gemahlene Malz (Schrot), welches für die Whiskeyherstellung benötigt wird. Dieses darf nicht zu grob sein, denn dann würde nicht ausreichend Zucker gelöst werden, aber auch nicht zu fein, da es sonst klumpen würde.

HEADS

Auch Vorlauf oder *Foreshot*. Der erste bei der Destillation erzeugte Brand, der aber viele Inhaltsstoffe aufweist, die man nicht im Whiskey haben möchte. Deshalb wird er nicht verwendet. Es folgen → *Heart* und schließlich → *Tails*.

HEART OF THE RUN

Auch *Middlecut* genannt. Das Herzstück des Feinbrands, der durch die Destillation im → *Spirit Still* entsteht. Es wird exakt vom ungenießbaren Vor- (*foreshot*) und Nachlauf (*feint*) getrennt. Das gute Zeug!

INTERMEDIATE STILL

Die Brennblase für den zweiten der drei in Irland üblichen Destillationsgänge. Für den ersten wird die → *Wash Still* verwendet, für den dritten und letzten die → *Spirit Still*. Die Größe der Brennblasen ist abnehmend. Mit jedem Brenndurchgang erhöht sich der Alkoholanteil. Das Ergebnis der Destillation in der *Intermediate Still* weist ca. 70 bis 72 % Alkohol auf.

IRISH WHISKEY

In der Republic of Ireland oder Northern Ireland hergestellter Whiskey, der drei Jahre in Holzfässern gereift ist. In der Regel dreifach destilliert. Zwei Dinge unterscheiden *Irish Whiskey* typischerweise von schottischem.
Erstens: In Irland wird gemälzte, aber auch ungemälzte Gerste (*unmalted barley/field barley*) verwendet (→ *Pot Still*). Ungemälzte Gerste ist schwieriger zu verarbeiten und erfordert eine andere Behandlung der Maische. Wir Iren scheuen diese Mühen nicht! Denn dafür wird man mit feinen Aromen belohnt!
Zweitens: *Irish Whiskey* wird dreifach statt zweifach destilliert, was ihn weicher werden lässt.

KILN

Zum einen die Bezeichnung für den Ofen, in dem das keimende Malz getrocknet wird, zum anderen die für das Gebäude, in dem sich der Ofen und die → *Darre* befinden. Die Gebäude erkennt man am typischen Pagodendach – heute sind die meisten davon allerdings nur noch Zierde, denn die wenigsten Distillerys stellen ihr Malz noch selbst her.

KÜHLFILTRIERUNG/KALTFILTRIERUNG

Eine kosmetische Behandlung, bei welcher der Whiskey auf -4 bis

0 °C abgekühlt wird, um Trüb- und Schwebstoffe herausfiltrieren zu können. Dem Genießer soll kein Whiskey zugemutet werden, der bei Zugabe von Wasser oder durch Temperaturveränderungen trüb wird oder bei dem sich Stoffe am Boden absetzen können.
Das Problem ist: Mit herausfiltriert werden auch Geschmacksstoffe. Wem Geschmack wichtiger als Aussehen ist, der sollte deshalb auf den Hinweis »*Unchillfiltered*« oder »*Non Chill Filtered*« achten.

LOW WINES

Der Rohbrand aus den → *Wash Stills* (nach der ersten Destillation). *Low Wines* weisen in der Regel einen Alkoholgehalt von ca. 22 % bis 23 % (manchmal auch bis zu 40 %) auf. Der *Low Wines Receiver* ist der Behälter, in dem die *Low Wines* aufgefangen werden, bevor es in die zweite Stufe der Destillation, die → *Intermediate Stills* (bei einer Dreifachdestillation) oder die → *Spirit Stills* (bei einer Zweifachdestillation), geht.

MALT (MALZ)

Namensgeber des Single Malts, wird wie folgt erzeugt: Die in Wasser eingeweichte Gerste wird zum Keimen gebracht. Allerdings nur bis zu einem gewissen Punkt, weshalb der Vorgang durch eine Trocknung in einer → *Darre* unterbrochen wird. Mit mehr oder weniger oder gar keinem Torffeuer.

MALT WHISKEY

Ausschließlich aus Gerstenmalz im sogenannten *Pot-Still*-Verfahren gebrannt (im Gegensatz zum günstigeren und industrielleren *Patent-Still*-Verfahren bei → *Grain Whiskey*).

MASH TUN

Maischebottich. In ihm wird die gemälzte Gerste mit heißem Wasser vermischt, Enzyme wandeln den Malzzucker in Traubenzucker und andere Zuckerarten um. Das Ergebnis ist eine süße Flüssigkeit, die *Wort* (Würze) genannt wird.

NEW MAKE/NEW SPIRIT

Der frisch destillierte Whiskey, der eigentlich noch gar keiner ist – da er dafür ja mindestens drei Jahre im Fass reifen muss. Manchmal auch nur als »The Make« bezeichnet.

NOSING

Am Whiskey riechen. Ein sehr wichtiger Bestandteil des professionellen Verkostens, um unerwünschte Aromen, Herstellungsfehler oder einfach die überlegene Qualität von Irish Whiskey festzustellen.

NOSING GLAS

Ein spezielles Glas zur Verkostung von Whiskey. Es hat die Form einer Tulpe, wodurch leicht flüchtige Duftstoffe länger im Glas verbleiben.

ON THE ROCKS

Auf Eis. Ein völliges No-Go bei einem Single Malt, da die Kälte den Geschmack beeinträchtigt. Bei einem einfachen → *Blended Whiskey* dagegen durchaus erlaubt.

PATENT STILL/COLUMN STILL/COFFEY STILL

1830 erfunden von dem Iren (!) Aeneas Coffey. Stählerne Kolonnenbrennblase, die eine kontinuierliche Destillation ermöglicht. → *Pot Stills* müssen dagegen nach jedem Brennvorgang gesäubert werden. Whiskey aus *Patent Stills* weist weniger Aromen auf, ist alkoholisch dafür stärker.

PEATED

Peat ist das englische Wort für Torf, ein Peated Whiskey somit einer mit ausgeprägtem Torfcharakter. Dieser wird durch das

Trocknen der gemälzten Gerste über einem Torffeuer erzeugt. Die aromatischen Bestandteile sind in diesem Fall Phenole, welche in ppm (*parts per million*) gemessen werden. In Schottland noch verbreitet, früher auch in Irland üblich, heutzutage sehr selten. Wir haben uns weiterentwickelt! Lange Zeit war »Connemara« der einzige getorfte Whiskey unseres Landes.

POITÍN/POTEEN

Ausgesprochen »Potschien«. Nicht gereifter Whiskey in Fassstärke. Die Ursprungsform unseres Whiskeys. Traditionell ein Erzeugnis von Schwarzbrennern, die ihn mit kleinen *Pot-Still*-Anlagen herstellten. Kann mit Gerste oder anderem Getreide erzeugt werden – früher fanden aber auch Kartoffeln Verwendung. Der erste komplett in gälischer Sprache gedrehte Film »Poitín«(1979) setzt diesem stolzen irischen Destillat ein Denkmal. Geschmacklich erinnert er an Korn oder Wodka. Wird gerade – und verdientermaßen – zu einem Trend. Immer mehr Whiskey-Distillerys bieten auch *Poitín* an. Gibt es in Schottland nicht!

POT STILL WHISKEY

Für diese irische Spezialität wird sowohl gemälzte als auch ungemälzte Gerste verwendet. Hat sich infolge der Malzsteuer, die von den vermaledeiten Engländern im 18. Jahrhundert in Irland eingeführt wurde, entwickelt. Wir Iren umgingen einen Teil der Steuern, indem wir auch ungemälzte Gerste für unsere Whiskeys verwendeten. Ganz ersetzen lässt sich die gemälzte Gerste nicht, sonst läuft die Gärung nicht mehr einwandfrei ab. Im Ergebnis führt diese Beimischung, deren Anteil nicht festgelegt ist, zu fruchtigen Aromen.
Destilliert wird der Whiskey, wie sein Name schon sagt, in kupfernen *Pot Stills*. Es darf bis zu 5 % anderes Getreide als Gerste verwendet werden, zum Beispiel Roggen und Hafer. Klassiker im Bereich Pot Still Whiskey sind »Green Spot« oder »Redbreast«. Ein Whiskey, der nur *Pot Still Whiskey* enthält, wird manchmal

auch als *Pure Pot Still* bezeichnet. Ein *Single Pot Still Whiskey* stammt nur von einer Distillery.

REFILL

Refill-Fässer sind solche, in denen schon einmal Whiskey gelagert wurde. Im Gegensatz zum → *First Fill*. *Refill*-Fässer geben weniger Aromen an den in ihnen lagernden → *New Make* ab.

SINGLE CASK

Einzelfassabfüllung. Für einen *Single Cask Whiskey* werden nicht mehrere Fässer miteinander vermählt. *Single Casks* erfreuen sich zunehmender Beliebtheit, vor allem bei Fans sehr individueller Whiskeys. Bei diesen Abfüllungen sind die Flaschen meistens durchnummeriert.
Im Gegensatz zum *Single Cask* werden beim *Single Malt* oder *Single Grain* für einen Whiskey verschiedene Fässer, meist unterschiedlichen Alters, vermählt. Das ist nicht zu verwechseln mit dem Verfahren beim → *Blended Whiskey*, da es sich hierbei nur um *Malt Whiskeys* (oder *Grain*) einer Distillery handelt. Wobei der jüngste davon für die Altersangabe auf der Flasche entscheidend ist. Bei einem zwölf Jahre alten Whiskey ist also der jüngste verwendete Malt zwölf Jahre alt, alle anderen sind älter. Dies wird so gehandhabt, um eine beständige Qualität und einen beständigen Geschmack zu gewährleisten, damit zum Beispiel ein »Tullamore Dew 12 Years«, den man jetzt kauft, genau so schmeckt wie die Flasche, die man erst in drei Jahren kauft. Neuerdings bringen viele Distillerys Whiskeys ohne Altersangabe, aber mit Eigennamen auf den Markt. So können sie problemlos sehr junge Whiskeys einfließen lassen – und Preise wie für deutlich länger gereifte verlangen.

SINGLE MALT WHISKEY

Bezeichnung für einen *Malt Whiskey*, der aus einer einzigen Distillery stammt.

SLÁINTE

Ausgesprochen »slorn-tsche«. Die wörtliche Übersetzung des gälischen Worts lautet »Gesundheit«, benutzt wird es aber als Trinkspruch im Sinne von »Prost«.
»Sláinte mhaith!« (slorn-tsche uai) ist die erweiterte Form und bedeutet »Gute Gesundheit«.
»Sláinte chugat« (slorn-tsche huh-get) bedeutet »Gesundheit für dich«.
»Sláinte agus táinte« (slorn-tsche ogges torn-tsche) bedeutet »Gesundheit und Wohlstand«.
»Sláinte na bhfear agus go maire na mná go deo« (slorn-tsche ne var ogges gu mere nem-nor gu dschio) bedeutet »Den Männern Gesundheit und mögen die Frauen ewig leben«.

SOURCED WHISKEY

Wenn ein Hersteller für sein Erzeugnis Whiskey von anderen Distillerys bezieht, handelt es sich um *Sourced Whiskey*. Im engeren Sinn wird der Begriff aber nur für Whiskeys verwendet, bei denen alle verwendeten Whiskeys von anderen Distillerys stammen – und dies nicht deutlich auf den Etiketten dokumentiert wird. Es sind im Grunde → *Blended Whiskeys*. Einen gewissen Teil, zumeist den → *Grain Whiskey*, beziehen viele Distillerys hierbei von anderen Herstellern, da sie selbst nur eine *Pot-Still-*Brennanlage besitzen.

SPIRIT SAFE

Ein verplombter Glaskasten, in dem der → *Stillman* (Brennmeister) das Destillat kontrollieren kann.

SPIRIT STILLS

Die Brennblasen der dritten Destillation beim irischen Whiskey (und der zweiten beim schottischen), in denen die → *Low Wines* gebrannt werden. Das Ergebnis ist das → *New Make*.

STILLMAN
Der Brennmeister

STILLS
Die kupfernen Brennblasen. Vom lateinischen »stillare« (tropfen bzw. triefen). Den oberen Teil nennt man wegen seiner Form »*Swan Neck*« (Schwanenhals). Er ist für die Aromentiefe eines Whiskeys verantwortlich.

TAILS
Der zum Schluss der Destillation erzeugte Brand, der aber viele Inhaltsstoffe aufweist, die man nicht im Whiskey haben möchte. Deshalb wird er nicht verwendet.

TAOSCÁN
Die irische Entsprechung des schottischen *Dram* – wird allerdings wenig gebraucht. Wörtlich bedeutet *Dram* »Schluck«. Aber der Schluck kann je nach Pub ganz schön groß sein.

TASTING
Whiskeyverkostung

TUMBLER
Ein Whiskey-Glas, das vor allem für amerikanischen Bourbon-Whiskey Verwendung findet. Eher breit und nicht besonders hoch.

UISCE BEATHA
Wörtlich »Wasser des Lebens«. Die gälische Übersetzung des lateinischen »Aqua Vitae«. Im schottischen: Uisge beatha. Aus »Uisce« wurde dann später »Whiskey«.

UNABHÄNGIGE ABFÜLLUNG
Neben den Abfüllungen der Erzeuger wird Whiskey auch von Firmen auf den Markt gebracht, die ihn nicht selbst produziert

haben. Sie kaufen Fässer von den Distillerys oder lassen sich spezielle Fässer von diesen befüllen und lagern diese selbst. Die Qualitäten sind sehr unterschiedlich. Einige seltene Whiskeys von geschlossenen Distillerys gibt es nur noch von unabhängigen Abfüllern, das gilt fast nur für Schottland. Einige bringen Single Malts auch unter Fantasienamen heraus, da ihnen die Brennereien nicht erlauben, den Originalnamen zu nennen.

VINTAGE

Bei diesem Whiskey handelt es sich um eine Abfüllung, deren Inhalt nur in einem bestimmten, auf dem Etikett vermerkten Jahr destilliert wurde.

WAREHOUSE

Lagerhaus, in dem der Whiskey in Fässern reift. Das Mikroklima hat großen Einfluss auf den Geschmack des Whiskeys.

WASH

Die Würze wird in einem Prozess in eine Art Bier (ohne Hopfen) mit 5 bis 10 % Alkohol umgewandelt, das *Wash* oder *Beer* genannt wird. Durch das Destillieren wird es zu → *New Make*.

WASH BACK

Die Gärbottiche, in denen aus der Würze mittels alkoholischer Gärung das → *Wash* wird.

WASH STILL

Brennblase, in welcher der erste von zwei Brennvorgängen stattfindet. In ihr wird der → *Wash* gebrannt, das Ergebnis sind die → *Low Wines*.

WHISKEY/WHISKY

Traditionellerweise schreiben sich nur Whiskeys aus Schottland ohne »e«. Die meisten anderen sind »Whiskey« – am bekanntesten die aus der großen Whiskey-Nation Irland! Und auch die aus den USA, wo viele Iren leben. In Irland gab es lange keine einheitliche Schreibweise, erst zum Anfang des 20. Jahrhunderts änderte sich dies, auch um die eigenen Produkte von denen der Schotten zu unterscheiden.

WHISKEY-REGIONEN

Schottland hat sechs Whiskeyregionen – Irland hat siebzehn! Wobei viele davon nur sehr wenige oder nur eine einzige Distillery aufweisen. Die Regionen sind: Antrin, Down, Carlow, Clare, Cork, Derry, Dublin, Donegal, Kerry, Kilkenny, Leitrim, Mayo, Meath, Tipperary, Waterford, Westmeath, Wicklow.

HOMEPAGE DER »DRUNKEN POETS SOCIETY«

ÜBERLEBENSWICHTIGE REZEPTE MIT IRISH WHISKEY

ST-PATRICK'S-DAY-WHISKEY-KUCHEN

ZUTATEN:

250 g Butter
200 g Zucker
5 Eier
1 Prise Salz
2 Msp. gemahlene Nelken
3 geh. EL Kakao
3 EL Irish Whiskey
300 g Mehl
2 1/2 TL Backpulver
100 g gemahlene Mandeln
100 g grob gehackte Pecannüsse
150 g Zartbitterkuvertüre

ZUM TRÄNKEN:
80 ml Irish Whiskey
2 TL Instantkaffee
1 Päckchen Vanillezucker

FÜR DEN GUSS:
200 g Schokoladenglasur, weiß
Grüne Lebensmittelfarbe

AUSSERDEM:
Fett und etwas Grießmehl für die Form

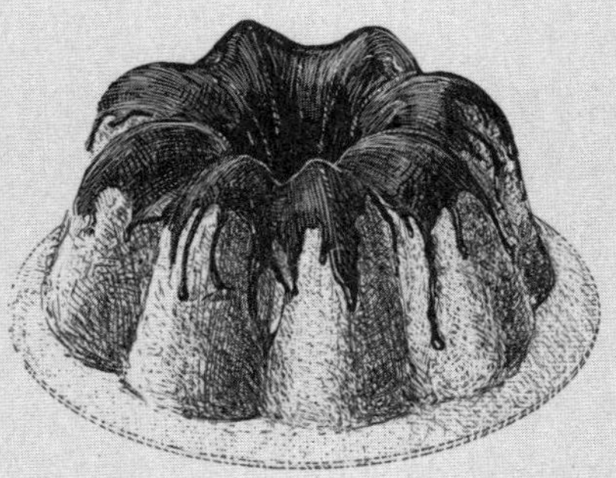

ZUBEREITUNG:
Butter und Zucker schaumig rühren. Dann Eier, Salz, Nelken, Kakao und Whiskey hinzufügen und gut einrühren. In einer separaten Schüssel Mehl mit Backpulver vermischen, gemeinsam mit Mandeln und Pecannüssen unterrühren. Die Kuvertüre in Stückchen brechen und untermengen.
Den Backofen auf 190 Grad vorheizen (Heißluft 170 Grad).
Eine Napfkuchenform einfetten, mit etwas Grießmehl auspudern und den Teig hineingeben. Für eine Stunde backen. Danach aus der Form stürzen.
Whiskey, Instantkaffee und Vanillezucker verrühren und damit den heißen Kuchen tränken.

Nach dem Abkühlen die Schokoglasur im Wasserbad schmelzen und mit der grünen Lebensmittelfarbe einfärben. Den Kuchen damit überziehen. Das Ganze funktioniert übrigens auch mit ungefärbter Schokoglasur!

IRISCHE STULLE MIT BACON-WHISKEY-JAM

ZUTATEN (4 PORTIONEN):
Für das Brot:
600 g Weizenmehl Type 550
200 g Dinkelvollkornmehl
16 g Salz
12 g frische Hefe
600 ml Wasser, kalt

FÜR DIE BACON JAM:
1000 g Bacon (Frühstücksspeck)
350 g Schalotten, fein gewürfelt
4 Knoblauchzehen, fein gehackt
2 Zwiebeln, fein gewürfelt
2 TL geräuchertes Paprikapulver, scharf
2 EL Sriracha-Sauce
150 ml Whiskey
140 ml Ahornsirup
130 g brauner Zucker
60 ml Apfelessig
Pfeffer

AUSSERDEM:
1 Ei pro Brot
Pfeffer
Butter
Cheddar

ZUBEREITUNG:

Alle trockenen Zutaten für das Brot in einer Schüssel vermischen. In einer separaten Schüssel die Hefe im Wasser auflösen. Dann alle feuchten Zutaten zu den trockenen gießen. Per Hand verkneten, bis ein gleichmäßiger Teig entsteht. Die Schüssel mit Frischhaltefolie verschließen und für mindestens zwölf Stunden bei Zimmertemperatur gehen lassen.

Den Teig auf eine bemehlte Fläche geben und viermal von außen nach innen klappen. Teig umdrehen und in eine Schüssel geben, in der sich ein mit Mehl bestäubtes Küchentuch befindet. Abgedeckt für weitere zwei Stunden gehen lassen.

Schon nach anderthalb Stunden einen gusseisernen Topf (mit Deckel) auf mittlere Höhe in den kalten Ofen stellen. Für eine halbe Stunde auf 250 Grad erhitzen.

Dann den heißen Topf aus dem Ofen nehmen, den Teig hineinstürzen, mit Deckel verschließen und für eine halbe Stunde in den Ofen geben. Deckel abnehmen und eine weitere Viertelstunde backen – oder bis der gewünschte Bräunungsgrad erreicht ist.

Den Bacon in ein Zentimeter große Quadrate schneiden und in einer vorgeheizten Pfanne (mittlere Stufe) knusprig anbraten, aber nicht verbrennen. Auf Küchenkrepp auslegen und das Fett in der Pfanne bis auf ca. zwei Esslöffel abgießen. In diesem dann die Zwiebel-, Knoblauch- und Schalottenwürfel glasig dünsten. Pfeffer, Paprikapulver und Sriracha-Sauce dazugeben.

Ahornsirup und Whiskey gemeinsam in die Pfanne geben und alles aufkochen lassen. Unter ständigem Rühren rund drei Minuten köcheln lassen. Dann Apfelessig und braunen Zucker hinzutun, wieder verrühren und abermals drei Minuten köcheln lassen.

Jetzt den Speck unterrühren und nochmals sechs Minuten köcheln lassen, bis die gewünschte Konsistenz erreicht ist. Die Bacon Jam abfüllen, zum Beispiel in Weck- oder Schraubgläser, und abkühlen lassen. Im Kühlschrank aufbewahren.

Auf eine dicke Scheibe Brot kommen Butter, Cheddar, einige Teelöffel Bacon Jam und ein mit Salz und Pfeffer gewürztes Spiegelei.

IRISCHER RINDERBRATEN

ZUTATEN:

1 kg Rinderbraten
(idealerweise irisches Rind)
2 EL Senf
Salz
Pfeffer
1 Bund Suppengrün
4 Zwiebeln
15 Champignons
2 Lorbeerblätter
2 Rosmarinzweige
3 Thymianzweige
350 ml Rotwein
(falls es irgendwann irischen geben sollte, dann irischen)
3 EL Tomatenmark
100 ml Irish Whiskey
100 ml Sahne
Rapsöl oder Butterschmalz

ZUBEREITUNG:

Einen Römertopf eine Stunde lang wässern.
In der Zwischenzeit: Die geschälten Zwiebeln vierteln, die Champignons putzen und ebenfalls vierteln. Das Suppengrün klein schneiden, die Lorbeerblätter und Thymianzweige kurz mit Wasser abspülen und trocken tupfen.
Den Rinderbraten vorbereiten – also Sehnen oder Haut entfernen –, mit kaltem Wasser abspülen und mit Küchenkrepp tro-

cken tupfen. Danach salzen und pfeffern und mit Senf einreiben. Von allen Seiten in einer Pfanne mit heißem Öl oder Butterschmalz scharf anbraten. Herausnehmen und in der Pfanne Zwiebeln, Pilze und Suppengrün anbraten, dann Tomatenmark hinzugeben und noch etwas anbraten. Mit dem Rotwein ablöschen und alles zusammen mit den Lorbeerblättern in den Römertopf geben. Das Fleisch in das Gemüse hineinlegen, sodass es nicht nur obenauf liegt.
Den geschlossenen Römertopf in den nicht vorgeheizten Backofen stellen und bei 120 Grad für zweieinhalb Stunden garen lassen – die Kerntemperatur des Bratens sollte 65 Grad betragen. Das Fleisch mehrmals wenden.
Eine halbe Stunde vor Ende der Garzeit Dreiviertel der Flüssigkeit zusammen mit vier bis sechs Zwiebelstücken in einen Kochtopf füllen und pürieren. Nun Whiskey, Thymian- und Rosmarinzweige hinzugeben und einkochen lassen.
Zum Schluss die Sauce von der Kochstelle nehmen, die Zweige herausnehmen, Tomatenmark sowie Sahne unterrühren und mit Salz und Pfeffer abschmecken. Nicht mehr kochen.
Als Beilage zu Rinderbraten und Gemüse passt Kartoffelstampf.

BARMBRACK (IRISCHES HEFEBROT)

Der große James Joyce erwähnt Barmbracks in einer Kurzgeschichte aus seiner Sammlung »Dubliners«: »The fire was nice and bright and on one of the side-tables were four very big barmbracks. These barmbracks seemed uncut; but if you went closer you would see that they had been cut into long thick even slices and were ready to be handed round at tea.«
Traditionell wird Barmbrack an Samhain, dem irischen Halloween, gegessen. Die Besonderheit sind die speziellen Zutaten, die mit eingebacken werden und dem Finder etwas über seine Zukunft verraten. Ein Zweig steht für einen Streit, ein Penny

für Reichtum, ein Ring für eine Hochzeit (eine Erbse für das Gegenteil). An Neujahr werden in einigen Regionen Barmbracks auch vor die Hintertür geworfen, weil dies Unglück abwenden soll – allerdings zieht diese Praxis auch Ungeziefer an.

ZUTATEN

(für eine Kastenform von 23 cm):
450 g Mehl
1 Prise Salz
15 g Trockenhefe
300 ml warme Milch
3 ½ EL Zucker
1 Ei (M)
350 g Sultaninen oder Rosinen (oder eine Mischung)
100 ml Irish Whiskey
Irischer Tee
1 unbehandelte Zitrone, Saft und Schale

AUSSERDEM:

Fett für die Form

GEWÜRZBUTTER:

1 EL Butter
1 TL Zimt
½ TL Lebkuchengewürz

ZUBEREITUNG:

Eine Dreiviertelstunde lang die Sultaninen/Rosinen in einer Mischung aus Whiskey, warmem Tee und dem Zitronensaft einweichen – sie sollten komplett bedeckt sein. Danach abgießen. Die Zutaten für den Teig in einer großen Schüssel verrühren. Auf einer bemehlten Fläche gute fünf Minuten kneten. Wieder in die Schüssel geben, mit einem feuchten Tuch abdecken, an einen warmen Ort stellen und eine Stunde gehen lassen. Danach

nochmals kneten, Sultaninen/Rosinen dazugeben und darauf achten, dass sie gleichmäßig im Teig verteilt sind. Falls noch etwas mit eingebacken werden soll: Jetzt ist der richtige Zeitpunkt!
Den Teig in die eingefettete Kastenform geben, wieder mit einem feuchten Tuch abdecken und eine halbe Stunde an einem warmen Ort gehen lassen. In der Zwischenzeit den Ofen auf 200 Grad vorheizen. Fünfzig Minuten backen.
Für die Gewürzbutter die weiche Butter mit Lebkuchengewürz und Zimt gut verrühren. Später auf eine Scheibe warmes Barmbrack streichen.

IRISH WHISKEY CREAM

ZUTATEN:
500 ml Sahne
200 ml Irish Whiskey
80 g Puderzucker
1 Pck. Vanillezucker
1 Espresso (ca. 25 ml) oder 3 EL Instant-Kaffeepulver
10 g Backkakao

ZUBEREITUNG:
Den frisch zubereiteten Espresso mit Puderzucker, Vanillezucker und Backkakao verrühren.
Die Sahne unter Rühren aufkochen, vom Herd nehmen und mit der Espressomischung mit einem Schneebesen einrühren. Wer es gerne sehr süß mag, kann auch noch einen Esslöffel Nuss-Nougat-Creme unterrühren. Alles abkühlen lassen. Dann erst den Whiskey mit Schneebesen oder Handrührgerät gut unterrühren, denn sonst verflüchtigt er sich. Abfüllen und kühl lagern oder sofort auf Eis trinken. Hält sich im Kühlschrank einen Monat. Theoretisch. Praktisch ist die Flasche immer vorher leer.

IRISCHE ERDBEERMARMELADE

ZUTATEN:

800 g Erdbeeren
250 g Zucker
70 ml Irish Whiskey
1-2 EL Zitronensaft (am besten frisch gepresst)
Gelierpulver

ZUBEREITUNG:

Die frischen Erdbeeren vom Grün befreien, waschen und vierteln. Zusammen mit dem Zitronensaft in einem Topf bei mittlerer Temperatur erwärmen und pürieren. Whiskey und Zucker hinzugeben. Gelierpulver nach Packungsangabe verarbeiten. Kurz aufkochen lassen (drei bis fünf Minuten), bis die Masse die gewünschte Festigkeit erhält.

Währenddessen den Schaum behutsam mit einer Kelle abschöpfen.

Die Gelierprobe: Einen Teelöffel der Marmelade auf einen kalten Teller geben. Verläuft sie, sollte sie noch ein bis zwei Minuten weiterkochen.

Noch warm in ein sauberes Schraubglas füllen und fest verschließen. Dunkel und kühl lagern.

IRISH BARBECUE SAUCE

ZUTATEN:

500 g Tomaten
50 ml Sojasauce
50 g Tomatenmark
80 g Rohrzucker
75 ml Irish Whiskey
2 Zwiebeln

3 Knoblauchzehen
2 EL Paprikapulver
Salz
Chilipulver

ZUBEREITUNG:
Tomaten häuten und würfeln (oder Dosentomaten verwenden, diese dann abgießen). Knoblauch sowie Zwiebeln schälen und klein würfeln, zusammen in wenig Öl glasig dünsten. Tomaten und Tomatenmark hinzugeben, alles verrühren und die restlichen Zutaten hinzugeben. Eine Stunde bei niedriger Temperatur köcheln lassen, bis die gewünschte Konsistenz erreicht ist. Mit Salz und Chilipulver abschmecken und abfüllen.

DANK

Mein Dank geht an meine akribische Lektorin Antonia Marker, meine großartige Verlegerin Sabine Cramer und das ganze Team beim DuMont-Buchverlag, die mich alle in den letzten Jahren bei meiner »Hochprozentigen Trilogie« unterstützt haben, die nach »Der Gin des Lebens« und »Rum oder Ehre« mit diesem Band ihr Finale in Fassstärke findet. Meinen drei liebsten Destillaten wollte ich damit auf kriminelle Art meinen Respekt zollen – wobei ich ausdrücklich betonen möchte, dass ich den Hass der »Drunken Poets Society« auf schottischen Whisky nicht teile, ganz im Gegenteil, und dass ich weiterhin ganz liberal darin bin, was ich in meinen Tumbler lasse!

Dank geht auch an meinen Agenten Lars Schultze-Kossack, mit dem ich grundsätzlich alles trinken würde. Und meine Erstleser Gerd Henn, Dr. Kerstin Wolff und Ira Schneider, die ich als Dankeschön dringend auf einen Drink oder wahlweise einen sehr gesunden Ingwer-Zitrone-Tee einladen muss.

Dank geht an meine Katzen Harry und Sally, mit denen ich zwar keine Getränke teile, die aber trotzdem dafür sorgen, dass ich nachts beim Schreiben nicht ganz allein bin (und dafür, dass ich ab und an eine Stoffmaus werfen muss). Dank geht an meine wunderbaren Kinder, die diesen Roman niemals zu lesen bekommen werden, denn sie sollen bitte bis ins hohe Alter frisch gepressten Orangensaft trinken. Der größte Dank aber geht an Vanessa, die als meine Lebens- und Leidensgefährtin mit mir mehr teilt als gut gefüllte Gläser. Danke, dass du an meiner Seite bist! Ich würde dir die »Ulysses« vorlesen. Aber ich hoffe sehr, dass du mich nicht darum bittest.

Bei meinen Recherche-Reisen durfte ich bereits viele wunderbare Landstriche und Orte kennenlernen, aber nirgendwo habe ich mich auf Anhieb so zu Hause gefühlt wie in Dublin. Deshalb auch ein Dankeschön an diese Stadt, die sich wie Kölns irischer Bruder anfühlt.

Mein letzter Dank geht an einen großen Kölner, nämlich Heinrich Böll, aus dessen großartigem »Irischen Tagebuch« ich den Hinweis zu Beginn stibitzt habe.

ZITATNACHWEISE

›Warten auf Godot‹ von Samuel Beckett (S. 272 ff.) wurde zitiert und umgedichtet nach: Samuel Beckett: ›Drei Stücke‹. Übersetzt von Elmar Tophoven und Erika Tophoven. Suhrkamp Verlag, Frankfurt am Main 2005.

›Ulysses‹ von James Joyce (S. 282) wurde zitiert nach: James Joyce: ›Ulysses‹. Übersetzt von Hans Wollschläger. Suhrkamp Verlag, Frankfurt am Main 1975.

Von Carsten Henn sind bei DuMont außerdem erschienen:
Der Gin des Lebens
Rum oder Ehre
Der Mann, der auf einen Hügel stieg und von einem Weinberg herunterkam

FSC
www.fsc.org
MIX
Papier | Fördert gute Waldnutzung
FSC® C083411

Dieses Buch wurde klimaneutral produziert.

Klimaneutral
Druckprodukt
ClimatePartner.com/17531-2110-1001

Erste Auflage 2022

Umschlaggestaltung: Lübbeke Naumann Thoben, Köln
Alle Illustrationen im Innenteil: © Rüdiger Trebels
Satz: Fagott, Ffm
Gesetzt aus der Dante, der DTL Documenta Sans und der Iron & Brine
Druck und Verarbeitung: CPI books GmbH, Leck
Gedruckt auf säurefreiem und chlorfrei gebleichtem Papier
Printed in Germany
ISBN 978-3-8321-8175-8

www.dumont-buchverlag.de